Jelle van der Meulen

Der Ruf der Freundschaft · Unterwegs zu einer Kultur des Herzens

Jelle van der Meulen

Der Ruf der Freundschaft

Unterwegs zu einer Kultur des Herzens

Info3-Verlag

Bibliographische Information der Deutschen Nationalbibliothek
Die Deutsche Nationalbibliothek verzeichnet diese Publikation in der Deutschen Nationalbibliographie; detaillierte bibliographische Daten sind im Internet über http://dnb.ddb.de abrufbar.

ISBN 978-3-95779-042-2

Erste Auflage 2016

Typographie und Satz: Clarissa Heisterkamp
Umschlag: Frank Schubert, www.frankundfrei.me
Druck und Bindung: CPI books, Leck

Wenn sich zwei Igel küssen,
dann müssen, müssen, müssen
sie ganz ganz fein,
behutsam sein.

Inhalt

Zum Geleit 7

Einleitung:
Der gute Ruf der Freundschaft 9

1. Beziehungen — eine sprachliche Landschaft 25

2. Was Freunde vermögen 75

3. Über die Unvollkommenheit von Freunden und Feinden 141

4. Freundschaft und Nähe in einer Kultur des Herzens 175

Anmerkungen 227

Literatur 235

Zum Geleit

Welchen Stand hat die klassische Idee der Freundschaft im 21. Jahrhundert? Diese Frage hat mich bewegt, das vorliegende Buch zu schreiben. Das Ergebnis meiner Bemühungen kann so zusammengefasst werden: Der heutige Stand der Idee der Freundschaft ist widersprüchlich, öffnet jedoch gerade deswegen interessante Perspektiven, insbesondere für Menschen, die manchmal am herrschenden Zeitgeist verzweifeln. Die paradoxe Idee der Freundschaft bietet Auswege in Situationen, die in der Regel als aussichtslos gelten.

Meine Bemühungen bewegen sich auf drei Ebenen. Im ersten Kapitel geht es um Alltagsprache: Wie verwenden wir eigentlich die Wörter, mit denen wir unsere unterschiedlichen sozialen Beziehungen andeuten, wie „Kollegen“, „Gesinnungsgenossen“, „Bekannte“, „Kumpel“, „Geliebte“, „Feinde“ und „Freunde“? Und welche – mitunter unbewusste – Vorstellungen und Erwartungen stecken hinter diesen Bezeichnungen?

Das zweite und dritte Kapitel dreht sich um die Innenwelt von Freundschaft und Feindschaft. Es geht dabei um die beglückenden und erschütternden Erfahrungen, die mit freundschaftlichen Beziehungen einhergehen können. In diesen beiden Kapiteln geht es auch um die Fragen, was Freundschaft eigentlich ausmacht und welche Fähigkeiten sie verlangt.

Im letzten Kapitel richtet sich die Aufmerksamkeit vor allem auf die Bedeutung der Freundschaft über das private Leben hinaus. Anhand des Begriffes von der „Kultur des Herzens“ wird die

Freundschaft einerseits im Sinne von Michel Foucault als sozialpolitischer Widerstandsort und andererseits als spirituelle Quelle einer gesellschaftlichen und kulturellen Verwandlung dargestellt.

In der den Kapiteln vorangehenden Einleitung werden die drei Ebenen aufeinander bezogen. Die Kapitel eins (Sprache), zwei und drei (Innenwelt der Freundschaft) und vier (Kultur des Herzens) können nach der Einleitung auch unabhängig voneinander gelesen werden.

Ein Buch über die Freundschaft kommt ohne real existierende Freundschaften nicht zu Stande. Ich möchte allerdings an dieser Stelle nicht alle meine Freunde bei ihren Eigennamen nennen: Sie werden sich mitunter im Text wiedererkennen. Zwei Ausnahmen will ich jedoch machen. Ich danke an dieser Stelle Sophie Pannitschka („Atelier für Worte“) für die Art und Weise, wie sie mich über Jahre beim Schreiben dieses Buches begleitet hat. Ohne sie hätte ich es nicht vollenden können. Ich danke auch Jens Heisterkamp vom Info3-Verlag, der mir entscheidend dabei geholfen hat, die endgültige Form dieses Buches zu finden.

Jelle van der Meulen
Köln, im Frühjahr 2016

Einleitung

Der gute Ruf der Freundschaft

Deutschland, das ist heute auch immer noch das Land von Johann Wolfgang Goethe und Friedrich Schiller. Wenn ich sage Goethe und Schiller, dann meint das: von diesen beiden *zusammen*, von zwei Menschen, die sich als große Idealisten zueinander gestellt und bis in eine weite Öffentlichkeit hinein die Frage gelebt haben: Was löse ich in dir, was löst du in mir aus? Also: Was hat Schiller in Goethe, was Goethe in Schiller ausgelöst? Was *zwischen* den beiden lebte, wurde schon von ihren Zeitgenossen und auch von den späteren Generationen mit Recht als ein Kultur stiftendes Ereignis verstanden. In seinem Buch *Goethe & Schiller. Die Geschichte einer Freundschaft* zitiert Rüdiger Safranski jene Worte von Goethe, die der Dichter und Geheimrat nach dem Tod seines Freundes aufgeschrieben hat: „Ein Glück für mich war es..., dass ich *Schillern* hatte. Denn so verschieden unsere beiderseitigen Naturen auch waren, so gingen doch unsere Richtungen auf Eins, welches denn unser Verhältnis so innig machte, dass im Grunde Keiner ohne den Andern leben konnte."[1]

An dieser Aussage fällt auf, dass Goethe nicht nur für sich spricht, er spricht auch für seinen Freund Schiller: Auch jener konnte nicht ohne ihn – Goethe also – leben. Die Aussage ist aus zwei Gründe bemerkenswert: Erstens sagt sie etwas aus über die entscheidende Bedeutung der Beziehung für Goethe: „Ein Glück für mich war es, dass ich Schillern hatte"; zweitens vereint sie bis in die Sprache quasi selbstverständlich die zwei Perspektiven, die Goethe'sche und die Schiller'sche: „Keiner konnte ohne den Andern leben."

Friedrich Schiller starb 1805. Goethe war damals 55 Jahre alt, seine Worte sind also sicher nicht als eine jugendlich-schwärmerische Äußerung aufzufassen. Heutzutage würden wir es vermutlich ein bisschen moderater sagen, vielleicht so: „Ich verdanke meinem Freund ganz viel“, und ja: „Ich glaube schon, dass umgekehrt mein Freund auch mir einiges zu verdanken hat“ – große und pathetische Worte gilt es heutzutage zu vermeiden, sie wecken Befremden, klingen in unseren Ohren unglaubwürdig, eben „idealistisch“.

Auch die Idee der Freundschaft selbst erzeugt heute eher Verlegenheit (wie fast alle anderen großen Ideen auch). Seit der Zeit Goethes und Schillers ist das Leben in Deutschland, in Europa und der Welt weitergegangen; wir haben uns definitiv eher der Technik und den Naturwissenschaften zugewandt, Klassenkämpfe geführt, Weltkriege und den Holocaust erlebt, in die Abgründe der menschlichen Seele geschaut, die Sicht auf eine umfassende Ordnung-der-Dinge verloren (welche Ordnung das auch immer gewesen sein mag).

Wir sind mittlerweile damit vertraut, dass nichts ist, wie es aussieht. Rosen sind keine Rosen mehr, die Götter sind ohnehin zum Rätsel geworden (oder eben gestorben), unser Geld hat ein virtuelles Dasein erreicht und Bekannte heißen mittlerweile „Kontakte“. Unglücklich sind wir mit diesen Fortschritten allerdings nicht, sie haben nicht nur Verlegenheit, sondern zumindest in Westeuropa auch Wohlstand und die Möglichkeit der Freiheit hervorgebracht.

Und wir sind selbstbewusst geworden. Egal ob wir uns als Dichter (wie Goethe und Schiller), als Mutter, Beamter, Hausmeisterin, Gärtner, Erzieherin, Kassiererin oder CEO betrachten. Nicht nur die Vorläufer und großen Vorbilder (wie Goethe und Schiller) sind selbstbewusst, wir *alle* sind es inzwischen. Selbstbewusstsein, Souveränität und Individualität sind die unverkennbaren und stolzen Errungenschaften unserer Zeit geworden. Die traditionellen Gegebenheiten haben ihre Wirkung verloren, die Einbettung in soziale Strukturen ist weitgehend verschwunden, der einzelne Mensch ist in eine gewisse Isolierung geraten, ist an einen Punkt gekommen, von dem aus er die Gestaltung seines Lebens nur noch auf Grund innerer und eigener Entscheidungen realisieren kann.

Mit der Errungenschaft des Selbstbewusstseins erneuern sich auch die Fragen der menschlichen Bezüge zueinander, die der Beziehung, die Frage der Freundschaft, die der Feindschaft. Was habe ich mit dir zu tun? Oder eben: Was will ich mit dir? Und du mit mir? Oder auch: Komme ich ohne dich in meinem Leben aus? Und: Gibt es zwischen meinem Selbstbewusstsein und deinem vermutlich vorhandenen Selbstbewusstsein – das ich nicht unmittelbar *fühlen* kann, so wie ich meines direkt spüre – reale Berührungslinien, innere lebendige Orte der Begegnung, an denen wir zusammenfließen können? Oder ist mein Selbstbewusstsein eher als ein Käfig zu verstehen, in dem ich bei mir und nur bei mir bin, von dem aus ich höchstens wie durch Gitter auf dich schauen oder ein Bild von dir an den Wänden meiner Abgeschlossenheit malen kann?

Als ich mich vor ein paar Jahren dazu entschied, mich auf das Denken über die Freundschaft einzulassen, kam es mir nach kurzer Zeit so vor, als ob ich dabei zwei getrennte Welten ins Auge zu fassen hätte. In der einen Welt erschien die Freundschaft als große Idee, die im Laufe der Geschichte eine beeindruckende Reihe von Denkern beschäftigt hat. Diese Idee schien mir eine glänzende Vergangenheit zu haben, die allerdings irgendwann in Schwierigkeiten geraten und im zwanzigsten Jahrhundert recht matt und kraftlos geworden ist. Und als ich das große Werk von Jacques Derrida *Politik der Freundschaft*[2] las, in dem die Idee der Freundschaft gründlich und bis in seine feinsten Fasern begrifflich analysiert wird, wurde mir klar, dass die Idee der Freundschaft nur noch aus Fragen besteht.

Die zweite Welt umfasste die Freundschaft als Lebenspraxis, zu *meinem* Leben gehörend, als Feld gelebter Beziehungen, als Gegebenheiten in Zeit und Raum, mit Geburtsdaten, Eigennamen, Erwartungen und Enttäuschungen, Begegnungen und Trennungen, Höhen und Tiefen. Die vielen Beziehungen, die es in meinem Leben gab und gibt, boten eine undurchschaubare Vielfalt, die ich erst einmal, rein begrifflich gesprochen, gar nicht einordnen konnte. Warum betrachtete ich bestimmte Menschen als meine „Freunde", warum andere als „Geliebte" und wiederum andere lediglich als „Bekannte"? Die Art und Weise, in der ich meine gelebten Beziehungen für mich spontan benannte und zu verstehen meinte, schien mir auf einmal halbwegs rätselhaft und manchmal auch willkürlich zu sein. Ich stellte für mich fest, dass ich auf der begrifflichen Ebene in der Welt meiner Beziehungen nicht ganz zu Hause war.

In den philosophischen Ansätzen von Jacques Derrida und auch von Michel Foucault, der sich in seinen letzten Lebensjahren intensiv mit der Freundschaft beschäftigt hat, fehlte mir die Lebenspraxis. Mir schien der Autor des oben genannten Buches ein Mensch ohne Beziehungen zu sein. In seinen Ausführungen war er ausschließlich damit beschäftigt, eine Reihe von Zitaten von bekannten Philosophen – Aristoteles, Michel de Montaigne, Immanuel Kant, Friedrich Nietzsche – meisterhaft zu wenden und zu kehren, um in einen eventuellen Kern der Idee der Freundschaft vorzudringen. Keine Frage, das Werk von Derrida ist großartig, ungemein hilfreich und inspirierend, und darüber hinaus: manchmal wunderschön, es riecht aber nicht nach Küchen, nach Schlafzimmern, nicht nach Büros oder Kneipen, nicht nach Orten also, an denen die Beziehungen zwischen Menschen tatsächlich gelebt werden.

Die Frage der Freundschaft bedeutet also zweierlei: Einerseits führt sie in die Welt der Ideen, die unser Denken über unsere Beziehungen jeden Tag wieder ausmachen und bestimmen, auch wenn wir die Gedanken meist nicht aktiv und bewusst denken; andererseits lenkt sie unsere Aufmerksamkeit auf die Welt vielfältiger Beziehungen, die es in unserem Leben einfach gibt. Zwischen diesen beiden Welten gähnt ein Abgrund. Wozu ich als Freund offenbar im Stande bin – oder eben auch nicht –, wird von der großen Idee der Freundschaft in ein helles und manchmal grelles Licht gerückt. Die Idee der Freundschaft, auch wenn sie verwirrend und paradox ist, führt zu einer Selbsterkenntnis, die manchmal fast unerträglich ist; gleichzeitig erzeugt sie aber unermüdlich immer wieder einen Glauben, eine Hoffnung, eine Sehnsucht.

Der Abgrund zwischen Idee und Wirklichkeit ist meines Erachtens Fakt und deswegen nicht nur als eine lästige Erscheinung zu betrachten; er stellt einen realen Lebensraum dar, wo wesentliche Fragen des Lebens unausweichlich auf uns warten. Dieser Abgrund verdient zumindest Respekt, er gehört zum postmodernen Leben, genau wie das Irdische und das Himmlische, das Gute und das Böse, die Gerechtigkeit und die Ungerechtigkeit auch. Er wartet dort, wo unsere Füße uns nicht mehr tragen, die Uhren nicht mehr richtig ticken, die räumlichen und zeitlichen Koordinaten durcheinandergeraten, wo sich unsere begrifflichen Konzepte auflösen, wir nackt und hilflos am Puls des Lebens angekommen sind.

Ohne die großen Ideen, zu denen auch die Idee der Freundschaft gehört, würden wir den Abgrund vielleicht nicht einmal bemerken. Was ohne die Ideen übrig bliebe, wäre ein sinnloses Ringen um das Überleben und eben ein noch sinnloseres Aufgeben all dessen, was das Leben und unsere Beziehungen wirklich ausmacht. Dieses Aufgeben hat mit dem Abgrund nichts zu tun, es schafft eher eine leere Fläche ohne Tiefe, ohne die Möglichkeit des Sturzes und des Sich-neu-Ergreifens, ohne Selbsterkenntnis und Welterkenntnis. Die leere Fläche ohne große Ideen führt zu Zynismus, Ignoranz, Distanz.

Die Freundschaft hat einen guten Ruf – einen so guten, dass wir manchmal daran zweifeln, ob wir uns selber als ihre Novizen betrachten dürfen. Werden wir den Zustand der Freundschaft je erreichen? In seinem berühmten Essay *Über die Freundschaft* meint Michel de Montaigne, dass große Freundschaften nur einmal in dreihundert Jahren vorkommen, was natürlich eine entmutigende Aussicht darstellt. Immanuel Kant behauptet in seinen *Vorlesungen über Anthropologie*: „Ein wahrer Freund ist so selten wie ein schwarzer Schwan."[3] Und auch bereits Aristoteles meinte, dass man in Bezug auf „vollkommene" Freundschaften besser keine allzu hohen Erwartungen haben solle.[4] Und Plutarch stellte vor zweitausend Jahren die interessante Frage, wie viele Freundschaften ein Mensch eigentlich verkraften könne.[5]

Ist der Zweifel an der Freundschaft identisch mit dem Zweifel an uns selbst? Ist die Idee so groß, dass wir am Ende ganz klein dastehen? Und sind wir dabei, die große Idee der Freundschaft einfach abzuhaken, weil sie uns in unseren eigenen Augen unglaubwürdig gemacht hat? Hat die Idee der Freundschaft die Nähe zu uns unerträglich gemacht, weil wir meinen, ihr nicht gewachsen zu sein? Und liegt es nicht nahe, eine große Idee auf die Ebene der Illusion zu verweisen, wenn sie sich als nicht „realistisch" erweist?

Manchmal kann uns die Idee der Freundschaft wie eine gotische Kathedrale erscheinen, an der immer noch gearbeitet wird. Um hier eine kleine Neuerung hinzuzufügen, vielleicht ein neues Fenster, das der Zeit entspricht, erwies es sich immer wieder als nötig, den ganzen Entwurf der Freundschaft unbefangen ins Auge zu fassen, was dann im Laufe der Jahrhunderte auch wiederholt versucht worden ist. Die Idee der Freundschaft hat Philosophen und Dichter nie in Ruhe gelassen. Man könnte heute allerdings genauso gut von einer nicht mehr überschaubaren Baustelle sprechen, deren umfassender Grundriss verloren gegangen ist oder auch nie existiert hat. Irgendwie scheinen all die unvollständigen Ansätze auf dem Baugelände den Eindruck zu erwecken, dass es einst einen zusammenhängenden Plan gegeben hat, der allerdings mittlerweile nicht mehr zu erkennen, geschweige denn zu rekonstruieren ist. Die Bauarbeiter diskutieren aufgeregt über die möglichen Absichten des Architekten, der schon längst verstorben ist, und kommen nicht dazu, weiter zu bauen.

Schließlich könnte man gar von einer Ruine sprechen – auch dieser Gedanke ist nicht ganz abwegig. Je weiter man in der Geschichte zurückschaut, umso umfassender und treffender erscheint die Idee der Freundschaft. Die philosophischen Betrachtungen der großen Griechen, vor allem von Plato und Aristoteles, sind von einer Souveränität geprägt, die man in späteren Zeiten so nicht mehr findet. Die trockenen Ausführungen von Aristoteles und seine unbekümmerte und treffsichere Beschreibung der „vollkommenen Freundschaft" wirken so, als ob er tatsächlich etwas mit eigenen Augen „gesehen" hätte. Er ordnet ein Phänomen ein, das er offensichtlich klar im Blick hat und das als solches nicht erst errichtet werden muss. Die Freundschaft schien Aristoteles offensichtlich so handgreiflich zu sein, dass er sogar gemeint haben soll, die höchste Aufgabe des Gesetzgebers läge darin, sie zu schützen.[6]

Ist die Freundschaft mit Erfolg dekonstruiert worden? Ich meine nicht. Denn Freundschaft ist, wie schon gesagt, dennoch gelebte Praxis. In meinem Leben gibt es eine Handvoll Menschen, die ich seriös als Freunde betrachte und die auch mich umgekehrt so bezeichnen. (Die Tatsache, dass es in meinem sozialen Umfeld eine Menge mehr Menschen gibt, die ich gelegentlich weniger seriös auch als Freunde bezeichne, sei an dieser Stelle nur nebenbei erwähnt. Auf die Frage, wie das Wort Freundschaft im alltäglichen Leben benutzt wird, werde ich im ersten Kapitel eingehen.)

Lange meinte ich, ein Buch über die Beziehungen in meinem Leben schreiben zu wollen, die ich als „freundschaftlich" bezeichnen würde. Mir war — und ist es noch immer — ein Rätsel, warum ich zu bestimmten Menschen eine spontane oder durch Bemühen erreichte Nähe spüre, ein Gefühl wie: dieser Mensch gehört zu mir, und zu anderen Menschen nicht oder eben *gerade* nicht. Ich wollte für mich verstehen, was genau in meinem Leben Intimität erzeugt und was es mit dem Phänomen der Nähe und auch mit der dazugehörenden Distanz auf sich hat.

Um einem Missverständnis vorzubeugen: mit Nähe ist an dieser Stelle nicht der Umstand gemeint, dass man sich bei jemandem gut aufgehoben oder eben in seiner Art bestätigt fühlt. Nähe bedeutet nicht: zwei gleich gestimmte Seelen, die sich glückselig vermischen, das Gleiche empfinden und denken, die nur in gegenseitiger Bewunderung und Anerkennung unterwegs sind. Nähe ist mehr als ein fröhliches Zusammensein; sie deutet eher darauf hin, dass sich zwischen den Beteiligten eine Art Zwischenraum öffnet, sich ein spürbares Gewebe entfaltet, das gerade eine Verinnerlichung und Intensivierung der Gegensätze ermöglicht. Wenn ich eine Nähe zu einer Person erlebe, heißt das, dass ich ihr außerhalb und gleichzeitig innerhalb von mir einen Platz einräumen kann, ohne sie als Teil meines Territoriums zu betrachten.

Ich habe allerdings auf diesen mehr persönlich-biographischen Ansatz in diesem Buch verzichtet. Er hat mich überfordert, weil sein Feld einfach zu weit war. Die Stellen, an denen ich hätte beginnen können, waren mir zwar klar: Ich hatte eine anfängliche Liste von „Freunden" und „Bekannten" aus meiner Jugend und meinem weiteren Leben aufgestellt, war dann aber stecken geblieben, weil ich nicht wusste, wo ich aufhören sollte.

Eine Menge Fragen tauchten auf. Müssen freundschaftliche Beziehungen immer eine längere Dauer haben? Definiert sich Freundschaft durch ihre Zeit? Hat Hannah Arendt recht, wenn sie meint, „Freundschaft ist wesensmäßig abhängig von ihrer Dauer – eine zwei Wochen alte Freundschaft existiert nicht"?[7] Und wie steht es mit den Beziehungen, die zauberhaft angefangen haben, dann aber im Sande verlaufen oder konfliktreich enden? Ist eine Freundschaft im Nachhinein noch als Freundschaft zu betrachten, wenn sie sich in Feindschaft verwandelt hat? Und wie ist es mit den Freunden aus meiner Jugend, sind sie eigentlich nicht eher Kumpel oder Gefährten gewesen, herzliche Beziehungen zwar, die aber nicht unbedingt durch gegenseitige und geteilte Innerlichkeit geprägt waren?

Wie steht es mit den Leuten, die ich als Freunde betrachte, die im Grunde genommen jedoch eher Gesinnungsgenossen oder Mitstreiter sind, mit denen ich nicht unbedingt über persönliche Angelegenheiten spreche? Und was ist mit den Menschen, die ich gerne zu Freunden hätte, die aber irgendwie unerreichbar bleiben, mit denen es sozusagen immer wieder nicht klappt? Und wie steht es mit meinen Kindern, sind sie irgendwie und irgendwann auch zu Freunden geworden, oder zumindest ein bisschen, und was bedeuten sie mir dann? Und wie muss ich auf das vielfältige Feld meiner Kollegen schauen, von denen es eine ganze Menge gibt, mit sehr unterschiedlichen emotionalen Intensitäten und Ebenen des Vertrauens?

Selbstbewusstsein ist ein verwirrendes Phänomen. Hypermoderne Biographien zeigen mehr und mehr „unlogische"

Sprünge. Jemand ist aufgewachsen in Argentinien, studiert erfolgreich Biologie an einer Universität in Spanien, lernt in der Schweiz während eines Seminars die Sozialwissenschaften und die Künste kennen, arbeitet zwei Jahre in einem Kinderhaus in Süddeutschland, macht in England einen Master in „ganzheitlicher Wissenschaft", nimmt sich eine Doktorarbeit über den Begriff Entwicklung vor, zieht wieder nach Deutschland, macht dort eine Ausbildung als Erzieherin, schafft es, sich nebenbei mit einem Fotoapparat anzufreunden und gründet gleichzeitig zwei Naturkindergärten. Und fragt sich dann selbstbewusst: „Wer bin ich eigentlich?"

Wenn ich alles bin, also Biologin, Sozialforscherin, Erzieherin, Fotografin und Unternehmerin, bin ich ja sicher keine Biologin, Sozialforscherin, Erzieherin, Fotografin oder Unternehmerin – ich bin offenbar „etwas", das all diese beruflichen Positionen einnehmen und auswechseln kann. Die beruflichen Subjekte haften an mir, über sie hinaus scheint eine souveräne Entität zu existieren, die mich ausmacht, darstellt, im Grunde genommen in all diesen Aktivitäten erst hervorruft. In philosophischen und spirituellen Texten wird diesbezüglich vom „Ich" oder dem „Selbst" des Menschen gesprochen, von einer widersprüchlichen Einheit, die aber nur höchst selten in den Tätigkeiten, Rollen und Gestalten eines Menschen vollkommen in Erscheinung tritt. Sie scheint in uns vorhanden zu sein, vage und zugleich konkret, ungreifbar aber spürbar, in einer unmittelbaren Nähe, aber doch weit von uns entfernt.

Die Frage „Wer bin ich eigentlich?" ist nackt, sie stellt sich, nachdem die Kleider ausgezogen sind. Sie wird zunehmend zum Kern und Umkreis hypermoderner Biographien. Mehr als die äußeren Notwendigkeiten des Lebens oder die quasi-moralischen Aufgaben, die man zu erledigen hätte, formt heute diese Frage das Leben und bestimmt wesentliche Entscheidungen, die oft einen irrationalen Eindruck erwecken. Es ist diese Frage, die mehr und mehr Geschichte in mehr und mehr Biographien erzeugt. Sie ist ein Phänomen unserer Zeit.

Manchmal wird die Antwort – vergebens – auf einer psychologischen Ebene gesucht: Wie bin ich als Person gestrickt? Vor allem im Abendland herrscht die Neigung vor, sich mit sich selber zu beschäftigen, mit seinen Traumata und seinen Schmerzen, seinen blinden Flecken und Schatten, seinen Verhaltensweisen und Überlebensstrategien. Die kritisch-liebevolle Aufmerksamkeit für die eigene Natur als solche ist als „Sorge um sich"[8] (Foucault) natürlich wichtig und trägt zur Selbsterkenntnis bei, im Grunde genommen bringt sie aber Antworten, die genauso unwesentlich sind, wie die beruflichen Tätigkeiten, die wir ausüben, oder die sozialen Rollen, die wir spielen. Sie bleibt auf der Ebene der spezifischen Dinge, die an uns haften, sie berühren aber weniger das, was wir *sind*.

Ein anderer Weg führt in die polare Richtung und verliert sich in Abstraktionen. Er besteht darin, dass man sich als „Mensch" betrachtet, nicht als ein Individuum mit bestimmten Eigenheiten, sondern als Exempel einer Gattung. In dieser Sichtweise, die eher aus dem Orient kommt, sind alle Menschen gleich, irgendwie eingebettet in einen hoch-geistigen moralischen Zustand, den wir leider persönlich meist nicht erreichen, wo die einzelnen Menschen sich aber in einer Art göttlicher Geistigkeit vermischen, in etwas Höherem verschmelzen, ja „eigentlich eins" sind. Selbsterkenntnis bedeutet hier die Einsicht, dass man als Person – man redet diesbezüglich gerne vom „Ego" – gar nicht wichtig ist.

Die offene und selbstbewusste Frage: „Wer bin ich eigentlich?" erzeugt allerdings eine drastische Verschiebung der Koordinaten in der Landschaft menschlicher Beziehungen, die in keiner der beiden Ansätze bemerkt, gewürdigt und bearbeitet wird. Wurden in der Vergangenheit die Beziehungen oft über Berufe und soziale Rollen definiert und mehr oder weniger festgelegt, werden sie mit der Frage, die in ihrer Verwundbarkeit aufblüht, mit einem Mal offen und unbestimmt. Ein Lehrer in einer Schule braucht die Beziehung zu seinen Schülern nicht grundsätzlich aus sich heraus zu gestalten, weil die basalen Vorgaben sozial und rechtlich vorgegeben sind. Ein Lehrer hat sich so oder so zu verhalten, er kann sich im Rahmen dieser Vorgaben zwar persönlich mehr in diese oder mehr in jene Richtung benehmen, befindet sich aber in einer deutlich definierten Lage. Er weiß, woran er sich in der Gestaltung seiner Beziehungen festhalten kann, ja sogar muss.

Sobald ihm aber die Frage kommt: „Wer bin ich eigentlich?" oder wenn er seitens der Schüler mit dieser Frage konfrontiert wird (und zusätzlich auch noch das Bedürfnis hat, sich darauf einzulassen), wird die Beziehung auf eine andere Ebene verlegt. Mit der Frage entsteht eine Nähe – Goethe spricht von „Innigkeit" –, die in der Verbindung zwischen Lehrer und Schüler offiziell nicht vorgesehen ist. Wenn er sich auf das offene Feld begibt, das durch die Frage offenbar wird, überschreitet er leicht eine Schwelle, die er als Lehrer gerade respektieren muss. In unserer Alltagssprache heißt es dann, dass er zwei Bereiche vermischt: das Berufliche und das Private. Sich als Lehrer mit einem Schüler in die Kneipe zu setzen und bis tief in die Nacht die Frage zu bewegen: „Wer sind wir eigentlich?" und „Was haben wir miteinander zu tun?" gehört sich nicht.

Die geschilderte Annäherung zwischen Lehrer und Schüler könnte man als „freundschaftlich" betrachten. Sie entsteht allerdings in einer Situation, in der gerade freundschaftliche Verbindungen mit Recht als fraglich oder gar gefährlich empfunden werden. Mit der funktionalen Beziehung zwischen Lehrer und Schüler ist eine Machtfrage verbunden: Der Schüler ist grundsätzlich vom Lehrer abhängig, dazu noch „unerfahren“ und deswegen verletzbar. Man braucht noch nicht einmal an die unterschiedlichen Formen des klaren Missbrauchs zu denken – ein Thema, das nicht umsonst so stark in der öffentlichen Aufmerksamkeit steht – um einzusehen, dass eine „freundschaftliche“ Beziehung zwischen Lehrern und Schülern leicht zu asymmetrischen sozialen Verwirrungen führt.

Dieser Umstand lässt sich natürlich auf viele andere berufliche Felder ausweiten. Ganz gleich ob man in einer Bank, einem Krankenhaus, einem Gefängnis, einer politischen Partei, einem Unternehmen, einer Hochschule, einer Kanzlei oder einem Kindergarten arbeitet, überall ist die Spannung zwischen sogenanntem Privatem und Öffentlichem eine Gegebenheit. Auffällig dabei ist, dass es dabei nie das Bestreben gibt – so wie Aristoteles es gefordert haben soll – die Freundschaft zu schützen oder sogar zu fördern, ganz im Gegenteil, das Anliegen ist eher umgekehrt, nämlich, die sogenannte öffentliche Sache gegen die Freundschaft zu schützen. Die Nähe zwischen Menschen wird in funktionalen Zusammenhängen mehr und mehr als ein eher bedrohliches Problem erfahren.

Und das mit Recht. Der Grund liegt aber nicht nur darin, dass Menschen manchmal verantwortungslos sind, sondern auch in dem Umstand, dass die zwingende Identifizierung mit Berufen und Rollen abnimmt. Das Selbstbewusstsein wendet sich von Regeln und Selbstverständlichkeiten ab, es verlässt den Hafen und sucht abenteuerlich das weite Wasser der Unbestimmtheit, der Freiheit. Das Bedürfnis, sich auch im öffentlichen Leben als ein offenes „Selbst“ zu erfahren und dementsprechend wahrgenommen zu werden, ist mittlerweile so stark geworden, dass die üblichen Subjektivierungen und Abgrenzungen nicht mehr wasserdicht funktionieren. Der innere Druck, sich nicht nur im Privatbereich, sondern auch im Sozialen als Individualität zu erleben und zu präsentieren, ist groß geworden.

Und weil das eigene Selbst gerade an anderen Selbsten wach wird, wird die Frage der Beziehung und der Nähe brennend. In den sogenannten sozialen Medien drückt sich das Bedürfnis nach Freundschaft und Nähe auf eine quantitative Weise aus: Viele „Kontakte" zu haben, viele Menschen tagtäglich in ihren Aktivitäten wahrzunehmen und selbst von vielen Menschen gesehen zu werden, gilt als ein Beweis dafür, dass man über die rein funktionalen Beziehungen als Persönlichkeit wahrgenommen und geschätzt wird. An Personen gebundene Websites, Weblogs und Facebook-Seiten sehen manchmal wie kleinere oder größere Kunstwerke aus; sie sind tatsächlich *freie* Orte der Selbstgestaltung und der Begegnung, wobei die gegenseitige Berührung des öffentlichen und des privaten Bereichs gerade den Reiz ausmacht.

„Kontakte" gab es immer, auch Plato und Aristoteles hatten sie, Goethe und Schiller ebenso, trotzdem haben sie damals nicht von „Kontakten" gesprochen, eher von Bekannten und Freunden. Mit den technischen Möglichkeiten des Internets ist eine neue Beziehungsart entstanden, die sich nicht so leicht definieren lässt und sehr widersprüchliche Merkmale hat. Einerseits sind Kontakte flüchtig, gewollt oberflächlich und ungezwungen; sie basieren auf gegenseitigem Wohlwollen und freilassender Aufmerksamkeit, leben stark in der virtuellen Steigerung unserer Vorstellungen (was so ein Display ausmacht!). Kontakte kommen und gehen, fließen wie bunte Enten auf dem Strom des Alltags, machen in gewissem Sinne überhaupt sichtbar, dass es so etwas wie spontanes Leben gibt. Zu den Kontakten, die man auf Facebook pflegt, können Kollegen, Kumpel, Sportsfreunde, Gesinnungsgenossen, aber auch Eltern, Kinder und intime Freunde gehören. Möglich ist dort Nähe ohne Verbundenheit, Begegnung ohne Verpflichtung und auch die Illusion, dass es eine Freundschaft ohne Leid geben könne. Das Internet bringt mit einer erstaunlichen

Leichtigkeit auf einem Schirm das zusammen, was sonst im Leben manchmal getrennte Welten bleiben.

Andererseits geht mit Facebook und ähnlichen Foren ein kräftiger Trieb einher, der kaum zu unterschätzen ist. Was auf dem Schirm – und somit in meinen Vorstellungen – virtuell erscheint, wird von einem Wollen erzeugt, das gerade nicht leicht oder hell oder spaßig ist. An Facebook & Co werden wesentliche Hoffnungen, Sehnsüchte und Bedürfnisse festgemacht, die groß und manchmal ungreifbar sind. Die transparente Welt der virtuellen Vorstellungen wird von einem gerade nicht durchsichtigen Untergrund des seelischen Lebens gesucht und geweckt. Die Möglichkeiten des Internets scheinen in den dunklen Schichten des Lebens etwas in Bewegung zu bringen, was in der Gesellschaft längst ins Stocken geraten ist. In diesem Untergrund geht es um große Lebensfragen, die im öffentlichen sozialen Leben kaum gestellt werden können.

Diese Fragen beziehen sich auf die Gestaltung und die Wirkung der individuellen Persönlichkeit, auf das Spannungsfeld zwischen „privat" und „öffentlich", auf die Kluft zwischen beruflichen Begrenzungen und persönlichen Anliegen sowie Potenzialen. Und was sich dabei auf dem Schirm offenbart – siehe oben –, ist als die andere Seite des Abgrunds zu verstehen, als die vergeistigte Welt der fließenden Repräsentationen, der fluktuierenden Welt der Bilder und Kurztexte, die irgendwie-irgendwann-irgendwo zu einer Realität werden, das heißt, eine Verbindung zu einem dunklen Wollen eingehen könnten.

Das Internet wurde nicht nur eine treffende Metapher für das hypermoderne Leben – ein Nebenschauplatz, der mittlerweile zur Hauptbühne geworden ist –, denn es liefert die Bilder und Vorstellungen, die das soziale Leben zwischen den Menschen nicht nur beschreiben, sondern auch bestimmen werden. Der

Begriff „Kontakt" ist nicht mehr als ein nüchternes Kennwort, das auf schlafende oder träumende Potenziale hinweist, die darauf warten, mobilisiert zu werden. Die Frage bleibt, wie der Abgrund zwischen den hyperaktiven Vorstellungen und den unterschwelligen Intentionen überbrückt werden kann. Die Brücke in der Mitte, so meine ich, kann nur von Menschen gebaut werden, die im *real life* (dazu gehört auch das WorldWideWeb) ihre Beziehungen ernst nehmen.

1.
Beziehungen — eine sprachliche Landschaft

Mit der Betrachtung der Freundschaft betreten wir die Landschaft menschlicher Beziehungen. Ich werde mich dieser Landschaft zunächst auf der Ebene der Sprache nähern. Ich werde auf Wörter und Begriffe schauen, die in unserem Sprachgebrauch im Zusammenhang mit Beziehungen spontan benutzt werden. Ich möchte versuchen, die offenkundigen Bedeutungen der Wörter zumindest halbwegs sinnvoll einzuordnen, was — das wird sich zeigen — keine einfache Aufgabe ist. Die Landschaft menschlicher Beziehungen gestaltet sich genauso vielschichtig wie jede Beziehung in und für sich.[9]

Mein Ziel liegt nicht darin, einen Katalog von Beziehungen zu entwerfen und einen vollständigen schon gar nicht. Mir geht es darum, eine Vorstellung davon anzubieten, wie wir zurzeit offensichtlich über die unterschiedlichen Arten von Beziehungen denken, welche Erwartungen wir an sie haben und wie wir meinen, sie handhaben zu können. Wir verwenden jeden Tag, wenn wir über Beziehungen sprechen, bestimmte Wörter, im Gegensatz zu anderen, die nie benutzt werden. Manche gebrauchen wir häufiger, andere eher seltener, einige bewusst und andere unbewusst. Offenbar gibt es mehr oder weniger gemeinsame Vorstellungen, die aufgedeckt und gezeigt werden können. Welche Begriffe und Ideen bestimmen unser Denken über Beziehungen?

Ich beginne mit einer burlesken Auflistung von Wörtern, die sich auf menschliche Verbindungen beziehen. Sie darf von mir aus gerne als ein Gedicht verstanden werden. Meinte nicht Samuel Taylor Coleridge: *Poetry is the right words in the right order?*

Es
Du
Sie
Ihr
Ich
Wir
Fan
Opa
Gott
Pate
Gast
Oma
Chef
Täter
Sohn
Tante
Leser
Opfer
Feind
Onkel
Dekan
Coach
Kunde
Mutter
Chefin
Lehrer
Führer

Freund
Bruder
Patient
Tochter
Mentor
Vorbild
Mörder
Schüler
Berater
Kumpel
Nachbar
Kollege
Ehefrau
Nächste
Genosse
Geliebte
Freundin
Mitglied
Nächster
Mätresse
Assistent
Elternteil
Kamerad
Ehemann
Verlobter
Beifahrer
Gläubiger
Komplize
Schwester
Vorgänger
Patenkind

Liebhaber
Bekannter
Mitbürger
Fremdling
Patentante
Mitstreiter
Ehepartner
Mitmensch
Nachfolger
Verwandter
Herzbruder
Verstorbene
Brieffreund
Zeitgenosse
Ungeborene
Angestellter
Weggefährte
Fachgenosse
Ersatzmutter
Drogendealer
Lebenspartner
Busenfreundin
Lebensgefährte
Leidensgenosse
Bezugserzieherin
Facebook-Freund
Schicksalsgefährte
Gesinnungsgefährte
Schützgrabenkamerad
Allein-erziehender-Vater
Allein-erziehende-Mutter

Ich habe die Reihenfolge mit Absicht nicht begrifflich, sondern rein formal eingerichtet; entscheidend war die Kürze oder Länge der Wörter. (Auf Englisch würde die Liste anders aussehen – statt „es" würde „I" stolz ganz oben stehen.) Auf der begrifflichen Ebene entsteht dadurch ein interessantes Durcheinander, das unmittelbar sichtbar macht, wie vielfältig die sprachlichen Andeutungen sind. In Bezug auf weibliche und männliche Endungen habe ich versucht, eine verträgliche Mischung zu finden, generell geht es hier aber um die Bedeutung der Begriffe als solche und nicht die spezifische Ausprägung das Weibliche oder Männliche betreffend.

Klar ist natürlich, dass die Auflistung ohne große Mühe erweitert werden könnte. Es gibt noch eine Menge Wörter mehr, die eine Beziehung implizieren, wie zum Beispiel: Vermieter und Mieter, Verkäufer und Käufer, Arbeitgeber und Arbeitnehmer, Wähler und Gewählter, Moderator, Vermittler, Vorsitzender, Informant, Botschafter… Man könnte eben argumentieren, dass alle funktionierenden Berufe, die gelebt werden, eine Beziehung voraussetzen: Der Bauer baut Gemüse für seine Konsumenten an, der Journalist ist auf der Suche nach Neuigkeiten für seine Leser, der Polizist kümmert sich um die Sicherheit der Bürger und der Kellner bringt dem Kunden einen Espresso.

Ich behaupte allerdings, dass meine Auflistung alle möglichen Aspekte der menschlich-sozialen Verbindungen deckt. Sie ist eine sorgfältig gepflegte Ansammlung von Andeutungen, die in unserer Alltagssprache kursiert. Mit dem Umstand, dass manche Wörter sehr häufig vorkommen, ja fast in jedem fünften gesprochenen Satz, wie „ich" und in jedem zehnten gesprochenen Satz, wie „Du", und andere nur ganz selten auftauchen, wie das außergewöhnliche „Schützengrabenkamerad", das einer gesonderten Betrachtung bedürfte, werden wir uns noch beschäftigen.

Ein schneller Blick auf die Liste führt sofort zu einer Handvoll Kategorien, die auf eine gewisse Ordnung verweisen. Als Erstes fallen die Personalpronomen auf: Ich, du, er, sie, es, wir, ihr, sie. Wie alle Pronomen flattern sie mit einer Leichtigkeit durch die Sprache und bieten den schweren Substantiven und Eigennamen einen Ausweg. Der Satz „Helmut Schmidt redet nie über Helmut Schmidt, sondern nur über die Sachen, die Helmut Schmidt interessieren", wird mit Hilfe der Personalpronomen elegant: „Er redet nie über sich selbst, sondern nur über die Sachen, die ihn interessieren."

Von den ersten beiden Personalpronomen, du und ich, sagt Martin Buber, dass sie „Grundworte" seien, die nur als „Wortpaare" gedacht werden können. „Es gibt kein Ich an sich, sondern nur das Ich des Grundworts Ich-Du und das Ich des Grundworts Ich-Es. Wenn der Mensch Ich spricht, meint er eins von beiden."[10] Und: „Das Grundwort Ich-Du stiftet die Welt der Beziehung"[11], so Buber in seinem Werk *Ich und Du*. Diese Behauptung von Buber mag vielleicht trivial erscheinen, im Grunde genommen ist sie aber sehr erhellend: Ohne Einzelpersonen entstehen keine Beziehungen, auch nicht, wenn es um Bezüge zwischen Gruppen von Menschen geht. Die Achsen in der Welt der Beziehungen werden immer von Individuen gebildet.

Wenn ich „Du" sage, können unzählige Menschen gemeint sein; wenn ich „ich" sage, bin allerdings immer nur ich gemeint, diese Instanz in mir, die wie ein innerer Bewusstseinsfokus erscheint. Das von mir gesprochene „Ich" ist wie ein Eigenname, der immer auf die gleiche Erscheinung verweist. Wenn ich hingegen das Wort „ich" höre, wenn es also von jemand anderem ausgesprochen wird, kann es sich auf viele Personen beziehen, im Prinzip eben auf sechs Milliarden Mitbewohner der Erde. Wenn jemand „ich" sagt, gehe ich davon aus, dass er oder sie in sich selbst von einem Fundament aus agiert, von dem aus er oder sie spricht.

Einen direkten Zugang zum inneren Kern eines anderen Menschen habe ich nicht.

Nur für das durch mich ausgesprochene Personalpronomen „ich" gilt, dass es sich immer eindeutig auf das Gleiche bezieht, nämlich auf mich, auf die innere Instanz also, zu der ich einen unmittelbaren Zugang habe. Was aber „ich" (und damit auch „mein", „mir" oder „mich") genau bedeutet, ist meistens nicht so einfach zu sagen. Alleine die Tatsache, dass ich sagen kann: „Ich beschäftige mich mit mir" macht deutlich, dass ich meinen Fokus wie einen Nukleus quasi spalten kann. „Ich" kann offensichtlich auf „ich", also auf „mich" schauen. Nur in einem rechtlichen Rahmen ist eindeutig, was ich meine, wenn ich „ich" sage: der Bürger nämlich, der Jelle van der Meulen heißt, 1950 in den Niederlanden geboren wurde (und leider die rote Ampel nicht beachtet hat).

Das Wort „ich" bezieht sich offenbar nicht auf einen Gegenstand, auch nicht auf meinen Körper. Mein „Ich" ist nicht identisch mit meinem Körper, was schon alleine daran bemerkbar ist, dass ich sagen kann: „Ich habe einen Körper", oder „Mein Körper tut mir weh", oder „Ich bin mit meinem Körper nicht zufrieden". Für die direkte Selbsterfahrung gibt es eine komplizierte Beziehung zwischen „Ich" und „Körper", die sich schwer beschreiben lässt. Trotzdem fühlen wir uns meistens in der Beziehung zwischen „ich" und „mir" mehr oder weniger spontan zu Hause.

Die Personalpronomen „ihr" und „sie" drücken eine doppelte Beziehung aus. Erstens gibt es zum einen den Bezug zwischen einerseits mir und andererseits euch oder ihnen; ich bin also auf eine bestimmte Art und Weise mit euch beziehungsweise ihnen verbunden. Zweitens gibt es unabhängig von mir einen Zusammenhang zwischen den Menschen, die ich mit „ihr" oder „sie" andeute. In der ersten Person Singular „ich" und in der ersten

Person Plural „wir" spricht eine Person von sich selbst, schließt sich selbst also ein. Bei „du" oder „ihr" (beziehungsweise „Sie") wird jemand angesprochen, eine andere Person, mein Gegenüber zum Beispiel. Bei „er", „sie", „es" und dem Plural-„sie" geht es um eine Sache, einen Sachverhalt, eine Person von der gesprochen wird und die entschieden nicht zu mir gehört. Sie stehen an der anderen Seite der Straße oder sprechen kein Deutsch sondern Iranisch, oder hoffen, dass der FC Bayern das Fußballspiel gewinnt und nicht der FC Köln. Mit dem Pronomen „wir" ist die Beziehung eindeutig: wir alle – das heißt: auch ich – hoffen (leider fast immer vergeblich), dass der FC Köln gewinnt. Diesen Satz könnte man auch so bilden, dass ich selber nicht inbegriffen bin, indem ich ihn mit „ihr" bilde.

Bemerkenswert in der deutschen Sprache ist noch der Unterschied in der Anrede zwischen Du und Sie. Rein formal beziehen sich beide Personalpronomen auf die gleiche Person, auf mein aktuelles Gegenüber nämlich, deren „Antlitz" (Emmanuel Lévinas) hier und jetzt meine Welt ausmacht. Oft wird gesagt, dass der Unterschied darin läge, dass „Sie" eine Höflichkeitsform darstellt, was aber nicht stimmen kann, weil „Du" nicht unbedingt unhöflich ist. Der Unterschied hängt eher mit einer bewusst gewählten Nähe zusammen, was sich auch darin ausdrückt, dass dem Übergang vom Sie zum Du meistens eine gemeinsame Vereinbarung zu Grunde liegt.

Vor allem in England, wo der Unterschied zwischen Du und Sie schon lange nicht mehr existiert, dort gibt es nur „you", aber auch in Holland, wo er zwar vorhanden ist, im Vergleich zu Deutschland allerdings sehr locker gehandhabt wird, vollzieht die Vereinbarung sich eher implizit und fließend. Der Übergang von Distanz zu Nähe wird sprachlich nicht so sehr als ein Ereignis erlebt, das ausgedrückt werden muss. Offensichtlich erleben die

Deutschen an dieser Stelle eine Schwelle, die eine besondere Aufmerksamkeit verlangt.

Alle anderen Wörter in der Auflistung sind Substantive, Hauptwörter also, die wir mit Hilfe der Personalpronomen so gerne in die grammatikalische Unsichtbarkeit stoßen. Es sind letztendlich immer die Substantive, die auf konkrete Bedeutungen hinweisen. Ich habe mir überlegt, ob ich auch Verben in die Liste aufnehmen soll – davon gibt es eine ganze Menge, die sich auf menschliche Bezüge beziehen, auf Tätigkeiten also, die zwischen Personen „getan" werden können, wie sprechen, tanzen, lieben, spielen, schimpfen, einladen, ausladen, streiten, verführen, anrufen oder verarschen. Sie betreffen aber nur die möglichen Tätigkeiten und sagen meistens nichts über die besondere Art der Verbindung aus.

Widmen wir uns also den Substantiven. Eine erste Gruppe beinhaltet Beziehungen, die biologisch bedingt sind, also auf Verwandtschaft beruhen: Töchter und Söhne sind physisch von Müttern und Vätern „ermöglicht" worden; Geschwister haben einen gemeinsamen Vater und eine gemeinsame Mutter; Opas und Omas, Onkel und Tanten, Neffen, Nichten, Cousinen und Cousins sind verwandtschaftlich miteinander verbunden. Dabei gibt es eine Ausnahme: mit der Frau meines Onkels, (mit meiner Tante also) der der Bruder meines Vaters ist, bin ich physisch nicht verwandt – trotzdem gehört sie zur Verwandtschaft, sie hat in die Familie „eingeheiratet" und das wird sprachlich nicht unterschieden von einer Tante, die die Schwester meines Vaters ist. Auch Schwager und Schwägerinnen sind „nur" eingeheiratet, gehören aber zum Verwandtschaftsnetz – und es gibt auch noch Schwippschwager und -schwägerinnen: Der Ehepartner der Schwester oder des Bruders meines Ehepartners. Auch zwischen Vätern und Müttern gibt es eine entscheidende biologische Verbindung, die zwar nicht sie selbst betrifft, sondern das, was sie „hervorbringen" – die Verschmelzung von Eizelle und Samen führt dazu, dass Kinder „entstehen“ und geboren werden, was gerade bedeutet, dass die beiden Vater oder Mutter eines gemeinsamen Kindes werden. (Dass sie auch „Elternteil“ genannt werden, ist ein anderes Thema. Nur Lehrer und Erzieher, Berufspädagogen eben, benutzen dieses Wort, obwohl es leider immer häufiger passiert, dass auch Väter und Mütter sich selber so nennen. „Elternteil“ scheint mir ein Wort zu sein, dass sich auf ein Gespenst bezieht: ein Anhängsel oder eine Begleiterscheinung eines Kindes, mit dem man sich als Profi leider auch auseinandersetzen muss. Man spart sich die Mühe, von Müttern und Vätern zu sprechen und zieht sich als Pädagoge auf eine rein funktionelle Ebene zurück. Man meint dann mit der Andeutung so etwas wie: der oder die Eine der Verantwortlichen, der oder die vermutlich alleine auf dem Elternabend erscheinen wird.)

Beziehungen zu Verwandten sind im Wesentlichen gegeben. Mit Martin Heidegger könnte man sagen, dass jeder Mensch das Empfinden hat, in eine Familie „geworfen“ worden zu sein. Auch wenn man aus spiritueller Sicht meinen könnte, dass das Kind seine Mutter und seinen Vater ausgewählt hat, ist das spontane Erleben meistens doch umgekehrt: man hatte keine andere Wahl. Viele Kinder stoßen deswegen irgendwann auf die Frage: Warum ist gerade meine Mama meine Mama und gerade mein Papa mein Papa?

Verwandtschaftliche Verbindungen können nicht beendet werden. Auch wenn man seine Geschwister auf keinen Fall mehr sehen will, bleibt man Bruder oder Schwester. Der Vater, der seinen Sohn verstoßen hat, bleibt der Vater des Sohnes. Was abgebrochen werden kann, ist die Pflege der Beziehung in Zeit und Raum: Man trifft sich nicht mehr. Oft ist es übrigens so, dass Beziehungen, die durch einen Bruch zu einem Ende gekommen sind, auf der innerlichen Ebene umso intensiver weitergehen. Oft sind wir gerade mit den Menschen, von denen wir uns äußerlich verabschiedet haben, stark in innerliche Gespräche verwickelt.

Die Beziehungen zwischen Vätern, Müttern, Töchtern, Söhnen, Opas und Omas gehören zu den wichtigsten im Leben. In manchen Familien wird der Kontakt nicht ständig gesucht, in anderen sind die Verwandten jede Woche oder eben jeden Tag auf irgendeine Art und Weise präsent. Im Grunde genommen ist das Band aber fast immer so, dass darauf zurückgegriffen werden kann, wenn eine Not oder ein Bedürfnis entsteht. Verwandtschaft bietet eine Basis, die das Leben trägt.

Doch ist es so, dass gerade im Bereich der verwandtschaftlichen Bezüge große Änderungen in der Gesellschaft wahrzunehmen sind. Was bis vor etwa fünfzig Jahren undenkbar war, ist möglich geworden: Ein Kind wird von einem Mann und einer Frau konzipiert und von einer „Ersatzmutter" ausgetragen und zur Welt gebracht. Biologisch gesprochen sind zwei Frauen an dem Vorgang beteiligt, nur eine davon wird aber Mutter genannt. Auch ist es mittlerweile möglich geworden, dass ein unbekannter Mann seinen Samen zur Verfügung stellt, eine Frau damit schwängert und ein anderer Mann die Rolle des Vaters übernimmt.

Es geht hier nicht darum, alle möglichen Varianten zu beschreiben. Tatsache ist, dass die medizinische Technik ganz neue Verbindungen ermöglicht, die in der Geschichte der Menschheit noch nie vorhanden waren. Natürlich hat es immer Väter und Mütter gegeben, die keine biologische Verbindung zu ihrem Kind hatten, sich aber doch so um es gekümmert haben, als ob es das eigene wäre. Die Technik aber erörtert und provoziert diesbezüglich eine bewusste und aktive Gestaltung einer Beziehung, die das Verhältnis zwischen Eltern und Kindern bis auf den biologischen Nerv neu greift.

Noch ganz abgesehen davon, dass es hier immer um „freie" Entscheidungen geht – die technischen Vorgänge müssen ja gewollt und bewusst ausgeführt werden – gilt es sich an dieser Stelle zu vergegenwärtigen, dass uralte und bislang beständige Begriffe auf einmal modifiziert werden. Was Mütter, Väter, Töchter oder Söhne tatsächlich ausmachen, ist nicht länger unerschütterlich festgelegt. Es mag vielleicht merkwürdig klingen, aber ich meine, dass diese Verschiebung der sozialen Koordinaten im Rahmen eines menschheitlichen Schwellenübertritts auf der Ebene des Bewusstseins nicht nur gut zu verstehen ist, sondern auch eine neue Dimension annimmt.

Eine weitere Änderung im Bereich der verwandtschaftlichen Beziehungen liegt darin, dass sich immer mehr junge Väter überfordert fühlen und ihre Familie im Stich lassen – einfach abhauen, salopp gesagt. Die allein erziehende Mutter ist eine feste Erscheinung in der Gesellschaft geworden, die zwar immer noch nicht integriert, im sozialen Leben aber kräftig tätig ist. Warum immer weniger junge Männer im Stande sind, sich mit einem Leben als Vater anzufreunden, ist eine Frage für sich, die ich im Raum stehen lasse. Mir scheint es aber wichtig zu sein, diesbezüglich nicht in lockere Urteile zu verfallen. Es geht hier um gesellschaftliche Entwicklungen, die weit über persönliche Unfähigkeiten und Defizite hinausgehen.

Die Sonderstellung des Subjekts der Alleinerziehenden-Mutter – wenn sich die Frauen nicht nur als Opfer erleben und dementsprechend verhalten, sondern selbstbewusst in die schwierige Lage eingreifen – ermöglicht neue Verbindungen. Die „normale" Familie scheint zu verschwinden, weitet sich in Wirklichkeit aber sehr oft über bewegliche soziale Netzwerke aus, die eine neue Lebensbasis bilden. Im Seminar für Waldorfpädagogik in Köln zum Beispiel, wo ich als Dozent arbeite, ist immer wieder zu beobachten, wie die Erzieherinnen, die jüngeren und die älteren („Quer-Einsteigerinnen“ genannt, ein Begriff, der eine gewisse Erwartung verrät), eine berauschende Fülle von Beziehungen knüpfen, die oft darauf beruhen, dass das Leben mit den Kindern und dem unter Umständen fahrlässigen Partner dringend nach „kreativen“ Ideen und Lösungen fragt.

Wenn man auf die Begriffe schaut, die in diesen Flechtwerken benutzt werden, versteht man sofort, in welche Richtung die neuen sozialen Koordinaten zeigen: Dort heißen die Leute Bekannte, Freunde und Freundinnen, vielleicht Paten, hier und da vielleicht auch Gesinnungsgenossen und Mitstreiterinnen. Obwohl nicht geläufig, scheint mir vor allem das Wort Schicksalsgefährte an dieser Stelle passend zu sein.

Aus diesem Grund müssen hier noch zwei Wörter erwähnt werden, die ich letztendlich doch nicht in die Liste aufgenommen habe. Es sind: „Frau“ und „Mann“. Ähnlich wie Buber meint, dass die Personalpronomen „Ich“ und „Du“ ein Paar bilden, könnte man argumentieren, dass „Frau“ und „Mann“ aufeinander bezogen und deswegen im Grunde genommen Beziehungswörter sind. Einerseits stimmt das: der Begriff Mann lässt sich ohne den Begriff Frau kaum denken; andererseits aber bedeutet die Andeutung „Mann“ oder „Frau“ noch nicht, dass damit eine Beziehung zur Frau, zu einer Frau oder zum Weiblichen als solchen oder zum Mann, einem Mann oder dem Männlichen an sich besteht oder gesucht wird. Das „Ich“ im Sinne von Buber braucht ein „Du“, um ein „Ich“ zu sein, eine Frau aber braucht keinen Mann, um eine Frau zu sein.

Für die Welt der Beziehungen ist der Unterschied zwischen Frauen und Männern allerdings sehr wichtig. Auf allen Ebenen des gesellschaftlichen und privaten Lebens liegen machtvolle Rollenzuweisungen vor, die längst nicht immer auf rein biologische und damit unvermeidliche Unterschiede zurückzuführen sind. Alleine die Tatsache, dass manche Frauen sich diesbezüglich grundsätzlich ungerecht behandelt fühlen, macht die Beziehung zwischen Frauen und Männern zu einer Frage, die längst noch nicht beantwortet ist. Die Beziehung zwischen Männern und Frauen ist damit ein sozialer Ort, in dem die Art der Beziehung selber zum Thema geworden ist. Man könnte auch sagen: die Beziehung bezieht sich auf die Beziehung.

Im Zusammenhang mit der Idee der Freundschaft ist es eigentlich gar nicht interessant, wie bestimmte Rollen von Frauen und Männern zu erklären und zu rechtfertigen sind. Denn für die Freundschaft gilt in besonderer Weise die Aussage der Einzelperson: Ich möchte mein Leben so oder so gestalten. Nicht die physischen Gegebenheiten sind bestimmend, sie ordnen sich den seelischen und anderen Bedürfnissen der verschiedenen Menschen unter. Im Vordergrund steht nicht die Frage, ob bestimmte Positionen richtig oder falsch sind, auch nicht, wenn sie als altmodisch oder umgekehrt als gerade sehr fortschrittlich erlebt werden, sondern, ob die persönliche Wahl von der betreffenden Person wirklich so gewollt wird. Um zu dieser inneren Freiheit zu gelangen, bleibt es allerdings notwendig, auf die eingeschlichenen Muster zu schauen. Bevor man *für* etwas frei wird, muss man erst *von* etwas frei werden.

Eine zweite, klare Kategorie der Substantive in meiner Liste bezieht sich auf funktionelle Verbindungen zwischen den Betreffenden. Oft geht es dabei um Wortpaare, die auf eine bestimmte Tätigkeit, die die Art der Verbindung mehr oder weniger festlegt, hinweisen. So gibt es Lehrer und Schüler, Verkäufer und Käufer, Ärzte und Patienten, Wähler und Gewählte, Produzenten und Konsumenten, Arbeitgeber und Arbeitnehmer, Redner und Zuhörer, Prostituierte und Kunden, Betreuer und Betreute,

Schuldner und Gläubiger, Rechtsanwälte und Mandanten, den Souverän und den Untertan.

Mit „funktionell“ ist hier ein rational-transparenter Bezug gemeint, der in der Gesellschaft als nützlich oder angenehm und damit gut funktionierend verstanden wird. Der Lehrer unterrichtet seine Schüler, um sie auszubilden, der Arzt kümmert sich um seine Patienten, um sie zu heilen und die Prostituierte hat mit ihren Kunden Sex, um ihnen Lust zu verschaffen. Die Verbindungen haben ein überschaubares Ziel, das von beiden Parteien und von der Gesellschaft verstanden und gebilligt wird. In vielen Fällen sind die Rechte und Pflichten der beteiligten Parteien in Gesetzen und Verträgen festgeschrieben.

Rein sprachlich gesehen fällt auf, dass in dieser Kategorie nur spezifische Andeutungen auftauchen, die auf der Ebene der Bedeutungen geschlossen sind – ich meine: von „Menschen“ oder „Bekannten“ oder „Gefährten“ wird in dieser Hinsicht nicht gesprochen, weil diese Begriffe zu allgemein und zu offen sind. Auch in dieser Gruppe geht es natürlich um Menschen, sie werden aber Patienten oder Lehrer genannt. Die Art des Menschseins wird auf einen besonderen Aspekt reduziert und überschaubar gemacht.

Menschen werden Subjekte. Damit ist hier nichts Schlimmes gemeint, ganz im Gegenteil, die Subjektivierung eines Menschen ermöglicht ein öffentliches Leben, das von demokratischen Regeln beherrscht wird. Auf der rechtlichen Ebene entsteht erst dann Transparenz, wenn die Verhältnisse genau vereinbart und beschrieben sind. Ohne eine Versubjektivierung des Menschen würde es gar nicht gelingen, friedlich mit 80 Millionen Menschen in Deutschland zusammenzuleben.

Der französische Philosoph Michel Foucault hat immer wieder darauf hingewiesen, dass der Begriff Subjekt – nicht zu verwechseln mit „Selbst“ oder „Ich“ – zwei Bedeutungen hat.

Einerseits sind Subjekte „unterworfen", wie Untertanen, die vom Willen ihres Souveräns zu einer bestimmten Ordnung gezwungen werden. Egal ist dabei, ob der Souverän ein König, ein Diktator oder ein Volk ist. Was wir Recht nennen, funktioniert nur, wenn ich mich beuge, vor dem Recht verneige – ich halte mich beispielsweise in Deutschland daran, dass ich mit meinem Fahrrad auf einer öffentlichen Straße rechts und nicht links fahre.

Subjekt bedeutet aber auch: eine überschaubare Position inne zu haben, die von all meinen Mitmenschen mehr oder weniger anerkannt wird, in die ich hineinschlüpfen und die ich gestalten kann. Ich kann mich als Kellner so verhalten, dass ich mich meinem Arbeitgeber und meinen Kunden quasi unterwerfe, ich kann aber auch mein „Selbst" in das Subjekt „Kellner" fließen lassen und eine Performance daraus machen. Als Subjekt kann man selbstbewusst aufstehen, was gut ist für die ganze soziale Gemeinschaft, für Kunden und für mich persönlich. Ohne mich in ein Subjekt hineinzubegeben, kann ich in der öffentlichen Gesellschaft nicht leben und mich als Person nicht entfalten.

In unserer Gesellschaft gibt es aber eine ganze Menge von verlassenen Subjekten – von ungeliebten Tätigkeiten. Es gibt viele Positionen und Berufe – ein Beruf ist in diesem Sinne immer ein Subjekt –, die fast kein Selbst richtig anziehen und ihm Freude bereiten, man könnte auch sagen: wo die Erotik fehlt, weil sie nicht als attraktiv empfunden werden. Wenn wir auf unsere Liste schauen, fällt zum Beispiel auf, dass man besser kein Schuldner oder Patient sein sollte. Ein Redner wird in der Regel höher geschätzt als ein Zuhörer, ein Gewählter steht über seinen Wählern. (Sobald wir uns darüber Gedanken machen, sehen wir allerdings ein, wie kurzsichtig die spontanen Bewertungen manchmal sind.)

Und wenn an dieser Stelle auch noch das Fass des Geldes aufgemacht wird, liegt das Thema der Asymmetrie komplett auf dem Tisch. Manche funktionellen Beziehungen sind dreifach ungleich. Die erste Ungleichheit ist sachlich begründet und liegt in dem Umstand, dass die eine Partei, sagen wir: der Arzt, etwas Anderes zu tun hat als die andere, der Patient. Was vom Arzt zum Patienten möglich ist, ist nicht das gleiche, was im Umgang, in der Haltung und im Verhalten vom Patienten aus zum Arzt möglich ist. Der Patient stellt eine Frage, weil er Beschwerden hat, der Arzt versucht eine Antwort zu geben. Dass die Beziehung überhaupt zustande kommt, folgt aus einer aktiven Tat des Patienten, sobald die Beziehung aber zustande gekommen ist, bestimmt der Arzt, was geschehen soll.

Diese Asymmetrie stimmt mit dem Sinn der Sache voll überein. Eine zweite Ungleichheit liegt darin – und hier kann die Beziehung problematisch werden –, dass die Frage der Macht zwischen den beiden Personen vielleicht auf der rechtlichen Ebene mehr oder weniger geklärt, menschlich gesehen damit aber noch nicht gelebt ist. Die Launen, Frustrationen, Gelüste und Vorurteile des Arztes haben in der Beziehung oft ein größeres Gewicht, als die des Kranken. Und je weniger der Arzt es für sinnvoll hält, in seinem Patienten ein „Antlitz“ zu sehen, umso stärker wird die Ungleichheit ihre Wirkung zeigen.

Durch das Geld entsteht eine dritte Ungleichheit, die Beziehung wird jetzt erst recht abenteuerlich, und zwar so, dass wir uns manchmal gar keine Gedanken darüber machen. Die Gepflogenheiten sind einfach: Patienten, Schüler, Käufer, Zuhörer, Arbeitgeber und Konsumenten bezahlen für die Arbeit von Ärzten, Lehrern, Verkäufern, Rednern, Arbeitnehmern und von Produzenten. Das Geld fließt immer selbstverständlich in eine bestimmte Richtung, ohne, dass jemand auf den Gedanken kommt, einmal nachzufragen, ob das so sein muss. Auf der finanziellen Ebene sind die funktionellen Bezüge in unserer Gesellschaft fast immer eindeutig geregelt.

Mit den finanziellen Gebräuchen ist ein Problem verbunden, das – wenn es um Beziehungen geht – nicht übersehen werden darf. Die Schwierigkeit liegt darin begründet, dass eine Abhängigkeit in der Beziehung nicht thematisiert wird. Ich meine nicht, dass die Abhängigkeit als solche ein Problem wäre, das aus der Welt geschafft werden müsste. Menschen sind ja auf der existentiellen Ebene per definitionem voneinander abhängig: Ohne die Arbeit eines Bauern habe ich nichts zu essen und ohne mein Geld kann er sich keinen Fernseher kaufen.

Die Schwierigkeit liegt eher darin, dass die finanziellen Bezüge unbewusst verlaufen. Man tritt in eine Beziehung, ohne die Beziehung wirklich zu leben, wenn die Bezüge unbewusst bleiben. Die Frage, welche Bedeutung und Verantwortung ich als Schüler für die Existenz meines Lehrers habe, welche Bedürfnisse er hat und welche Möglichkeiten ich habe, wird in der Beziehung selber selten gestellt, weil sie gesellschaftlich schon geregelt ist. Entweder bestimmen uns die Verhältnisse auf dem Arbeitsmarkt oder die politischen Entscheidungen (meistens eine Kombination von beidem), losgelöst von der aktuellen Verbindung der Beziehung zwischen zwei Menschen, die gerade entsteht.

In der Welt „zwischen uns" wirken die gesellschaftlichen Vorgaben als Abstraktionen. Von außen kommt etwas auf uns zu, womit wir zu rechnen haben, auch wenn es in der Beziehung nicht als evident erlebt wird. Stärker noch, die eigentliche Schwierigkeit liegt darin, dass in der Beziehung die Frage gar nicht auftaucht: Was brauchst du? (Auf diese Frage hat uns Wolfram von Eschenbach in seinem Parzival gebracht!) Um es mit dem Beziehungsphilosophen und Gesellschaftskritiker Emmanuel Lévinas zu sagen: „Man möchte [in der heutigen Gesellschaft, JvdM] ein Verständnisprinzip, das den Menschen nicht mehr umfasst, dass das Subjekt ein Prinzip aufstelle, das nicht mehr von der Sorge um das Schicksal des Menschen umfasst werde."[12]

Auch die Nöte der materiellen Existenz können zu einem „Erwachen zur Menschlichkeit" führen: „Die Menschlichkeit des Bewusstseins liegt [...] in seiner Verantwortung"[13], meint Lévinas. Im Lichte der Frage nach menschlichen Beziehungen erscheinen die rechtlichen und wirtschaftlichen Vorgaben als eine Schwelle, die es zu überschreiten gilt.

Die verlassenen Subjekte sind nicht nur deshalb verlassen, weil man relativ wenig Geld mit ihnen verdient. Es ist eher umgekehrt: weil die Subjekte (also die Berufe) verlassen sind, muss man sich mit einem geringeren Einkommen zufriedengeben. Allgemein wird angenommen, dass diesbezüglich eine Regel gilt: je mehr Menschen im Stande sind, ein Subjekt „auszufüllen" (also einfache Tätigkeiten zu verrichten), umso weniger Achtung und damit auch finanzielle Anerkennung ist dafür nötig. Viele Menschen können Müll abholen, so wird gemeint, weil diese Arbeit wenig spezifische Fähigkeiten verlangt – die finanzielle Belohnung ist dementsprechend gering.

Mit dieser Praxis sind gesellschaftliche Bewertungen verbunden. Mich beschäftigt diesbezüglich schon lange die gesellschaftliche Stellung der Erzieher und Erzieherinnen (es sind meistens Frauen), die sich in einer undurchschaubaren Lage befinden. Als Erstes ist bemerkenswert, dass die Arbeit offenbar wenig gesellschaftliche Anerkennung genießt, was sich einfach an bescheidenen Löhnen zeigt. Zweitens fällt auf, dass die Erzieherin kein definiertes Subjekt als Gegenüber hat, sondern lediglich einem Beaufsichtigungsvertrag unterliegt. Wo der Professor sich mit Studenten und der Lehrer sich mit Schülern beschäftigt, arbeitet die Erzieherin „am Kind". Ich verzichte jetzt auf eine semantische Analyse dieser merkwürdigen Redewendung, „am Kind arbeiten" und überlasse das meinen Lesern, will aber darauf hinweisen, dass das Wort Kind nicht in die Kategorie der funktionellen Beziehungen passt. Auch ein Kind ist ein Subjekt, allerdings in einem anderen Rahmen. Um das Wort Kind zu verstehen und abzugrenzen, braucht man eher Wörter, die Phasen des menschlichen Lebensgangs beschreiben, wie Säugling, Pubertierender, Jugendlicher, Erwachsener, Greis. Kindheit ist eine fundamentale Art des Mensch-Seins und als eine Form des Subjekts nicht mit funktionellen Begriffen zu beschreiben.

Warum gibt es wohl Studenten und Schüler und kein entsprechendes Wort für ein zu erziehendes oder betreuendes Kind? Die Antwort lautet, dass das kleine Kind sich nicht auf der funktionellen Ebene subjektivieren lässt. Weil die Welt für das kleine Kind noch eine ganze Welt und noch nicht zersplittert ist — der Bruch zum Erwachsenwerden hat sich noch nicht vollzogen. Das Kind ist „nur" noch „Mensch" (oder, wenn man rein funktionell denkt, gerade noch kein „Mensch") und deswegen in Bezug auf die gesellschaftliche Instrumentalisierung sehr anfänglich unterwegs. Das Wunderbare an Kindern ist, dass sie sich noch undifferenziert in ihrer Körperlichkeit befinden — zwischen Welt und Empfindung gibt es noch keinen Unterschied.

Und damit arbeitet die Erzieherin prinzipiell ins Freie hinein. Die schöne Herausforderung dieses Berufes liegt darin, dass das Kind sich zum Beispiel nicht von dem Ereignis abgrenzen lässt, worin es sich gerade befindet. Das Kind spielt nicht Pirat, sondern es ist ein Pirat. Spielen bedeutet für das Kind ein direktes und unmittelbares Sein und Mit-den-Dingen-Sein. Deswegen gibt es für kleine Kinder nicht so etwas wie pädagogische „Angebote" — es gibt eben nur das, was es gerade gibt. Sobald die Erzieherinnen das verstehen und sich darauf einlassen können, ist die Beziehung zum Kind sofort gleichzeitig symmetrisch und asymmetrisch.

Das Gleiche gilt für das soziale Umfeld des Kindes. Es ist weder von seiner Mutter, noch seinem Vater oder anderen engen Bezugspersonen abzugrenzen. Das kleine Kind ist untrennbar in einen Teppich von Beziehungen eingeflochten, und damit steht die Erzieherin vor einer Schwierigkeit. Ein zweiter undurchschaubarer Aspekt der Position der Erzieherin liegt dann auch darin, dass sie über die Erwartungen, Freuden, Ängste und Frustrationen des Kindes unmittelbar mit den Menschen um es herum konfrontiert wird.

Rein beruflich gesprochen sind aber die Erzieherinnen nicht für Väter, Mütter oder Bezugspersonen zuständig. Die Beziehung zu den Eltern bedeutet deswegen sehr oft eine Gratwanderung, ein delikates Manövrieren zwischen allgemein menschlichen Angelegenheiten und pädagogischen Anliegen. Erzieherinnen dürfen, können und müssen den Eltern nicht zu nahetreten, dürfen, können und müssen aber oft empfindliche Fragen stellen oder eben Schwieriges mitteilen.

Die gleiche Fragestellung, allerdings meist nicht so markant, erscheint natürlich auch in vielen anderen funktionellen Beziehungen, vor allem bei Pädagogen, Heilpädagogen, Sozial-Pädagogen, Lehrern oder Psychologen. Psychiater und Therapeuten hingegen kennen sich damit mehr oder weniger aus, diese Thematik ist ihnen vertraut. Auch wenn manche Beteiligte es bevorzugen, die Beziehungen so strikt wie möglich rechtlich „sauber“ zu halten, behaupte ich, dass niemand sich hundertprozentig von Kompromittierungen fernhalten kann. In allen Berufen und funktionellen Verbindungen, in denen Menschen mit Menschen zu tun haben, gibt es eine Art Grauzone, die man nicht völlig vermeiden kann.

Bemerkenswert sind diesbezüglich die Erfahrungen eines befreundeten Steuerberaters, die besagen, dass die Trennung zwischen rein steuerlich-finanziellen Problemen und spezifischen Lebensfragen oft nicht leicht zu handhaben ist. Um Menschen in ihrem Umgang mit Geld wirklich zu helfen, so seine Meinung, muss man als Steuerberater oft eine Grenze überschreiten und sich an der Biographie und der Persönlichkeit des Kunden beteiligen.

Eine interessante Kategorie bezieht sich übrigens auf funktionelle Beziehungen, die illegal sind, das heißt, auf Verbindungen, die es dem Gesetz nach nicht geben darf. In der Liste wird diese Art der Verbindung durch die Wörter „Pate“ (gemeint ist der *Godfather*), „Mörder“, „Komplize“ und „Dealer“ repräsentiert. (Man könnte an diese Stelle auch noch „Täter“ und „Opfer“ hinzufügen – sie sind jedoch nicht funktionell. Auf die Einzigartigkeit dieser letztgenannten Beziehung werde ich noch eingehen.) Die Präsenz von illegalen Beziehungen ist in allen bekannten Gesellschaften strukturell gegeben, es gibt also keine Gemeinschaften, in denen Menschen nur gesetzlich anerkannte Verbindungen eingehen. Diese Feststellung mag trivial erscheinen, ist es aber nicht, da sie auf eine fundamentale Kluft zwischen dem, was eine Gemeinschaft will und kann, und dem, was einzelne Menschen wollen und können, hinweist.

Die illegale Kategorie belegt, dass ein moralisch-ethisches Konzept, das allen möglichen Beziehungen zwischen Menschen eine transparente Bedeutung verleiht, nicht existiert. Alle Konzepte, die in der Vergangenheit und der Gegenwart eine ideale Gesellschaftsform beanspruchten oder noch beanspruchen, sind gescheitert. Und irgendwie haben wir uns damit auch abgefunden; dass es Mörder, Verbrecher und andere Bösewichte gibt, nehmen wir in Kauf. Die Ungereimtheit zwischen unseren Wunschvorstellungen und der gelebten Praxis zeigt sich allerdings nicht nur im

Zusammenhang mit illegalen Verbindungen: In jeder Beziehung gibt es Schuld und Unschuld oder eben auch „unschuldige Geheimnisse“. Ohne Bewertung gesagt: Um tatsächlich das zu tun, was wir tun wollen, brauchen wir eine Unterwelt.

Die funktionellen Verbindungen zwischen Menschen bilden das Räderwerk der öffentlichen Gesellschaft. Ohne sie läuft nichts. In allen Bereichen der Gesellschaft sind Menschen diesbezüglich aufeinander angewiesen — auf die beruflichen Fähigkeiten der anderen, auf die Zuverlässigkeit der Bezüge und auf die Geldströme, die mit den Verbindungen einhergehen.

Einer der ältesten Bezüge ist der zwischen dem Souverän und seinen Untertanen. Diese Beziehung ist vorbildlich, weil sie zeigt, an welcher Stelle genau das Problem der Macht liegt. Es gibt gute Argumente, die Frage der Macht mit der Frage des Wollens und insofern des Willens des Menschen gleichzusetzen: Macht wird dann als Kraft frei, wenn etwas gewollt wird, und auch: Macht wird ausgeübt, weil etwas gewollt wird. Macht ist ohne Willen nicht denkbar.

Nun ist der Wille des Menschen ein rätselhaftes Phänomen. Die Vorstellung, dass wir etwas wollen, weil wir etwas verstanden haben, beruht weitgehend auf einer Illusion. Es mag so sein, dass wir seit der Aufklärung diese Illusion gerne pflegen, so, als ob wir rationale Wesen wären, die nur auf Grund von klaren Erkenntnissen handeln. Fakt ist aber — wir brauchen nur ein bisschen Selbsterkenntnis, um uns das einzugestehen —, dass wir manchmal keine Ahnung davon haben, warum wir etwas wollen. Auch wenn wir geneigt sind, unsere Taten im Nachhinein zu rationalisieren, sind wir uns selber sehr oft ein Rätsel.

Die Klarheit in unseren Gedanken bezieht sich immer auf Vergangenes: Was wir zum Beispiel gedanklich in Gesetzen ausgedrückt und festgelegt haben, beruht immer auf Erfahrungen, die es gegeben hat und die wir durch unser Denken verarbeitet haben. In diesem Sinne kann man vom Denken sagen, dass es nicht an erster Stelle Geschichte macht, sondern Geschichte schreibt (was natürlich immer auch heißt, dass Geschichte gemacht wird).

Was an erster Stelle Geschichte macht, ist der „schlafende" Wille, der untergründig agiert. Er bricht auf, setzt sich durch. Man braucht nicht nur auf Gestalten wie Alexander den Großen, Napoleon oder Churchill zu schauen, um einzusehen, dass der Wille des Menschen manchmal wie ein Brecheisen wirkt. Am deutlichsten ist das bei kleinen Kindern sichtbar, die ja reiner Wille sind. Von kleinen Kindern kann gerade nicht verlangt werden, dass sie auf Grund von Überlegungen handeln. Sie tun, was sie wollen — und: Sie müssen tun, was sie wollen. Es braucht viele Jahre und viel Erziehungsweisheit, um beim Kind die innere Reflektion zu wecken, die dem unmittelbaren Willen ein Gegengewicht bieten kann.

Der Wille kommt aus der Vergangenheit und ist auf die Zukunft orientiert. Würde man durch Gesetze jeglichem Bruch, Umbruch oder Durchbruch vorbeugen wollen, hieße das, dass nur die Vergangenheit gewollt würde. Die Vergangenheit wird in gewissem Sinne in die Zukunft geschoben, was allerdings nicht wirklich möglich ist — ein gebautes Haus ins Meer zu schieben geht nicht. Die Zukunft ist per definitionem neu, unvorhersehbar, ungreifbar, unbekannt. Zukunft und Wille sind zwei Rätsel, die eng miteinander verschränkt sind.

Der Wille ist souverän. Und weil dies so ist, braucht die Gesellschaft eine Regelung dieser Souveränität, die so aussieht, dass jeder Bürger in seinem Privatbereich mehr oder weniger „Herrin" oder „Herr" sein kann. Sie oder er „darf" sich binnen bestimmter Grenzen hinter der Haustür nach Belieben ausleben, sich Freunde nach eigenem Willen wählen und „freie" Stunden und Tage nach eigenen Wünschen verbringen. Der moderne Bürger ist in seinem privaten Kreis souverän.

In der Vergangenheit waren es die Herrscher, die mit oder ohne Weisheit ihren souveränen Willen ausüben konnten. Das Recht und die Pflicht des Souveräns lagen gerade darin, dass er seine Taten nicht zu verantworten hatte. Über ihn hinaus gab es keine gesellschaftliche Instanz, der er seine Handlungen erklären oder begründen musste. Nur Gott und seinem eigenen Gewissen hatte er Rechenschaft zu geben — beide sind bekanntlich gerade keine gesellschaftlichen Subjekte.

Genau deswegen wurde er der Souverän genannt. In sogenannten demokratischen Gesellschaften heißt es, dass das Volk den Souverän ausmacht. Einmal in vier oder fünf Jahren darf das Volk frei wählen und damit eine Aussage darüber machen, was es will. Politisch gesprochen funktionieren die Wahlen wie Brecheisen: Sie wühlen auf, ändern Perspektiven, stellen neue Ziele, schaffen neue Machtverhältnisse. In diesem Sinne stehen die Wähler als Kollektiv über den Gewählten, in der Praxis allerdings gilt leider weitgehend das Umgekehrte, weil die politischen Parteien die Wahlthemen bestimmen und die Kandidaten stellen. Der souveräne Wille des Volkes kann sich nur beschränkt in einem von relativ kleinen und nicht besonders geliebten politischen Vereinen vorgegebenen Rahmen ausleben.

Die Frage des souveränen Willens ist in weitaus den meisten „offenen Gesellschaften" (Popper) nicht schlüssig geklärt. Nun ist das natürlich immer noch besser als eine Klärung, die die Offenheit der Gesellschaft definitiv aufheben würde, zum Beispiel in einer Diktatur. Wichtig ist aber die Feststellung, dass die Biographie der Demokratie längst noch nicht an ihrem Ende angekommen ist, was vor allem dann einleuchtet, wenn man auf die Geschichte schaut.

In einem der ältesten längeren Texte aus der Geschichte der Menschheit, dem Gilgamesch-Epos, wird von König Gilgamesch erzählt, der sich zunächst als brutaler Diktator darstellt, dann aber, nach dem tragischen Tod seines Freundes Enkidu (beziehungsweise Eabani), geläutert zur Einkehr kommt und sich in einen verständnisvollen Führer seines Volkes verwandelt. Nicht die Macht des Souveräns ändert sich, sondern die Art und Weise, wie er sie handhabt. Von einer Demokratie kann unter der Herrschaft von Gilgamesch noch nicht gesprochen werden, nur davon, dass die Handhabung der zentralen Macht mit einer Weisheit verknüpft wird, die in der Persönlichkeit des Herrschers begründet ist. Gilgamesch ist der erste Herrscher, soweit bekannt, der die Souveränität nicht nur von den Göttern geschenkt bekam, sondern in seiner Person erarbeitet und verinnerlicht hat. Eine göttliche Beauftragung wird subjektiviert. Oft hat man diese alte, große Erzählung als eine rein persönliche Geschichte zwischen zwei Freunden verstanden, die vor allem den individuellen Werdegang von Gilgamesch als König dokumentiert. Und, klar: Das Epos über Gilgamesch und Enkidu ist die älteste Freundschaftserzählung überhaupt. Bemerkenswert ist aber, dass bereits in dieser uralten Erzählung ein Zusammenhang zwischen der Freundschaftsbeziehung und der Handhabung politischer Macht gesehen wird. Im Grunde genommen geht es in diesem Epos um die Frage der Einrichtung der öffentlichen Gesellschaft: Auf welche Art und Weise übt der Souverän seine Macht über seine Untertanen aus?

Je weiter man in der Geschichte zurückgeht, umso deutlicher fällt auf, wie stark die Bedeutung der Beauftragung von außen wirksam war. Die Subjektivierungen in der Gesellschaft waren eine Angelegenheit der Götter, die von Priestern vertreten wurden. In der alten ägyptischen Zeit zum Beispiel wurde das gesellschaftliche Leben durch die sogenannten Mysterien geregelt.

Die Priester von Amun (was in etwa „die Innenseite der Sonne" bedeutet) waren von ihrem Gott beauftragt, die gesellschaftlichen Verhältnisse zu gestalten. Sie „regelten" die Verteilung der Macht. Man wurde von einem Priester zu einer bestimmten sozialen Aufgabe berufen und ausgebildet. Der Pharao stand souverän an der Spitze der Gesellschaft und seine Macht war gleichzeitig politisch und religiös definiert.

Gesellschaftlich waren die unterschiedlichen Positionen und Berufe damals noch mit den Göttern und den dementsprechenden Himmelskörpern verbunden. Der Pharao und die Priester hatten eine besondere Beziehung zur Sonne, die Soldaten zu Mars, die Kurtisanen und Tänzerinnen zu Venus, die Heiler zu Merkur, die politischen und rechtlichen Beamten zu Jupiter, die archivierenden Berufe zu Saturn, die Landwirte vor allem zur Erde und zum Mond. Die menschliche Gesellschaft wurde als ein Abbild des Kosmischen gesehen und erlebt — die einzelnen Menschen waren in die göttlichen Sphären wie eingebettet und wurden aus der Weite des Geistigen bestimmt.

Die Menschen dachten damals nicht anders als: Mein Leben ist fremdgesteuert. Der erste Souverän, der seine Untertanen von diesen festgelegten Bestimmungen ansatzweise befreien wollte, war der einzigartige Pharao Echnaton. Er versuchte den Gott Amun durch den Gott Aton (was etwa bedeutet „die Außenseite der Sonne") zu ersetzen. Die sichtbare Sonne, so meinte er, konnten ja alle Bürger mit eigenen Augen sehen, und das hieß: Im Licht der äußeren Sonne sind alle Menschen gleich. Der moderne Begriff des Bürgers taucht, noch ganz anfänglich, unter Echnatons Herrschaft zum ersten Mal in der Geschichte der Menschheit auf.

Der Versuch von Echnaton endete allerdings dramatisch: Er wurde ermordet. Sein Nachfolger, Tutanchamun, kehrte, was schon sein Name zeigt, wieder zur Macht der inneren Sonne zurück. Mit dieser Macht war allerdings – die Geschichte von Echnaton zeigt uns das – im Laufe der Zeit langsam ein Problem entstanden, das sich mit dem Begriff Willkür beschreiben lässt. Manchmal war es den Untertanen nicht klar, ob die Entscheidungen des Pharao und der Priester ihre Quellen wirklich in der kosmischen Weisheit der Sonne fanden, oder doch eher mit persönlichen und politischen Interessen zu tun hatten. Die Untertanen nahmen den Priestern die objektive Weisheit nicht mehr ab. Das System der Macht war korrupt geworden. Die damalige ägyptische Kultur hat diese Krise, wie bekannt, letztendlich nicht überstanden und verschwand danach buchstäblich im Sande.

Auch später, in Athen und Sparta oder anderen Brennpunkten der hellenistischen Kultur in den etwa sieben Jahrhunderten vor Christus, waren die Lebensgänge der Menschen noch weitgehend von außen bestimmt. Dort standen die verwandtschaftlichen Verbindungen und Beziehungen, eben die Familienbande im Vordergrund: Sind deine Eltern Sklaven, bist auch du ein Sklave; ist dein Vater ein Aristokrat, bist auch du ein Aristokrat. Die Verteilung der Macht in der Polis – im Stadtstaat – war über den Status der Familie eingerichtet.

Die Götter spielten nur noch im Hintergrund eine Rolle. Das Erstaunliche in den philosophischen Schriften der Griechen ist, wie wenig unmittelbar auf die Wirkung der Götter Bezug genommen wird. Bei Platon zum Beispiel sind die Götter zu „Vorbildern" geworden, deren heftige und manchmal auch heitere Geschichten zu moralischen Quellen avanciert sind. In der Welt von Sokrates, Platon und Aristoteles trafen die Menschen ihre eigenen Entscheidungen auf Grund eines souveränen Denkens. Dennoch blieben die Beziehungen zwischen den Menschen und die gesellschaftlichen Positionen ziemlich streng und unveränderlich festgelegt.

Nur der aristokratische Mann war ein freier Bürger. Seine Frau konnte zwar im Hintergrund eine wichtige Rolle spielen, trat allerdings im öffentlichen Leben kaum ins Rampenlicht. Auch in der Mittelschicht der griechischen Polis wurden die Berufe und Positionen biologisch übertragen, durch verwandtschaftliche Beziehungen geregelt: von einem Vater, der zum Beispiel Bäcker oder Fischer war, wurde erwartet, dass er seine Söhne ebenfalls zu Bäckern oder Fischern ausbildete. So etwas wie Fachschulen für den einen oder den anderen Beruf gab es noch nicht und damit auch nicht die Frage für einen Jugendlichen: Was könnte ich beruflich werden? Das Kind war damals schon etwas, bevor es etwas war – ganz im Gegensatz zu heute: Du bist nichts, bevor du nichts bist.

Mehr als interessant ist die besondere Tatsache, dass der Aristokrat die Möglichkeit hatte, seine Sklaven zu befreien. Die Befreiung eines Subjekts fängt in der alten griechischen Kultur an, wobei die Macht in einer konkreten Beziehung auf Basis einer freien Entscheidung eingesetzt wird, um gerade die Macht aufzuheben. Der Sklave wird von außen zu einer gewissen Freiheit bestimmt, ein Vorgang, der in der weiteren Entwicklung der verschiedenen Gesellschaften – der römischen und auch später der mittelalterlichen – eine große Bedeutung hatte. Der Souverän lernt seine Macht anzuwenden, um auf seine Macht zu verzichten.

Mittlerweile sind wir ein paar Jahrhunderte weiter. Laut Foucault beruht die moderne funktionelle Subjektivierung auf einer Verinnerlichung der gesellschaftlichen Positionen, die sich seit dem Mittelalter in Europa durchgesetzt haben. Die beruflichen und rechtlichen Positionen werden uns nicht von außen auferlegt, sondern von innen her gesucht und gewollt. Wir werden nicht länger von einem Souverän beauftragt, Schuhe zu fabrizieren oder Brot zu backen oder Recht zu sprechen, sondern wir identifizieren uns als Personen mit unseren Aufgaben, Rollen und Berufen.

Ich bin Bauer, Journalist, Krankenschwester oder Vermieter – weil ich das so will. (Wie in der Einleitung geschildert, sind wir allerdings gerade wieder dabei, uns von dieser Position zu verabschieden.)

In den klösterlichen Gemeinschaften, so meint Foucault, fand eine Verwandlung statt, die zu einer Verinnerlichung der gesellschaftlichen Positionen führt. Die religiösen und weltlichen Verantwortungen blieben im Kloster noch von außen gegeben: Es ist Gott, der zu einer Aufgabe beruft. Die Berufung wird aber immer mehr als eine innere Angelegenheit empfunden, als ob die Stimme Gottes in den Menschen spricht und sagt: Du sollst Mönch werden. Die Entscheidung, ob eine Berufung vorliegt, wird von den Betreffenden selber getroffen und dann von den Verantwortlichen geprüft.

Mit diesem Vorgang wird die Menschheit gesellschaftlich in die Zeit der Moderne gestoßen: eine Aufgabe wird innerlich bewusst bejaht. In unserer heutigen Gesellschaft stehen die Jugendlichen vor der Frage, was sie „werden wollen", was bedeutet: welchen Beruf sie wählen und welche dementsprechende Ausbildung sie dazu machen müssen. Die Wahl ist im Prinzip frei, obwohl die kulturellen, wirtschaftlichen und sozialen Gegebenheiten in der jeweiligen Familie und der direkten Umgebung noch immer kräftig mitsprechen.

Mit der entstandenen Freiheit sind aber neue Unfreiheiten verbunden. Sie liegen vor allem darin begründet, dass bei der Wahl seitens der Gesellschaft (oft vertreten durch Eltern und Pädagogen) bestimmte Erwartungen mitschwingen. Eine Hauptrolle bei der beruflichen Gestaltung der Biographie spielen die wirtschaftlichen Perspektiven. Man übt ja vor allem deshalb einen Beruf aus, um ein Einkommen zu generieren. Die Frage, welche Tätigkeit mir passt – Aristoteles würde sagen: mich „blühen" lässt – ist in der Praxis des modernen Lebens sehr oft zweitrangig.

Die Verschränkung zwischen Leistung und Einkommen bedürfte einer gesonderten Betrachtung. Für den Kontext dieses Kapitels genügt die Feststellung, dass die prinzipiell errungene Freiheit sich in unserer Gesellschaft alles andere als vollkommen erweist. Dazu kommt noch ein neues Phänomen: die Tatsache nämlich, dass Menschen sich zunehmend innerlich dagegen wehren, sich eindeutig auf eine bestimmte berufliche Tätigkeit festzulegen. Immer mehr haben das Verlangen, nicht nur „Mutter" oder „Lehrer" oder „Beamter" oder „Kauffrau" zu sein, sondern gleichzeitig auch „Musiker" oder „Heilerin" oder „Reisender" oder „Vernetzer". Und ja: Immer mehr „Manager" und „Beamte" und „Rechtsanwälte" wollen auch „Väter" sein.

Wir stehen diesbezüglich an einer neuen Schwelle. Die klaren gesellschaftlichen Subjektivierungen werden flüssig, vermischen sich, bilden unerwartete Koalitionen und wechseln sich in der Biographie mit einer erstaunlichen Geschwindigkeit ab. Wir werden noch sehen, wie diese Mobilität nicht nur eine Folge der gesellschaftlichen Entwicklung ist, sondern seine Quelle in dem Umstand findet, dass sich die seelische und geistige Lage der Menschheit dramatisch ändert. Die Menschheit ist an einem Punkt angekommen, wo ein erster Sprung ins Unermessliche gewagt werden kann.

Ich bin noch immer bei der Auflistung der Beziehungswörter. Bis jetzt habe ich zwei Unterscheidungen herausgearbeitet: eine rein sprachliche zwischen Personalpronomen und Substantiven und innerhalb der Gruppe der Substantive eine semantische zwischen biologisch-verwandtschaftlichen und funktionellen Beziehungen. Für fast alle bis jetzt genannten Hauptwörter gilt, dass sie sich auf asymmetrische Relationen beziehen. In beiden Gruppen gibt es aber interessante Ausnahmen, die an dieser Stelle zu erwähnen sind. Es betrifft die Wörter Geschwister, Ehepartner,

Kollegen und Bürger. Sie repräsentieren biologische oder funktionelle Beziehungen, in denen die Betreffenden sich auf gleicher Augenhöhe befinden.

Das gleiche gilt für fast alle übrigen Hauptwörter, die noch nicht besprochen sind: Sie stellen symmetrische Beziehungen dar. Weil auch das Wort „Freund" in dieser Gruppe auftaucht, jenes Wort, das mich am meisten beschäftigt, weil es zur Freundschaft führt, liste ich sie auf:

Feind
Freund
Kumpel
Nachbar
Geliebte
Genosse
Nächster
Freundin
Bekannter
Mitmensch
Zeitgenosse
Lebensgefährte
Schicksalsgefährte

Die Bedeutungen dieser Wörter sind nicht nur symmetrisch, sondern auch nicht-funktionell. Sie sind nicht beruflich oder rechtlich festgelegt, sie werden nicht von geschriebenen Regeln bestimmt, sondern schweben frei im sozialen Raum. Zwar gibt es allgemeine Vorgaben, die im Strafrecht beschrieben sind: Auch Nachbarn, Kumpel, Freunde und Geliebte dürfen einander zum Beispiel nicht töten – die Art und Ausführung der Beziehung wird allerdings den Betreffenden überlassen. Die dementsprechenden Bezüge sind als Freiräume in der Gesellschaft zu verstehen.

In der kleinen Liste ist eine semantische Struktur, die sich als Steigerung zeigt, schon gegeben. Zwischen mir und meinen Bekannten herrscht nämlich eine gewisse Distanz, die es zwischen mir und meiner Geliebten nicht gibt. Die Steigerung hängt mit einer Intensivierung der Nähe und des Vertrauens zusammen. Schon zwischen Kumpeln gibt es eine Nähe, die zwar beschränkt und von äußeren Umständen bestimmt ist, allerdings eine Herzlichkeit ermöglicht, die es bei (Kollegen und) Bekannten so nicht gibt. Bei Freunden liegt eine Vertiefung des Vertrauens vor, die gewiss nicht immer unbeschränkt ist, aber nicht mehr ausschließlich von Äußerlichkeiten abhängig.

Über das Wort „Kontakt" habe ich in der Einleitung bereits etwas geschrieben. Wenn man weiter auf die Liste schaut, fallen sofort ein paar merkwürdige Gegebenheiten auf, die eher Unordnung suggerieren. Als erstes könnte man fragen, ob auch meine Feinde in diesem Zusammenhang erwähnt werden müssen. Einen Feind könnte man doch verstehen als jemanden, zu dem ich gerade keine Beziehung habe. Im Zusammenhang mit der Aussage von Friedrich Nietzsche: „Feinde gibt es nicht", werde ich im dritten Kapitel allerdings darstellen, dass unsere Feinde uns in Wirklichkeit sehr nahe sind, genauso nahe wie unsere Freunde. Der einzige Unterschied ist, dass statt eines starken Vertrauens in der Feindschaft ein starkes Misstrauen herrscht.

Außerdem ist bemerkenswert, dass einige Kategorien einander ausschließen, andere jedoch verschmelzen können. Man kann zum Beispiel ganz gut gleichzeitig ein Kollege, ein Genosse und ein Freund sein. Gleichzeitig ein Bekannter und ein Freund zu sein, funktioniert aber nicht, weil dadurch der Sinn der jeweils anderen Bezeichnung verschwindet. Die beiden Begriffe dienen dazu, einander abzugrenzen; ist man einmal befreundet, spricht man von einem Freund und eben nicht mehr von einem Bekannten.

Einige Kategorien können sich in andere Kategorien verwandeln. Aus einem Bekannten kann ein Kumpel, ein Genosse, ein Freund, ein Feind und ein Geliebter werden. An dieser Stelle ist die oben erwähnte Steigerung wirksam: mit dem Vertrauen (oder Misstrauen) steigt die Innigkeit der Beziehung. Interessant ist aber, dass die umgekehrte Richtung nicht nur Möglichkeiten, sondern auch Unmöglichkeiten zeigt. Aus einem Geliebten kann ein Freund, ein Feind, vielleicht auch ein Kumpel und ein Genosse, aber nie ein Bekannter werden. Hat man einmal aufgehört einfach nur ein Bekannter zu sein, kann man zu diesem Zustand nicht mehr zurückkehren.

Für alle möglichen Rückwirkungen gilt, dass sie problematisch sind. Um zum Beispiel von einem Geliebten zu einem Freund oder Kumpel zu werden, muss meist richtig etwas in Sachen Beziehungsarbeit geleistet werden. Um umgekehrt von einem Freund zu einem Geliebten zu werden, braucht man eigentlich nur mit dem Leben mit zu leben – die Steigerung ergibt sich einfach spontan als Möglichkeit. Um als ehemalige Geliebte eine Freundin zu werden, muss oft unglaublich gerungen werden. Es ist so, als ob man gegen einen Strom arbeiten müsste.

Die Stelle eines Geliebten ruft in der Liste überhaupt schwierige Fragen auf. Einerseits scheint die Liebesbeziehung die Krönung aller Beziehungen zu sein, weil sie alles umfassen kann – nur die Kategorie der Bekanntheit schließt sie aus. Andererseits wird die Liebesbeziehung oft als „ausschließlich" verstanden, das heißt: Ich habe (im Moment) nur zu einer Person eine Liebesbeziehung. Mit der Liebe ist offenbar ein Paradox verbunden: Sie kann alles umfassen und gleichzeitig alles ausschließen.

Mich interessiert eigentlich die Frage nicht, ob man gleichzeitig mehrere Geliebte haben kann oder darf oder sogar soll. Auch wenn jemand fünf Geliebte hat, was mir schon viel scheint, bleibt die Tatsache, dass die Anzahl beschränkt ist. Ein Mensch kann tausend Bekannte, hundert Kollegen, siebzig Genossen (zum Beispiel im Rahmen einer politischen Partei oder einer ideellen Vereinigung), zwanzig Kumpel, zehn Freunde und neun Feinde haben – mehr als eine Handvoll gleichzeitiger Geliebter verkraftet mit Sicherheit niemand.

Mit der qualitativen Steigerung des Vertrauens ist offensichtlich eine quantitative Abnahme verbunden. In seinem Buch *Politik der Freundschaft* stellt Jacques Derrida in Anlehnung an Aristoteles die einfache und aufschlussreiche Frage: Wie viele Freunde kann ich eigentlich haben? Zu wie vielen Freundschaften bin ich fähig? Diese Frage stellt sich nur bei Freunden und Geliebten.

Was ist ein Geliebter, eine Geliebte? Klar ist, dass die Steigerung in meiner kleinen Liste irgendwie mit Nähe, Zuwendung und Liebe zusammenhängt. Bekannte liebe ich nicht – oder müsste ich sagen: brauche ich nicht zu lieben? Mit Kollegen ist das schon ein bisschen anders: Zumindest ohne Anerkennung und Respekt, was nichts anderes als „Liebe" auf einer formalen Ebene bedeutet, komme ich mit ihnen nicht aus. Mit meinen Kumpeln und Genossen liegt etwas vor, das über Respekt hinausgeht – es lässt sich vielleicht als Wärme, Herzlichkeit und Spontaneität beschreiben.

Meine Freunde liebe ich, obwohl noch zu sagen wäre, was mit dieser Liebe genau gemeint ist. Ich liebe sie, ohne eine Liebesbeziehung anzuknüpfen. Aber auch an dieser Stelle gibt es Fragen, die nicht leicht zu beantworten sind. Noch ganz abgesehen von Unterschieden, die mit dem Männlichen und dem Weiblichen zusammenhängen, gibt es Freundschaften, in denen das Bedürfnis nach physischer Nähe einfach entsteht, und andere, in denen das gar nicht der Fall ist. Manchmal kann es auch sein, dass dieses Bedürfnis als eine Bedrohung für die Freundschaft erlebt wird.

Anders gesagt: manchmal bietet das Leben die Möglichkeit aus einer Freundschaft eine Liebesbeziehung entstehen zu lassen, sehr oft aber entscheiden wir uns aus unterschiedlichen Gründen dagegen. Wir erleben dann eine Schwelle, die wir nicht überschreiten wollen, dürfen oder können. Noch eine rätselhafte Frage stellt sich so: Offensichtlich gibt es Menschen, die immer wieder mit dieser Frage ringen (müssen?), und andere, die warum auch immer, nur selten an diese Schwelle geraten. Haben diese Menschen eine Klarheit, die den anderen fehlt? Oder kennen sie das Bedürfnis einfach nicht?

Ein Thema für sich scheinen mir die „ehemaligen Geliebten" zu sein. Auf der sprachlichen Ebene verpuffen sie – sie scheinen ohne ein Substantiv auskommen zu müssen. Das Adjektiv „ehemalig" macht schon deutlich, dass sie etwas gewesen sind, was sie offenbar nicht mehr sind. Was sie aber jetzt sind, wird nicht benannt. Ich meine aber, dass ehemalige Geliebte in gewissem Sinne immer das bleiben, was sie einmal waren, nämlich Geliebte, sogar dann, wenn sie zu einem Feind geworden sind.

Der mühsame Schwellenübergang vom Geliebten zum Freund, von der Geliebten zur Freundin sagt uns unheimlich viel über die Freundschaft. Die ehemaligen Geliebten zeigen uns – auch wenn gar kein Kontakt mehr besteht – das Dornengebüsch, welches das Schloss der Freundschaft umschlingt.

Der Übergang von einem Geliebten oder Freund zu einem Feind ist alles andere als mühsam – er vollzieht sich meistens kräftig von alleine; als Selbstläufer ist er aber immer sehr schmerzvoll. Wenn man auf die Freundschaft als einen Zustand schaut, der von zwei Seiten her erreicht werden kann: mühsam von der Seite der Liebe, die, warum auch immer, problematisch geworden ist, oder harmonisch von der Seite der Bekanntschaft oder der Kollegialität her, zeigt sie ihr Wesen. Egal ob sie uns geschenkt wird oder ob sie erobert werden muss, sie bringt uns nicht nur zum Anderen, sondern genauso zu uns selbst. Ein Schritt auf dich zu ist ein Schritt zu mir.

In der kleinen Liste gibt es also Schwellen, die überschritten werden können, und andere, die gerade unüberschreitbar sind. Diese innere, dynamische Beziehung zwischen den Wörtern und den dementsprechenden Begriffen gibt es in den anderen Gruppen der Hauptwörter nicht. Ein Sohn kann schon Vater werden, allerdings nicht in der Beziehung zu *seinem* Vater. Ein Rechtsanwalt kann natürlich Mandant werden, es wäre aber sinnlos, an dieser Stelle von einer Verwandlung zu sprechen: Er wechselt nur seine Position – für eine bestimmte Zeit, aus einem bestimmten Grund. Und ja, eine Tochter oder ein Sohn können allerdings zu einer Freundin oder einem Freund der Mutter oder des Vaters werden, was aber nichts an der Tatsache ändert, dass sie oder er Tochter oder Sohn bleiben.

Eine Sonderstellung nehmen die Wörter „Zeitgenosse", „Nächster" und „Mitmensch" ein. Sie beziehen sich im Prinzip auf alle anderen Menschen auf der Erde, wobei „Nächster" (also der Mensch, der mir nahe ist) stärker als „Mitmensch" und „Zeitgenosse" die Bedeutung mitschwingen lässt, dass es um „Bekannte" geht, das heißt um Menschen, denen man irgendwie, irgendwann und irgendwo – wie flüchtig auch immer – tatsächlich begegnet ist. Der Mitmensch dagegen kann sich auch außerhalb meiner direkten Wahrnehmung aufhalten und völlig anonym bleiben. Wenn ich in einer Zeitung lese, dass Tausende von Menschen bei einem Tsunami umgekommen sind, stelle ich sie mir nicht direkt als meine „Nächsten" vor, wohl aber als meine „Mitmenschen".

In der alltäglichen Sprache werden diese Wörter allerdings kaum benutzt. Eine Kollegin wäre befremdet, wenn ich morgens beim Kaffeetrinken sagen würde: „Gestern sind Tausende von Mitmenschen umgekommen." Die Wörter evozieren eine Stimmung, die eher auf besondere Zusammenhänge hinweist, zum Beispiel auf Gottesdienste. Die hier gemeinte Verbindung zwischen Menschen hat eine religiöse oder ethische Bedeutung, die nur ausnahmsweise zur Geltung gebracht wird.

Damit bleibt aus der kleinen Liste das Wort „Freund", womit natürlich auch „Freundin" gemeint ist. In unserer alltäglichen Sprache können diese Wörter ganz unterschiedliche Bedeutungen haben. Wenn eine Frau von einem Mann sagt: „Er ist mein Freund", kann wohl gemeint sein, dass er ihr „Liebhaber" ist, dass sie eine Liebschaft miteinander verbindet. Die beiden sind nicht verheiratet, leben zusammen oder sind zumindest stark aufeinander orientiert und haben auch eine sexuelle Beziehung.

Wenn aber eine Frau über ihre Beziehung zu einem Mann sagt: „Wir sind (nur) befreundet" ist gerade das Umgekehrte gemeint: das Wort Freund wird dann als Abgrenzung zu „Geliebter" oder „Liebhaber" benutzt. Wenn ein Mann von einem Mann sagt: „Er ist mein Freund" und eine Frau von einer Frau „Sie ist meine Freundin" wird meist gemeint, dass die Beziehung sich nicht auf der körperlichen Ebene ausdrückt. Ist der Mann allerdings ein bekennender Homosexueller und die Frau eine bekennende Lesbe, ist es durchaus möglich, dass gerade auf eine sexuelle Beziehung hingedeutet wird.

Dann gibt es die Freunde und Freundinnen, die eigentlich als Kumpel („Kumpelinnen" gibt es interessanterweise auf Deutsch nicht!) zu verstehen sind. Es geht dabei um Menschen, zu denen man eine herzliche und meistens auch lockere Beziehung hat, die immer in einem gemeinsamen äußeren Umstand begründet ist – man kennt sich aus der Kneipe um die Ecke, war zusammen in der Armee, arbeitet zusammen oder spielt im gleichen Fußballteam – und auf der persönlichen Ebene nicht in die Tiefe geht. Aus irgendeinem Grund ist das Wort Kumpel allerdings zurzeit nicht populär, vielleicht, weil es sich nur auf Männer bezieht und dazu noch nach Oberflächlichkeit klingt. Deswegen spricht man lieber von Freunden.

Schon Aristoteles hat darauf aufmerksam gemacht, dass manche Beziehungen zwar als Freundschaften angedeutet werden, im Wesentlichen aber nur „Analogien" sind, das heißt: Beziehungen werden Freundschaften genannt, weil sie wie Freundschaften aussehen, es aber nicht wirklich sind. Innerhalb einer „vollkommenen" Freundschaft sind Tugenden und Ziele miteinander verbunden, die in den weitaus meisten Beziehungen gar nicht voll zur Geltung gebracht werden können. Von dieser „vollkommenen" Freundschaft könnte man meinen, dass sie im realen Leben nicht existiert – sie ist wie ein Ziel, dass nie erreicht werden kann, trotzdem aber sehr erstrebenswert ist.

Auf die widersprüchlichen Tugenden und Ziele der Freundschaft komme ich noch ausführlich zu sprechen. Dann wird deutlich werden, dass mit der Freundschaft hohe Ansprüche verknüpft sind. Aristoteles soll irgendwann einmal gesagt haben: „Ach Freunde, es gibt keinen Freund!" (Was Friedrich Nietzsche dazu brachte zu sagen: „Ach Feinde, es gibt keinen Feind!"). In seinem Buch *Politik der Freundschaft* beschäftigt sich Derrida Hunderte von Seiten lang mit dieser kryptischen Aussage, die wahrscheinlich gar nicht von dem berühmten griechischen Philosophen stammt, sondern wesentlich älter ist. Der Autor des Zitats muss ein anonymer Denker gewesen sein, der im Rahmen der alten griechischen Mysterien gearbeitet hat. Der Ausspruch beinhaltet eines der Paradoxe, an denen sich das philosophische Denken überhaupt entzündet hat.

Derrida kommt zu dem Ergebnis, dass Freundschaft immer nur *im Kommen* ist. Die Freundschaft versteht er als eine Bestimmung, die *vielleicht* irgendwann einmal erreicht werden kann. Für das Leben in der Gesellschaft, also für das, was Derrida unter „Politik" versteht, ist aber entscheidend, dass wir immer wieder versuchen, die heilige Bestimmung zu erreichen. In seiner apodiktischen Sprache (von Stefan Lorenzer wunderbar auf Deutsch übersetzt) klingt das so:

„Freundschaft ist nie eine gegenwärtige Gegebenheit, sie ist der Erfahrung des Wartens, des Versprechens oder der Verpflichtung anheimgegeben. Ihr Diskurs ist der des Gebets, er konstatiert nichts, er stiftet, er beruhigt sich nicht bei dem, was ist, er ist unterwegs zu jenem Ort, an dem eine bestimmte Verantwortung sich in der Zukunft öffnet."[14]

Gehen wir weiter in unserer Übersicht. Die Worte Gott, Verstorbene und Ungeborene weisen auf Beziehungen hin, die für manche Menschen sehr real, für andere allerdings auf einer Illusion oder zumindest etwas Fragwürdigem beruhen. Man könnte diese Beziehungen als „rein geistig" verstehen, wobei die Bedeutung des Wortes „geistig" wiederum sehr verschieden sein kann. Deutlich ist aber, dass der Beziehung hier ein physisches, sinnlich wahrnehmbares Gegenüber fehlt. Entweder meint man, dass das Gegenüber nur in unseren Vorstellungen lebt, oder dass es sich in einem Zustand befindet, der für die physischen Sinnesorgane nicht zugänglich ist – es befindet sich im Himmel, in der geistigen Welt, im Totenreich, je nach Vorstellungsweise.

Alleine über die Bedeutung des Wortes Gott sind im Laufe der Geschichte Tausende von meist schwerwiegenden Texten verfasst worden, die sich oft auf die Frage konzentrieren: Wie symmetrisch oder asymmetrisch ist unsere (meine) Beziehung zu Gott? Die Frage der Beziehung zu Gott war in der Geschichte oft wichtiger als die Frage der Beziehung zwischen Menschen – sie war grundlegend für das Denken über Beziehungen überhaupt. Bereits das Beispiel von Echnaton hat das gezeigt. Und der Soziologe Max Weber hat darauf hingewiesen, dass der Reformer Martin Luther mit seinem Anliegen, die Beziehung zu Gott *persönlicher* zu machen, das heißt, als eine Beziehung zu verstehen, die im Gewissen des Einzelnen begründet ist, große Änderungen im sozial-gesellschaftlichen Leben in den westlichen Völkern vorbereitet hat. Mit dem Denken über die Beziehung zu Gott verwandelte sich auch das Denken über die Beziehungen zwischen den Menschen. Was wir Kapitalismus nennen, ist laut Weber Folge der protestantischen Reform.[15]

Bemerkenswert ist, dass die zwei großen Beziehungsphilosophen des zwanzigsten Jahrhunderts, Martin Buber und Emmanuel Lévinas, beide auf die jüdische Religion hin orientiert waren. Die menschlichen Beziehungen haben für Buber und Lévinas eine tief religiöse Bedeutung, die mit dem Empfinden zusammenhängt, dass Gott sich nicht nur in der Natur oder in einer geistigen Welt befindet, sondern sich auch durch die Menschen und in ihnen bemerkbar macht. Gott ist in den Menschen, spricht aus den Menschen heraus, was bedeutet, dass meine Suche nach der Beziehung zu dir, meinem Gegenüber, auch eine Suche nach der Verbindung zu Gott ist. Lévinas verwendet das schöne Bild der „heiligen Kathedrale“ zwischen zwei Menschen, die Nähe ist für ihn also ein Ort, wo das Göttliche erlebbar ist.

Der Anthroposoph Rudolf Steiner geht an dieser Stelle noch einen Schritt weiter; er sieht in dem individuellen Menschen überhaupt ein Göttliches. In einem Vortrag, den er 1918 gehalten hat, schildert er, dass alle Menschen in der Zukunft (was aus seiner Sicht Zukunft war, ist für uns zu Beginn des einundzwanzigsten Jahrhunderts längst Gegenwart geworden) „in jedem Menschen ein verborgenes Göttliches“ werden sehen können. In den Menschen wird stärker und stärker folgendes Bedürfnis aufsteigen, „nicht den Menschen gewissermaßen wie ein höher entwickeltes Tier nur seinen physischen Qualitäten nach [zu] betrachten, weder in der Theorie noch in der Praxis, sondern, dass wir jedem Menschen entgegentreten mit dem voll ausgebildeten Gefühl: in dem Menschen erscheint etwas, was aus den göttlichen Weltengründen heraus sich offenbart, durch Fleisch und Blut sich offenbart, so ernst als möglich, so stark als möglich [...]".[16]

Buber, Lévinas und Steiner versuchten den Brennpunkt der menschlichen Beziehung als eine geistige Angelegenheit neu zu greifen. Ihr Anliegen war es, die sozialen Bezüge zwischen Menschen, also die tragenden Achsen in der Welt der sozialen Verbindungen, mehr und mehr als eine Sache der Freiheit anzusehen. Wenn Rudolf Steiner von der Geistigkeit des Menschen spricht, meint er damit viel, vor allem aber auch, dass die Souveränität der Götter prinzipiell auf jeden individuellen Menschen übertragen worden ist. Der Mensch braucht die Freiheit nur zu ergreifen. Wenn Verbindungen über die physischen, biologischen und funktionellen Bestimmungen gehoben werden, entstehen Freiheiten, die eine „geistige" Entfaltung der Beziehungen ermöglichen.

Über die Beziehung zu Ungeborenen und Verstorbenen könnte viel gesagt werden, im Rahmen dieses Kapitels muss allerdings die Bemerkung genügen, dass der heutige Mensch diesbezüglich gespalten und manchmal auch ratlos ist. Wenn es um die Verstorbenen und die Ungeborenen geht, blicken wir ins Freie, Offene, Randlose.

Mir scheint es so zu sein, dass der allgemein herrschende, vor allem durch die Naturwissenschaften vertretene Gedanke, wonach der Tod ein absolutes Ende bedeutet – wenn man stirbt, hört man auf zu existieren –, für manche Menschen in konkreten Lebensumständen schwierig zu handhaben ist. Der eingetretene

Tod eines Verwandten, eines Freundes oder eines Geliebten führt öfters dazu, dass bei den Hinterbliebenen eine Spannung zwischen dem, was man denkt, und dem, was man fühlt, entsteht. Nicht selten bringt der Tod eine Frage mit: Hat sich der oder die geliebte Verstorbene wirklich in ein schwarzes Nichts aufgelöst?

Aber auch der übliche Gedanke, dass die Verstorbenen „nur in unseren Gedanken weiterleben" impliziert ja, dass die Beziehung weiterhin existiert. Auch wenn wir nicht davon ausgehen, dass Jeanne d'Arc, Rembrandt van Rijn oder Karl der Große nach ihrem Tod in irgendeiner Form weiter gelebt haben, spielen sie in der heutigen Zeit noch immer eine Rolle. Als Revolutionärin, als Maler und als Souverän haben sie nie aufgehört zu existieren. Von meiner Großmutter, Napoleon oder Sappho gehen noch immer Wirkungen aus, die mich in meiner Gegenwart erreichen. Die Beziehung zu unseren Vorfahren ist deswegen real vorhanden.

Bleiben noch zwei Wörter übrig: Täter und Opfer. In dieser ominösen Beziehung werden die menschlichen Bezüge auf eine Spitze getrieben, die kaum eindeutig zu denken ist, ich meine: Eine ganze Menge von Begriffen ist notwendig, um das Spannungsfeld zwischen den beiden in den Blick zu bekommen. Vor allem sind es dabei die Paradoxa, die es schwer machen, uns die beiden Begriffe transparent vor Augen zu führen.

Als erstes fällt auf, dass beide Begriffe miteinander verschränkt sind: Es gibt keine Opfer ohne Täter und keine Täter ohne Opfer. Als solches ist das nichts Besonderes: es gibt auch keine Töchter ohne Mütter und auf der funktionellen Ebene keine Rechtsanwälte ohne Mandanten, keine Gewählten ohne Wähler. Trotzdem ist die Verschränkung bemerkenswert, weil sie nicht auf einer biologischen oder funktionellen Ebene liegt — sondern sie begründet sich durch ein Ereignis. Dadurch, dass etwas Ungeheuerliches geschehen ist, sind zwei Menschen miteinander verbunden.

Die Beziehung ist extrem asymmetrisch. Von dem einen Menschen ist ein Akt des Missbrauchs oder der Gewalt ausgegangen, der dazu führt, dass der andere Mensch für längere Zeit – vielleicht für sein ganzes weiteres Leben – in einem Schmerz gefesselt ist. Die Ungleichheit der Beziehung ist meist wie „gefroren" und lässt sich nur schwer ändern. Wenn eine „lösende" Annäherung zwischen Opfer und Täter angestrebt wird, bedeutet dies immer eine Art Gang über den Abgrund.

Für einen Täter ist das Opfer sehr oft anonym. Die Persönlichkeit des Opfers muss durch den Täter verdrängt werden, egal, ob er sein Opfer kannte oder nicht. Täter neigen dazu zu vergessen, dass es überhaupt Opfer gibt. Umgekehrt aber steht die Persönlichkeit des Täters in den Augen des Opfers mit klaren Konturen im Raum. Für das Opfer ist es oft so: Es gibt diesen *einen* Menschen, der mir *dieses* angetan hat.

Und damit verschiebt sich die „gefühlte" Beteiligung-als-Dauerzustand einseitig in Richtung des Opfers. Das Ereignis wird auf der einen Seite ausgeblendet und – deswegen – auf der anderen Seite doppelt so schwer erlebt. Bekannt ist die bittere Tatsache, dass Opfer sich manchmal schuldig fühlen. Der Grund ist verständlich: Um innerlich mit etwas fertig zu werden, wird eine Art Erklärung oder Schuldzuweisung benötigt. Und weil der Täter sich nicht auf die Not des Opfers einlässt, bleibt das Letztere mit sich selbst allein. Früher oder später kommt es auf den Gedanken: Habe ich nicht aktiv zu dem Ereignis beigetragen?

Täter isolieren sich in der Anonymität und versuchen sich quasi in einem Nichts aufzuheben, Opfer dagegen verstecken sich in ihrem konkreten Erlebnis, das sie verheimlichen *müssen*, weil es nicht zu tragen und zu vertreten ist. Ein Täter läuft vor dem Umstand weg, dass er der Täter ist, das Opfer kann nicht anders, als sich immer wieder zu vergegenwärtigen, dass es das Opfer ist.

Ein Täter schweigt in jeder Hinsicht, das Opfer redet ständig mit sich selber.

Eine unerträgliche Beziehung wird gestiftet, weil etwas Ungeheuerliches geschehen ist. Immer geht es dabei um eine Grenzüberschreitung, die in unserer Gesellschaft strengstens verurteilt wird. Nun kann man natürlich die relativierende Frage stellen, warum in unserer Gesellschaft bestimmte Handlungen negativ belegt sind; für die Beziehung zwischen Täter und Opfer ist diese Frage jedoch nicht relevant. Ein (oft unausgesprochenes) Verharmlosen des Aktes – wenn es zum Beispiel um einen sexuellen Missbrauch von Kindern oder Jugendlichen geht – ist alleine deswegen grausam, weil es dem Opfer seine Würde nimmt.

Die Beziehung ist aber nicht nur extrem asymmetrisch, sondern in gewisser Hinsicht auch extrem symmetrisch. Das liegt erstens in der Tatsache begründet, dass ein Ereignis „geteilt" wird – ich meine: dass eine gemeinsame Geschichte vorhanden ist. Was die beiden verbindet, sofern es um eine singuläre und nicht eine länger anhaltende Tat geht, ist der *eine* Moment des Geschehens. Die einzigen Gesprächspartner, die auf gleicher Augenhöhe über das Ungeheuerliche sprechen könnten, sind Täter und Opfer.

Aber zweitens liegt die Gleichheit auch darin begründet, dass Täter und Opfer in Bezug auf die Erlösung aufeinander angewiesen sind. Das bedeutet, nicht nur gemeinsam auf das Geschehen zu schauen um zu verstehen, was meistens nicht möglich ist, sondern sich darüber hinaus auch auf die weitreichenden Prozesse des Verzeihens und eventuell auch der Versöhnung einzulassen.

An dieser Stelle taucht die Ungleichheit wieder auf, wenn vom Opfer (meist unausgesprochen) verlangt wird, dass sie oder er sich dem Täter öffnet. Niemand – und vor allem der Täter nicht – kann an dieser Stelle eine Erwartung oder eine Forderung haben. Der Täter kann höchstens aus einer ehrlichen Betroffenheit heraus um Verzeihung bitten. Das Opfer braucht diese extreme Asymmetrie, um seine Souveränität und damit seine Würde zu erhalten und zu schützen.

Opfer und Täter sind, wie bitter es auch klingen mag, Schicksalsgefährten.

So weit reicht vorerst meine sprachlich-begriffliche Untersuchung der Beziehungswörter. Offenbar sind es mindestens dreizehn Grundbegriffe, die unser Denken über Beziehungen zwischen Menschen bestimmen. Die Begriffe gliedern sich nach sieben Polaritäten:

physisch - geistig
asymmetrisch - symmetrisch
von außen bestimmt - von innen bestimmt
mit Nähe - mit Distanz
statisch - dynamisch
biologisch - frei
funktionell - frei

Es ist offensichtlich keine Frage: Die vollkommene Beziehung im Sinne von Aristoteles, die es im realen Leben allerdings höchst selten oder eben gar nicht gibt, ist geistig, symmetrisch, verinnerlicht, verwandlungsfähig und frei. Über das Paar „physisch — geistig" kann man streiten, eben argumentieren, dass es dabei gar nicht um eine Polarität geht, wobei entscheidend ist, welche Bedeutungen man diesen Wörtern zumisst; von den anderen kann allerdings ohne Einschränkung gesagt werden, dass sie in unserer Gesellschaft mit einer spontanen Bewertung verbunden werden: Symmetrisch ist besser als asymmetrisch, von innen bestimmt besser als fremdbestimmt, dynamisch (fähig zur Verwandlung) besser als statisch – und frei ist sowieso das Beste, was es gibt.

Seit der Renaissance geht von Europa ein Ruf in die Welt hinaus, wonach der Mensch dazu bestimmt ist, sein Leben frei zu gestalten und sich dementsprechend in Beziehung zu seinen Mitmenschen zu setzen.[17] Philosophen wie Martin Heidegger, Michel Foucault und Jacques Derrida haben diesen Ruf im zwanzigsten Jahrhundert modifiziert. Sie meinen, dass der Mensch überhaupt zu nichts berufen sei, denn wer könnte derjenige sein, der da ruft? Ist Gott nicht schon längst von der Bildfläche verschwunden? Die Perspektive bleibt bei den postmodernen Philosophen allerdings nach wie vor, dass der Mensch im Stande sei, sein Leben und damit seine Beziehungen frei zu gestalten, ob dazu berufen oder nicht. Und gerade weil der Mensch das Zeug dazu hat, soll er es auch tun. Foucault meinte sogar, dass gerade dieser Schritt die höchst denkbare politische Brisanz mit sich bringt, weil er das Gefüge der Macht grundsätzlich verändert.

Mit diesem modernen Ruf und der postmodernen Modifikation hat die Frage der vielschichtigen Bedeutung der Freundschaft eine neue Dimension bekommen, weil sie im Herzen der Gesellschaft angekommen ist. Mit der Frage der Freiheit ist die Frage der Freundschaft eine brennende geworden, weil sie eine neue Art der Gemeinschaftsbildung zu ermöglichen scheint. Gleichzeitig aber wird, wie schon erwähnt, die Freundschaft immer mehr und mehr als eine private Angelegenheit verstanden, als eine Art der Beziehung, die gerade nichts mit dem öffentlichen Leben zu tun hat. Stärker noch, die Freundschaft wird oft als ein intimer Schauplatz erlebt, der gegen die massiven Ansprüche der Öffentlichkeit geschützt werden müsse.

An dieser Stelle stoßen wir auf ein Paradox. Manchmal kann man den Eindruck haben, dass Menschen mehr und mehr geneigt sind, sich ins Privatleben zurückzuziehen. Die Teilnahme am öffentlichen Leben, zum Beispiel dadurch, dass man einen Beruf ausübt, wird als eine Notwendigkeit und vielleicht auch als eine Pflicht erfahren, die man „leider" zu bewältigen hat. Das „echte" Leben fängt aber erst dann an, wenn die Arbeit vorbei ist und man „tun kann, was man will". Feierabend bedeutet dann so viel wie: Jetzt geht es los. Schon bei Aristoteles kann man diese frei gewählte Position beschrieben finden. (Menschen, die sich dementsprechend verhalten, werden von ihm übrigens „Idiotes" genannt. Die heutige Bedeutung des Wortes ist erst später entstanden.)

Menschen machen nicht mehr mit, weil die Teilnahme an der *res publica* offensichtlich nicht als wertvoll oder befriedigend erlebt wird. Um aber das öffentliche Leben von seinen Unfreiheiten zu befreien, stünde eher das Umgekehrte an, nämlich, einen befreienden Schritt nach vorne zu tun. Nur die verlassenen Subjekte, die durch ein „Selbst" erfüllt sind, können Gesellschaften in eine Bewegung versetzen, die es ermöglicht, dass Menschen gerade auch in der Öffentlichkeit machen können, was sie machen wollen. Das Paradox liegt darin, dass Menschen aus Verlangen nach Freiheit sich in Freiheit auf den privaten Bereich beschränken und damit im Voraus auf die wirklichen Freiheiten verzichten.

Michel Foucault hat lange gedacht, dass Freiheiten nur dann entstehen, wenn gesellschaftliche Strukturen verändert werden. Die Frage der Macht war in seinem Denken lange identisch mit der Frage nach der Einrichtung der Gesellschaft. Erst am Ende seines Lebens — er starb 1984 — trat in seinem Denken eine Wende ein, die im Grunde genommen bedeutet, dass die Frage der Macht aus seiner Sicht eine innere Angelegenheit wurde. Freiheit, so meinte er, kriegt man nicht — Freiheit ergreift man, und zwar von *sich* aus. Um aber die Freiheit in seinem Leben und in der Gesellschaft ergreifen zu können, muss man erst eine freie Beziehung zu sich selber finden. Foucault verstand die Selbsterkenntnis und die „Sorge um sich" als einen Hebel zur Freiheit.

Freundschaft ist im Rahmen seines Denkens als eine freie Beziehung zwischen zwei Menschen zu verstehen, die eine freie Beziehung zu sich selber gefunden haben. Erst in der Freundschaft wird ein sozialer Ort gestaltet, wo die Frage der Macht ins Freie geschoben wird. Man könnte auch sagen: In der Freundschaft nehmen zwei Menschen, auf gleicher Augenhöhe stehend, gemeinsam und souverän die Verantwortung für die Macht, die in der Beziehung freigesetzt wird. Was dann entsteht, ist eine Beziehung, die als „Ort des Widerstands"[18] seine Wirkung gegen die anonyme Macht in der Gesellschaft entfalten kann.

- *Eine Freundschaft ist frei, weil beide Freunde gemeinsam die Regeln und Rituale bestimmen.*

- *Eine Freundschaft ist souverän, weil sie von innen aus gewollt wird.*

- *Eine Freundschaft ist symmetrisch, weil beide Freunde prinzipiell auf gleicher Augenhöhe stehen.*

- *Eine Freundschaft ist verwandlungsfähig, weil alles, was noch zukünftig und somit unbekannt ist, in sie hineinwirken kann.*

- *Eine Freundschaft ist geistig, weil die Ziele nicht biologisch oder funktionell festgelegt sind und sich im Offenen befinden.*

•In der Tatsache, dass die Freundschaft im Kommen ist, liegt ihre Kraft.

•Und zum Schluss: die Freundschaft ist vorbildlich für alle anderen Formen von Beziehungen, weil sie frei, souverän, symmetrisch, dynamisch und geistig ist.

In der Steigerung von Bekanntschaft zu Freundschaft, sichtbar in der kleinen Liste freier Verbindungen, geht es um die Zunahme der Nähe und der Innigkeit in einer konkreten Beziehung. Mit dem Erreichen der Souveränität, der Symmetrie, der Fähigkeit zur Verwandlung und der Offenheit, geht eine Intensivierung der Nähe einher, nicht nur als Bedingung, sondern offenbar auch als Ergebnis.

2.
Was Freunde vermögen

Die Geschichte der Idee der Freundschaft ist lang, ich werde sie nicht erschöpfend nacherzählen können. Wie im ersten Kapitel bereits erwähnt, wird in der ältesten Erzählung, die in Schriftform überliefert worden ist, in dem fünftausend Jahre alten sumerischen Gilgamesch-Epos also, von einer Verbindung zwischen zwei Männern erzählt, welche Tugenden, Ideale und Gegebenheiten umfasst, die zur Freundschaft gehören. Die Geschichte von König Gilgamesch und seinem Freund Enkidu bedeutet literarisch gesprochen einen ersten Anfang, sie ist in ihrer Reife und Tiefe allerdings bis zum heutigen Tag vorbildlich. Auch wenn die Idee der Freundschaft in der Erzählung nicht bewusst gedacht wird – von Philosophie ist der Text noch weit entfernt – und eher wie ein Traum über den dargestellten Ereignissen schwebt, werden doch alle wesentlichen Aspekte einer intimen Beziehung in der Handlung sichtbar.

Das Epos stellt in mythologischen Bildern dar, wie sehr die beiden Helden in ihrem persönlichen Werdegang aufeinander angewiesen sind. Als König Gilgamesch am Ende der Erzählung zu sich gekommen ist und sein Volk in Weisheit führen kann, wird vor allem deutlich: Er ist buchstäblich aus der Beziehung zu seinem Freund Enkidu hervorgegangen. Das Gilgamesch-Epos belegt, dass die Freundschaft schon in sehr alten Zeiten als eine Beziehung verstanden wurde, die erstens eine entscheidende Bedeutung für die Biographien der direkt Betroffenen und zweitens darüber hinaus eine große Wirkung auf die ganze Gesellschaft hat.

Die soziale und somit politische Bedeutung der Freundschaft wird im Gilgamesch-Epos stark hervorgehoben.

Weil es keine älteren Texte über die Freundschaft gibt, ruht ihre Urgeschichte im Dunkel der Vergangenheit. Wir können uns nur vorstellen, wie und was die alten Weisen in Persien, Indien, China und anderen Gegenden der Welt in ihren Mysterienschulen über besondere Schicksalsbeziehungen zwischen zwei Menschen gelehrt haben. Was wir heute „die Idee" der Freundschaft nennen, wurde damals wohl noch ganz anders wahrgenommen. Ideen wurden als Angelegenheiten der Götter verstanden, als Eigenschaften und Anliegen von hohen Wesenheiten, die sich um die Schicksale der Menschen kümmerten. Ideen waren wesentlich. Die alten Weisen meinten, dass sie die Wahrheiten — das, was wir Ideen nennen — dadurch „lesen" konnten, dass sie die Vorgänge in der göttlich-geistigen Welt beobachteten und in bildlichen Formen darstellten.

Und viele Götter — wie auch noch im Gilgamesch-Epos zu lesen ist — waren mit den Beziehungen zwischen den Menschen beschäftigt. Die Götter und Göttinnen der Liebe, des Schicksals, der Wahrheit und der Schönheit, der Anziehung (in Griechenland: Eros) und nicht zuletzt des Krieges waren hier zuständig. Sie schauten auf die Menschen hinunter und verknüpften ihre Schicksale aus Gründen, die den Betreffenden meistens unbekannt waren und höchstens von einem Eingeweihten vermittelt werden konnten. In allen bekannten mythologischen Erzählungen, bis in die griechische Zeit hinein, wird von den göttlichen Ursprüngen menschlicher Beziehungen berichtet.

Etwa zweitausend Jahre nach dem Gilgamesch-Epos fingen die Griechen damit an, über die Idee der Freundschaft nachzudenken. „Denken" meint hier die menschliche Fähigkeit, sich die Dinge innerlich bewusst und begrifflich zu vergegenwärtigen. Seit der Geburt der Philosophie ermöglichen Ideen und Gedanken uns auf eine neue Art und Weise in der Welt zu „sein", nämlich so, dass wir einerseits von ihr umschlungen bleiben, andererseits aber auch mit einer Distanz zu ihr umgehen können. Mit dem Aufkommen der Philosophie beginnt eine bewusste Verinnerlichung, die Menschen zu aktiven Akteuren in einer von Göttern gegebenen Wirklichkeit macht.

Der Philosoph Hans-Georg Gadamer stellt fest, dass die Freundschaft „eine der großen Lehren" der klassisch griechischen Zeit war. Für die Griechen, so schreibt er, umfasste die Freundschaft „alle Formen menschlichen Zusammenlebens, die Geschäftsbeziehung wie die Kameradschaft im Kriege, die Arbeitsgemeinschaft wie die Lebensformen von Ehe, gesellschaftlicher Gruppenbildung und politischer Parteienbildung, kurz das Ganze des menschlichen Gemeinschaftslebens. Was wir noch heute politische oder Parteifreundschaft nennen, ist ein letzter Nachklang dieses alten griechischen Gesamtbegriffes".[19] Die Wichtigkeit der Frage der Freundschaft in der alten öffentlichen griechischen Kultur zeigt sich laut Gadamer an der Tatsache, dass der Philosoph Aristoteles ein großzügiges Viertel seiner Texte zur Ethik der Freundschaft widmet.

Eine der ältesten philosophischen Aussagen über die Freundschaft ist lange Aristoteles zugeschrieben worden, wird mittlerweile aber als wesentlich älter angesehen. Die Aussage muss wohl von einem anonymen Lehrer in einer früh-griechischen Mysterienschule stammen – und obwohl sie uralt ist, enthält sie schon alle Merkmale des modernen philosophischen Denkens. Sie scheint eine Anrede zu sein, ein Satz, mit dem jemand sein Publikum anspricht, bevor er mit seiner Rede anfängt und richtig loslegt. Die Aussage lautet: „O meine Freunde, es gibt keinen Freund."[20] Dieser geheimnisvolle Satz wird aus dem Griechischen manchmal auch folgendermaßen übersetzt: „O meine Freunde, es gibt keine

Freunde." In seinem Buch *Politik der Freundschaft* schreibt Derrida dazu: „‚O meine Freunde, es gibt keinen Freund' ist eine Wendung, die man Aristoteles zuschreibt. Man wird endlos über diese Zuschreibung, ja schon über die Grammatik der Übersetzung dieser drei oder vier Wörter spekulieren können — der drei oder vier Wörter, die es im Griechischen gibt, da das einzige Substantiv des Satzes wiederholt wird."[21]

Die Aussage ist paradox, weckend, scharf, vielleicht eben verzweifelt, im Grunde genommen aber unmöglich. Sie wirkt wie ein kristallines und uriges Zitat, simpel und überschaubar, aber gleichzeitig weit gefächert und gefroren explosiv. Sie scheint ein Ringen anzukündigen, ein mühsames Unterfangen, über Jahrhunderte hinweg immer wieder die Idee der Freundschaft zu greifen und zu verstehen. Das Ringen um die Idee der Freundschaft geht bis heute weiter und hat schon viele große Stationen hinter sich, die gebührend zu beschreiben ich gar nicht in der Lage bin. Dennoch ein paar Namen dieser Stationen: Plato, Aristoteles, Thomas von Aquin, Michel de Montaigne, Immanuel Kant, Friedrich Nietzsche, Michel Foucault und Jacques Derrida.

Im Laufe der Zeit ist dabei die Freundschaft definitiv ins private Abseits geraten; für die öffentliche Sache scheint sie keine Bedeutung mehr zu haben. In Kindergärten, Schulen und Universitäten, in politischen Parteien und amtlichen Behörden, Krankenhäusern und Gefängnissen, in Großunternehmen und Betrieben wird auf die Freundschaft als eine Art Nebensache geschaut, zwar schön und heilsam, vielleicht harmlos oder auch ein bisschen bedrohlich, nicht aber Gegenstand bewussten und gestaltenden Wollens. Wenn man sich beispielsweise mit pädagogischer Literatur oder Bildungsfragen beschäftigt, wird man kaum den — durchaus sachgemäßen — Gedanken antreffen, dass freundschaftliche Beziehungen zwischen Erwachsenen für Kinder einen enormen

Wert haben. Eigentlich wissen wir alle, dass Kinder in einem sozialen Zusammenhang von Erwachsenen, die nicht nur sachbezogen, nützlich und höflich miteinander umgehen, sondern darüber hinaus eine gegenseitige Nähe und Innigkeit suchen und pflegen, blühen. Von dem Gedanken, die Freundschaft in pädagogischen Zusammenhängen dementsprechend zu thematisieren, sind wir in der heutigen Zeit jedoch weit entfernt.

Dabei sollte klar sein, dass es nicht um eine „freundschaftliche" Beziehung zwischen Erwachsenen und Kindern gehen kann. Auch wenn hier und da in pädagogischen Kreisen davon geschwärmt wird, schließt die grundsätzliche Asymmetrie zwischen Erwachsenen und Kindern eine solche Beziehung aus. Die Verantwortung für die Beziehung kann nicht geteilt werden und liegt deswegen ausschließlich bei der reiferen Person. Im Gründe genommen kann man Kinder nur enttäuschen, wenn man die Suggestion im Raum schweben lässt, sie stünden mit den Erwachsenen diesbezüglich auf gleicher Augenhöhe.

Schon aus Gründen dieser Asymmetrie geht es nicht um Freundschaft zwischen Erwachsenen und Kindern.

Freundschaft wird als eine rein private Angelegenheit verstanden, die mit der *res publica* gerade nichts zu tun hat. Freundschaften pflegt man nicht in beruflichen oder funktionalen Zusammenhängen, sondern zu Hause im Wohnzimmer, in der Kneipe, am Wochenende oder im Urlaub. Manchmal herrscht eben der Gedanke vor, dass formale Arbeitsverhältnisse und funktionale Aufgaben ohne eine gespürte und gelebte menschliche Nähe zwischen den Beteiligten einfach besser gehandhabt oder erledigt werden könnten. Man möge einander nicht zu nahe treten, weil dadurch nur Verwirrungen entstünden. Das offene Feld intimer Beziehung wird in beruflichen Zusammenhängen manchmal als gefährliches Terrain betrachtet, vor allem wenn es darum geht, klare Ziele zu erreichen.

Was die Beseitigung der Idee der Freundschaft angeht, weisen Denker wie Gadamer, Derrida und Foucault, die in ihren Diskursen aus unterschiedlichen Gründen auf die Frage der Freundschaft gestoßen sind, alle auf den gleichen Schuldigen: das (kirchlich-institutionelle) Christentum. Klaus-Dieter Eichler fasst den Vorwurf in seiner *Philosophie der Freundschaft* so zusammen: „Mit dem Aufkommen des Christentums geht das Primat der weltlichen Freundschaft verloren. Augustinus wird zum Architekten dieser Transformation. Der Freund muss in Gott geliebt werden, die *philia* (Freundschaft. JvdM) wird zur *christiana caritas*, zur Gottesliebe, welche nach stoischen Vorbild alle Menschen verbindet."[22] Hatten die alten Griechen es also erfolgreich geschafft, die Bedeutung der Götter für das öffentliche und private Zusammenleben der Menschen in eine nahe Peripherie zu schieben, brachten die Kirchenväter genauso erfolgreich einen einzigen Gott ins Zentrum der Gesellschaft zurück.

Die Bedeutung des Christentums für das Schicksal der Idee der Freundschaft ist groß. Einerseits stimmt es durchaus, dass die Kirchenväter und in ihrer Folge einige Theologen der offenen Nähe zwischen Menschen nach dem Motto misstrauen, dass ohne die Führung der Kirche ja nichts Gutes dabei herauskommen könne. So etwas wie freie Entfaltung und individuelle Gestaltung in einer Beziehung, was ja das Wesen der Freundschaft ausmacht, kann es aus Sicht von kirchlichen Institutionen gar nicht geben, einfach weil die Menschen, die Geschöpfe Gottes also, aus eigener Kraft dazu nicht im Stande sein dürfen. Deswegen hat die Kirche immer wieder Regeln und Vorschriften formuliert, an welche die Gläubigen sich zu halten haben.

Andererseits bieten gerade die esoterischen und andere nicht institutionalisierte Strömungen des Christentums eine Sichtweise auf die Bedeutung menschlicher Beziehungen, die für das Verständnis und die Wertschätzung der Freundschaft ungemein hilfreich sind. Was beispielsweise im historischen „Manichäismus“ gelebt worden ist, beruht gerade auf dem Vertrauen in die Intentionen und Fähigkeiten der Einzelnen. Der Manichäismus, im dritten Jahrhundert von Mani gegründet und damals weit verbreitet, heute allerdings fast gänzlich vergessen oder grundsätzlich verkehrt verstanden, da gerade von Augustinus erfolgreich „umgedeutet“, ist mit Recht wohl das „Christentum der Freiheit“[23] genannt worden.

Zurück zu den Griechen. Aristoteles zufolge gibt es drei Arten von Freundschaft. Die erste Art beruht darauf, dass die Verbindung für die Beteiligten nützlich ist, im Leben also praktische Vorteile bringt. Aristoteles betont, dass die gegenseitige Nützlichkeit nicht „verborgen“ sein sollte; beide Freunde müssen wissen, dass es sie gibt, weil nur auf diese Art eine „Erwiderung der Liebe“ möglich sei. Das gilt auch für die zweite Art der Freundschaft, die sich auf Lust und Wohlbefinden gründet. In dieser Beziehung geht es um angenehme Effekte, zum Beispiel auf der erotischen Ebene. „Diese Menschen wollen den Tag zusammen verbringen und zusammen leben.“ Aristoteles meint, dass die zweite Art der Freundschaft vor allem bei jungen Leuten vorkomme.

Die dritte Form ist laut Aristoteles „vermutlich selten“. Sie wird von ihm „die vollkommene Freundschaft“ genannt — sie ist nur zwischen zwei Menschen möglich, die „gut und gleich an Tugend sind“. Die Beteiligten „wünschen in gleicher Weise Gutes füreinander“, und zwar „um dieser selbst willen“. Um dieser Art der Freundschaft eine Chance zu geben, sind vor allem „Zeit“ und „Vertrautheit“ (synētheia) nötig, „denn wie das Sprichwort sagt, ist es nicht möglich, einander zu kennen, ehe man nicht das bekannte Salz zusammen gegessen hat“. Mit „gut und gleich an Tugend“ meint der alte Philosoph, dass beide Freunde moralisch

„gut“ leben wollen und auch die dazu gehörenden Fähigkeiten (Tugenden) erlangt haben. Dass diese Freundschaftsform eher selten vorkommt, liegt laut Aristoteles daran, dass „es wenige Menschen von dieser Art gibt“.[24]

Die Unterscheidungen von Aristoteles sind gedanklich auch heute noch gut nachvollziehbar, wirken allerdings ein wenig künstlich. In meinem Leben gibt es nur eine Handvoll solcher vollkommener Freundschaften, und manchmal, wenn ich sehr kritisch auf mich und meine Beziehungen schaue, komme ich an einen Punkt, wo ich mir sagen muss: vielleicht gibt es sie gar nicht. Ich bin eher geneigt zu behaupten, dass in all meinen Beziehungen, also auch in meinen Freundschaften, eine Mischung von Gutem und Ungutem wirksam ist. Die Tugenden des Guten scheinen mir eine Voraussetzung so einer Beziehung zu sein, so wie Aristoteles das beschreibt, die aber nie vollkommen vorhanden sind, höchstens als ein (gemeinsames) Ziel, das es irgendwann einmal zu erreichen gilt. Was aber bleibt, ist die Tatsache, dass es gerade die klaren aristotelischen Unterscheidungen sind, die eine differenzierte Sichtweise ermöglichen. Ohne – zum Beispiel – eine Vorstellung des Guten zu haben, ist es gar nicht möglich, von einer Mischung zwischen Gutem und Ungutem sprechen zu können.

Was es allerdings in meinem Leben bestimmt nicht gibt, ist die Einmalig-große-Freundschaft, den schwarzen Schwan also. Fast hätte ich geschrieben: „leider nicht“, dies würde der Wahrheit allerdings nicht entsprechen; ich habe nicht das Empfinden, dass mir diesbezüglich etwas fehlt. Interessant ist an dieser Stelle übrigens, dass ich mir bei einer Einmalig-großen-Freundschaft spontan – nicht wenn ich bewusst darüber nachdenke – eine Verbindung zwischen zwei Männern vorstelle, wie etwa die zwischen Goethe und Schiller; einmalig große Beziehungen scheinen mir spontan – auch wenn ich bewusst darüber nachdenke – eher in der Liebe zu finden zu sein, in der Beziehungsform also, die Eros mit einbezieht. Und weil ich heterosexuell gepolt bin, geht es dabei in meinem Leben nur um Frauen. In der antiken Zeit wurden Eros und Philia (Freundschaft) streng getrennt; in einer Freundschaft wurden erotische Gelüste ausgeklammert, das heißt: ihre Verknüpfung wurde nicht für richtig gehalten.

Die Einmalig-große-Freundschaft fehlt mir also nicht. Wenn mir eventuell etwas fehlen würde, wären es eher: Erkenntnisse, besser gesagt: Weisheiten und Fähigkeiten, oder noch besser gesagt: Tugenden, die meine Freundschaften zu einer Vollkommenheit führen könnten. In meinen freundschaftlichen Beziehungen stoße ich immer wieder auf Unvollkommenheiten, die es in mir und in anderen gibt. Lange habe ich gemeint, dass das Fehlen von Weisheiten und Tugenden dazu führt, dass ich in meinen Beziehungen immer wieder an eine Schwelle gelange, die es zwar irgendwie zu überschreiten gilt, die im Grunde genommen aber als *Schwelle*, ärgerlich genug, eine unveränderliche und manchmal sogar unüberschreitbare Grenze bleibt.

Vor ein paar Jahren war ich innerlich dabei, mich von einem Vollkommenheitswunsch zu verabschieden, darauf zu verzichten. Ich war ein bisschen zynisch geworden, hatte von der Bitternis des Lebens gekostet. Meine Jahrzehnte währenden Erfahrungen mit realen Beziehungen hatten dazu geführt, dass ich die fundamentalen Unmöglichkeiten der Menschen, *des Menschen* also, klar im Bewusstsein hatte: Ich sah manchmal nur noch Grenzen, in mir und in den anderen. Ich empfand, dass die Menschen zwar wohlwollend gesonnen und bestimmt nicht „schlecht“ sind, höchstens ignorant oder „dumm“ sein konnten (frei von Arroganz bin ich nicht), allerdings ausnahmslos in ihrem seelisch-sozialen Gefüge mit fundamentalen Unmöglichkeiten behaftet waren. Vollkommene Freundschaften konnte es, so meinte ich, nicht geben, weil alle Menschen eindeutig unvollkommen sind. Menschen, die „gut und gleich an Tugend“ sind, bin ich eigentlich noch nicht begegnet.

Erst als ich damit anfing, die Grenzen selber ins Auge zu fassen, die Grenzen in mir und die Grenzen in meinen Freunden, wurde mir klar, dass sie vollkommen zu den Unvollkommenheiten gehören. Von dieser Akzeptanz der Unmöglichkeiten in mir und in meinem Freund spricht Aristoteles allerdings nicht. Dass es in einer Freundschaft offenbar auch um den Umgang mit Unmöglichkeiten geht, taucht als Gedanke bei Aristoteles merkwürdigerweise gar nicht auf. Es kann aber nicht wahr sein, dass er die Möglichkeit der Akzeptanz von Unmöglichkeiten einfach übersehen hätte – die Sorgfalt seines methodischen Denkens schließt das aus. Meine These ist eher, dass sich im Laufe der Jahrtausende an dieser Stelle in der Selbsterfindung des Menschen grundsätzlich etwas geändert hat. Die Menschen von heute sind nicht mehr die Menschen von damals.

Friedrich Nietzsche weist in seiner Schrift *Menschliches, Allzumenschliches* darauf hin, dass zur Freundschaft das Schweigen gehört: „Schweigen müssen sie gelernt haben, um dir Freund zu bleiben; denn fast immer beruhen solche menschlichen Beziehungen [er meint hier Freundschaften, JvdM] darauf, dass irgend ein paar Dinge nie gesagt werden [...].“ Nietzsche stellt dann eine rhetorische Frage, die voll ins Schwarze trifft: „Gibt es Menschen, welche nicht tödlich zu verletzen sind, wenn sie erführen, was ihre vertrautesten Freunde im Grunde genommen von ihnen wissen?“[25]

Diese Frage hat eine hohe menschenkundliche Relevanz. Noch ganz abgesehen davon, dass wir an dieser Stelle das ethische Thema „Takt“ berühren, diese feine Mischung aus Wahrheit und Lüge, Sprechen und Schweigen, Schützen und Angreifen, ist zu bemerken, dass die Frage auch aus einem anderen Grund weit über eine psychologische und moralische Ebene hinaus geht. Nietzsche meint, dass mit dem menschlichen Dasein eine fundamentale Unmöglichkeit einher geht, die man negativ so beschreiben könnte: Wir haben von uns selber keine blasse Ahnung, tun allerdings unbekümmert so, als ob wir Bescheid wüssten. Wir machen uns tausend Gedanken über uns und über uns in der Welt, machen uns sogar über diesen Menschen Gedanken, der sich tausend Gedanken über sich und die sogenannte Welt macht, kreisen damit im Grunde genommen allerdings um ein schwarzes Loch. Wir wissen nicht einmal, dass wir nicht wissen, wer wir sind.

Man könnte vielleicht meinen, dass dieses Grundempfinden des Nicht-Wissens vergleichbar wäre mit der berühmten Aussage von Sokrates: „Alles was ich weiß, ist, dass ich nichts weiß", die er kurz vor seinem Tod ausgesprochen hat. Es gibt allerdings einen gravierenden Unterschied zwischen den Texten der alten Griechen und den Texten der modernen und postmodernen Philosophen, der darin besteht, dass die Letzteren sich verzweifelt-entschieden in dieses „Unwissen" hineinbegeben und sich – wie Nietzsche – mit einem gewissen Stolz mit dem schwarzen Loch anfreunden. Diese Neigung, sich wie ein Insekt ins Feuer zu stürzen, ist bei Sokrates, Platon und Aristoteles nicht wahrzunehmen; als der erste Weise einräumt, nichts zu wissen, ist seine innere Haltung eher stoisch und gelassen, man könnte eben sagen: frei.

Für den modernen Menschen sieht das anders aus. Unser Selbstbewusstsein scheint aus einem dunklen Untergrund hervorgegangen zu sein, den wir „Körper" nennen könnten, oder „Materie" oder „göttlichen Urgrund" oder eben (wie Nietzsche gelegentlich meinte) „eine Krankheit", oder einfach „Welt". Das Selbstbewusstsein scheint einerseits in komplexe Vorgänge eingebettet zu sein, die wie ständige Geburtsgründe zu verstehen sind, vollzieht aber andererseits sofort nach seiner Geburt eine negative Emanzipierung:

Es dreht sich quasi um hundertachtzig Grad um, schaut wie Orpheus in die Unterwelt, die er gerade hinter sich gelassen hat und versucht sich davon adäquate Vorstellungen zu machen. Was das Selbstbewusstsein dann allerdings zu sehen bekommt, sieht aus wie ein sich zurückziehendes Gespenst: Orpheus' Geliebte Eurydike, die im Nebelhaften verschwindet. Gerade das, was Orpheus vertraut ist, versinkt im Dunkel. Und weil das Selbstbewusstsein in der Welt keinen Halt findet, gerät es in einen merkwürdigen Zustand. Es macht sich ständig Gedanken, die es, wenn es ehrlich ist, ständig wieder dekonstruieren muss. Den *einen* Gedanken, der ihm seinen Platz in der Welt erklärt, findet es nicht.

Positiv formuliert könnte man allerdings über den Menschen am Abgrund sagen: Er ist uns ein Rätsel. Und auch dank Nietzsche: Dieses Rätsel ist schon von Anfang an grundsätzlich von psychologischen Spekulationen und moralischen Ansprüchen befreit worden, und damit paradoxerweise unantastbar. Bemerkenswerterweise schwankt Nietzsche in seinen Texten immer zwischen den beiden Positionen, der negativen und der positiven, hin und her. Er scheint zu *wissen*, dass es sinnlos ist, dem Leben einen gegebenen Sinn abzuverlangen, scheint aber zu *wollen*, dass er irgendwann einmal vom Gegenteil überzeugt wird. Und stärker noch wagt er zu denken: Wenn das Leben bis zum heutigen Tag angeblich sinnlos war, können wir ihm vielleicht noch heute dadurch einen Sinn verleihen, dass wir ihm von uns aus die Bedeutung zuschreiben, die wir ihm zuschreiben wollen. Der Mensch, der dementsprechend tut ,was er will, heißt bei Nietzsche bekanntlich „der Übermensch". Dieser Versuch – der Kern des postmodernen Denkens –, die Frage der Bedeutung des Lebens in den Bereich des menschlichen Wollens zu verlagern, prägt das wollende Denken oder das denkende Wollen Nietzsches.

Im oben genannten Zitat spricht er davon, dass Freundschaften „fast immer" darauf beruhen, dass bestimmte Dinge nicht gesagt werden. „Fast immer“ heißt negativ „nicht immer“ ... Nietzsche hat es also offensichtlich für möglich gehalten, dass Freundschaften auch dann standhalten können, wenn unerträgliche Wahrheiten ausgesprochen werden. Als er diesen Satz schrieb, lag übrigens der bittere Bruch mit Richard Wagner schon hinter ihm – er wusste also, was er schrieb (immer wenn Nietzsche sich dem Thema Freundschaft widmete, lag Wagners Schatten auf der Lauer).

In Nietzsches Arbeit waltet ein tiefer Zorn: Nicht der Umstand, dass wir grundsätzlich unwissend sind, sondern die Tatsache, dass wir immer wieder so tun, als ob wir das Leben und die Welt schon verstünden, hat ihn getrieben. Die sogenannte bürgerliche Kultur beruht nach Nietzsches Empfinden auf der Verweigerung, sich dem Abgrund zu stellen. Es ist dieser Zorn, der seine Texte manchmal prägt: sie bieten geniale Beschimpfungen, scharfe Einwände, krasse Aussagen und demontierende Formulierungen. Der Wille zur Wahrheit ist bei Nietzsche gnadenlos. Aber auch wenn seine Sprache manchmal extrem kräftig, dynamisch und absolut wirkt, ist sie gleichzeitig immer peinlich genau. Wir dürfen nicht davon ausgehen, dass die zwei einfachen Wörter „fast immer“ sich ohne sein Einvernehmen quasi fröhlich in seine Formulierung hineingetanzt hätten. Er muss einen kurzen Moment gehadert haben: Schreibe ich „immer“ oder „fast immer“? – und hat sich dann für die philosophische Aussage entschieden.

Ähnliches ist über das Adjektiv „tödlich“ in dem Satz zu sagen: „Gibt es Menschen, welche nicht tödlich zu verletzen sind, wenn sie erführen, was ihre vertrautesten Freunde im Grunde genommen von ihnen wissen?“, fragt Nietzsche. Offenbar meint er an dieser Stelle, dass Selbsterkenntnis, der wir nicht gewachsen sind und die uns plötzlich „erwischt“, uns das Leben nehmen könne. Oberflächlich gesehen klingt die Aussage absurd – sie stimmt dem Anschein nach nicht mit dem heutigen allgemeinen Wissen von Leben und Sterben überein, weswegen wir geneigt sind, sie mit Vorsicht zu genießen. Es gibt allerdings Berichte aus den alten Mysterien, die darauf hinweisen, dass man damals diesbezüglich wohl eine Gefahr sah: zu schnell mit den Wahrheiten der eigenen Persönlichkeit konfrontiert zu werden, könnte zum unmittelbaren Tod führen.[26] Man könnte auch noch argumentieren – das würde den Rahmen dieses Kapitels allerdings sprengen –, dass es möglicherweise einen Zusammenhang zwischen „Stress", der ja bekanntlich zu Schlaganfällen und Herzinfarkten führt, und unbequemen Wahrheiten über die eigene Person, mit denen man zum Beispiel in Konflikten konfrontiert wird, gibt. Manchmal hängt „Stress" mit nicht verarbeiteter Selbsterkenntnis zusammen, was Psychotherapeuten wohl bekannt ist. In seinem Roman *Mehr noch sterben an gebrochenem Herzen* schildert der amerikanische Literaturnobelpreisträger Saul Bellow sehr lebendig, wie Verwicklungen in Liebesbeziehungen zu schmerzvollen Selbsterkenntnissen führen können, die ein Weiterleben nicht gerade vereinfachen.

Aber auch wenn wir „tödlich" hier nicht wortwörtlich nehmen, kann uns einleuchten, dass Erkenntnisse über uns selbst, die wir nicht verkraften können, zu einem seelischen Tod führen, zu Verwundungen und Lähmungen, die wie die Pfeile des heiligen Sebastian „auf einmal" in unserer Brust stecken. Vor allem, wenn diese Pfeile von unseren vertrautesten Freunden oder Geliebten abgeschossen werden, können sie uns tief verletzten. Wir spüren, dass sie irgendwie wahr sind, können sie aber trotzdem nicht klar denken und somit nicht aushalten, wir können ihnen keinen geschützten Raum in unserer Persönlichkeit bieten. Sie wirken, mit den Worten des Apostels Paulus, wie ein Stachel in unserem Fleisch.

In seiner rhetorischen Frage stellt Nietzsche keine nur rhetorisch gemeinte Frage – er meint, dass *alle* Menschen tödlich verletzbar seien. Er will also nicht sagen, dass beispielsweise nur Menschen mit einer besonders schwierigen Jugend leider verletzbar seien, weil eben Traumata vorlägen, und andere, eher glückliche und fröhliche Typen, nicht von der Gefahr betroffen wären. Er sieht in allen Menschen das gleiche Phänomen, nämlich die eingefleischte Neigung, ein Selbstbild ohne Widersprüche aufrecht zu erhalten, vielleicht besser gesagt: gerade die Widersprüche nicht zu beachten, weil sie nicht beachtet werden können. Und weil die Frage ausnahmslos alle Menschen betrifft, ist sie nicht als eine psychologische oder ethische zu verstehen, sondern als eine menschenkundliche. Die Frage bezieht sich auf das Rätsel Mensch in fundamentaler Hinsicht.

Fundamentale Unmöglichkeiten – menschenkundlich müssen sie wohl damit zusammenhängen, dass das In-der-Welt-Sein grundsätzlich von Einschränkungen geprägt ist. Die Beschreibung der modernen Position des Selbstbewusstseins hat diesbezüglich schon etwas deutlich gemacht: Sie basiert auf einem Verlust. Darüber hinaus beruht aber die Entfaltung oder Gestaltung einer Persönlichkeit in einer Biographie darauf, dass eine unübersehbare Reihe von „Ent-Scheidungen" getroffen werden und getroffen werden müssen, die mit Psychologie und Moral nichts zu tun haben. Um „Etwas" zu werden, kann man nicht alles sein wollen, weil alles in dieser Hinsicht eigentlich nichts bedeutet: Es bedeutet nichts, bedeutet also Nichts.

Schon in den ersten Sekunden, Minuten, Stunden, Tagen und Wochen eines gerade neu begonnenen Lebens erfolgt eine Auswahl nach der anderen. Wenn ein Mensch geboren wird, scheint er erst einmal eine Sonne zu sein: Sein Selbst strahlt undifferenziert in die Welt hinein, die Bewegungen sind unbestimmt, die Klänge aus dem Mund frei von begrifflichen Bedeutungen, die Intentionen noch nicht subjektiviert. Es kann sein, dass im Blick eines Säuglings, allerdings nur im ersten Blick direkt nach der Geburt, schon eine Art individuelle Fixierung spürbar ist, ein von innen aus „gesteuerter" Sprung ins Leben, meistens jedoch sind auch die Bewegungen der Augen in den ersten Tagen des Lebens noch nicht unter Kontrolle.

Im Vorgang des Aufrichtens – es dauert normalerweise ein Jahr, bevor ein Kind richtig steht – finden die grundsätzlichen Subjektivierungen der körperlichen Bewegungen statt: Die Augen orientieren sich im Raum, die Hände werden Organe zum Greifen, Füße und Beine lernen zu stehen und zu gehen, der ganze Körper findet sein Gleichgewicht in der Vertikalen. Um „motorisch" auf der Erde sein zu können, werden die vielfältigen Möglichkeiten des sich bewegenden Körpers eingeschränkt und zugespitzt. Interessante Ausnahmen machen klar, dass man beispielsweise mit den Füßen im Prinzip viel mehr machen könnte, zum Beispiel malen oder streicheln.

Im zweiten Lebensjahr konzentrieren sich die Kräfte der Aufrichtung auf die Sprache; das Kind wacht in der Sprache auf und begibt sich in die Welt menschlicher Bedeutungen – in einen horizontalen Vorgang; es lernt die Klänge zu Worten und die Worte zu mehr oder weniger eindeutigen Wörtern zu verwandeln. Auch hier gilt, dass aus einer Fülle von verrückt-himmlischen Möglichkeiten eine unübersehbare Menge von Entscheidungen getroffen wird, in jeder bewegten Stunde wieder, und jede Entscheidung bedeutet einerseits einen Abschied von der Fülle, andererseits ein Ankommen in der Welt von Raum und Zeit. Und wenn das Kind dann auf einmal „ich" sagt, dieses kleine abgrenzende Wort, das die größte Öffnung zur Welt ermöglicht, ist es definitiv im sozialmenschlichen Leben angekommen.

Im dritten Lebensjahr steigert sich der Vorgang des Aufrichtens im Denken. Es geht dabei nicht bloß darum, dass das Kind die Gedanken und Begriffe seiner Mitmenschen kennenlernt und verlässlich in sein „System" integriert, sondern auch um den Sprung ins Denken selber. Im Kind kommt langsam der Fluss des Denkens selber in Bewegung, es spürt, dass etwas, wie ein Gegenstrom, auf es zukommt, eine Welt von Begriffen, die zwar über die Sprache hinausgeht, aber mit deren Hilfe doch zu ergreifen ist. Und auch in diesem Vorgang findet ein Abschied statt: Ein Abschied von weiten und breiten und flüssigen Bedeutungen, die das Kind eher wie träumerische Stimmungen bisher umhüllt haben. Mit der Geburt des Denkens hört allmählich eine selbstverständliche Einbettung in Vor-Begriffliches auf, eine nicht befragbare Umhüllung, die das Kind bis dahin wie eine semantische Gebärmutter getragen hat. Dieser Vorgang steigert sich, wie gesagt, im dritten Lebensjahr, setzt sich allerdings bis zum Ende einer jeden Biographie fort. Dies gilt übrigens auch für die beiden anderen Prozesse: Immer wieder muss man in gewissem Sinne das Gehen und das Sprechen neu lernen. Mit jeder neuen Begegnung steht man vor der Aufgabe, eine neue Sprache zu lernen.

Zwei Einsichten sind für eine weitere Annäherung an die Frage der fundamentalen Unmöglichkeiten entscheidend. Die Erste ist, dass die Möglichkeiten und Unmöglichkeiten einer Persönlichkeit offenbar miteinander verschränkt sind. Sie gehen im Grunde genommen wie Licht und Dunkel auseinander hervor. Die Gestaltung einer Persönlichkeit ist diesbezüglich mit der Arbeit eines Bildhauers zu vergleichen: Auf der Basis positiver Entscheidungen erscheint aus dem Marmor eine Statue, unsere etablierte Persönlichkeit also, die glänzend auf einem Podest steht und alle Aufmerksamkeit auf sich zieht; rings um die Statue liegen allerdings die abgefallenen Splitter, Späne und Brocken, die in einem unübersehbaren Durcheinander die Negativseite der Statue repräsentieren. Sie gehören gerade nicht zum Kunstwerk, obwohl sie sehr wohl zur Gesamtheit des Kunstwerks gehören. Und weil wir das Abgetrennte eigentlich vergessen wollen – wer schaut schon gerne auf das Nicht-Brauchbare, Überflüssige? –, nimmt es die Gestalt von Gespenstern an, die im Dunkel herumtoben. Sie sind da, obwohl sie nicht da sind.

Eine Statue ohne das, was von ihr abgetrennt wurde, kann es nicht geben. Die Ausübung von Selbsterkenntnisvorgängen ist deswegen keine psychologische oder psychologisierende Tätigkeit, sondern beruht auf einer gesteigerten Aufmerksamkeit des Selbstbewusstseins, die alle körperlichen, seelischen und geistigen Möglichkeiten und Unmöglichkeiten der eigenen Person umfasst. Der selbsterkennende Blick wird erst dann geweckt, wenn sich eine Verschiebung der Perspektive vollzieht: Das Bewusstsein ist nicht nur auf die Statue fixiert, sondern schaut genauso auf das (dunkle) Umfeld um das Kunstwerk herum. Innerlich gesprochen fühlt sich das so an, als ob eine neue Perspektive, die über Statue und Umfeld schwebt, entzündet und aktiviert wird.

Mit der Frage, was diese Perspektive bedeutet, werde ich mich noch beschäftigen; an dieser Stelle genügt die Feststellung, dass der Blick eine Sicht öffnet, die auf einmal die Zusammenhänge zwischen Unmöglichkeiten und Möglichkeiten wieder herzustellen vermag. Eine Persönlichkeit wird nicht länger als ein fertiges Kunstwerk, sondern als entstehend in seiner Genese wahrgenommen. Zunächst allerdings bleibt erst einmal der unumgängliche Umstand, dass wir aus der dritten Perspektive, also neben den bequemen Möglichkeiten die unbequemen *Unmöglichkeiten* ins Auge zu fassen, feststellen müssen, dass sie sich nicht einfach dadurch, dass sie wahrgenommen werden, in bequeme Möglichkeiten verwandeln. Unmöglichkeiten wollen erst als ungemütliche Gegebenheiten angenommen und respektiert werden; der Wunsch, sie sofort in die unvollständige Vollständigkeit des Marmors zurückzubringen –

und damit die einzigartige Statue in eine geistige Anonymität zurückzustoßen —, beruht auf einer illusorischen Mischung aus Ignoranz und Arroganz.

Die zweite Einsicht bezieht sich auf die Tatsache, dass im Gehen, Sprechen und Denken — was hier als Bild für die gesamte Entfaltung einer Persönlichkeit genommen wird — zwei Felder subtil aufeinander bezogen werden: ein allgemein menschliches und ein höchst individuelles. Die drei großen Fähigkeiten sind allgemein menschlich, das heißt, dass (fast) alle Menschen sie lernen und beherrschen können; wenn es einem Menschen aus irgendeinem Grund nicht möglich ist, sich eine oder mehrere dieser Tätigkeiten anzueignen, sprechen wir von einer „Behinderung". Gehen, Sprechen und Denken sind universale menschliche Fähigkeiten — sie gehören zum Mensch-Sein.

Gleichzeitig gilt, dass es kaum Tätigkeiten gibt, die das Individuelle so unverwechselbar zeigen wie gerade der Gang, die Sprechart und die Weise des Denkens. Der Gang jedes Menschen ist einzigartig, oder mit Emmanuel Lévinas: „einzig". Bis in die kleinsten Schritte der Füße, die Bewegungen der Beine und Arme, die Art und Weise, wie ein Mensch seinen Gang verlangsamt oder beschleunigt, drückt sich höchst Persönliches aus; und genauso in den Rhythmen und Klängen des Sprechens, in den eckigen oder gerade flüssigen Denkvorgängen. Bekanntschaft mit einem Menschen zu machen, bedeutet nicht nur, dass man seine Meinungen und Präferenzen kennenlernt, sondern sich vor allem auch für dessen „innere" Bewegungen und Gebärden öffnet, für seine Eigenart eben.

Es geht an dieser Stelle also nicht so sehr darum, *was* jemand sagt und denkt, sondern darum, *wie* er es macht; die Art und Weise des Sprechens und des Denkens offenbaren die Präsenz eines gestaltenden Unikats. Gehen, Sprechen und Denken werden nicht einfach gelernt, sondern von einer einmaligen Entität in kürzester Zeit ergriffen, gefärbt und gestaltet. Diese Entität lässt sich im Aneignen der Fähigkeiten auf Allgemeinmenschliches ein, will also Mensch sein, Mensch *werden*, allerdings nicht bloß als Kopie einer Gattung, sondern als Souverän. Und auch wenn die Entität noch nicht bewusst zu sich gekommen ist, nicht im Stande ist „ich" zu sagen — was ganz kleine Kinder noch nicht tun —, um somit sich selbst zu vertreten, waltet sie schon im Verborgenen. Die Entität ist bereits im Kommen kräftig tätig, trifft eigensinnig Entscheidungen, die ein unbekanntes Anliegen verraten. Die verborgene Wirkung der Entität hört übrigens mit dem Aussprechen des Wortes „ich" nicht auf; sie spielt in der ganzen weiteren Biographie eine große Rolle — in gewissem Sinne bleiben wir diesbezüglich immer auf der Suche.

Die fundamentale Unmöglichkeit bedeutet also nicht, dass wir nicht gleichzeitig Kunstwerk und dessen Abfall sein können. Gerade zu den Wundern des Bewusstseins gehört die merkwürdige Tatsache, dass wir wohl im Stande sind, langsam und mit Vorsicht auf unsere Unmöglichkeiten zu schauen, ohne dabei „sterben" zu müssen. Wir können, wie bereits erwähnt, einen geistigen Kraftakt vollziehen, der darin liegt, dass über die Statue und die abgefallenen Brocken, die das Kunstwerk in die Sichtbarkeit gebracht hat, eine „dritte" Perspektive wachgerufen, ein Auge aus der Distanz geöffnet wird, das allerdings eine unmittelbare Nähe zu den eigenen Möglichkeiten und Unmöglichkeiten kreiert: Eine Entität, die vom Licht überblendet in der Gestaltung der Persönlichkeit bereits schöpferisch tätig war, bekommt in der Verschiebung der Perspektive jetzt ein Antlitz, einfach, weil wir uns auf sie hinzubewegen, sie dazu einladen sich zu zeigen, oder in postmodernen Begriffen gesagt: weil wir sie konstruieren und damit konstituieren.

In spirituellen Texten wird diesbezüglich oft vom „höheren Ich", in philosophischen vom „Selbst" oder auch „Subjekt" gesprochen. Für die Frage nach der Bedeutung der Freundschaft ist entscheidend, wie wir diese Instanz verstehen. Wenn Michel Foucault Recht hat – wie bereits beschrieben –, nämlich, dass die Freundschaft eine freie Beziehung zwischen zwei Menschen bedeutet, die eine freie Beziehung zu sich selber gefunden haben, dann stellt sich die Frage: Was ist hier mit einem „freien Menschen", und vor allem auch einfach mit „Mensch" gemeint? Was macht die Freiheit aus? Freiheit von was? Freiheit wozu? Und wie ist die sich befreiende oder bereits befreite Instanz im Menschen zu verstehen?

An dieser Stelle stoßen wir auf ein Thema, das in der heutigen Zeit ein großes „Unbehagen" (Slavoj Žižek *Das Unbehagen im Subjekt*) erzeugt.[27] Aus fast allen wissenschaftlichen und intellektuellen Windrichtungen kommt nämlich die schlechte Nachricht, dass diese Instanz gar nicht existiert; es ist zu hören, dass sie entweder eine illusorische Nebenerscheinung des menschlichen Körpers wäre oder ein Konstrukt aufklärerisch-idealistischer Philosophie, oder eben beides. Zurzeit wird das menschliche Ich als eine innere, souveräne Entität manchmal für eines der letzten metaphysischen Konzepte gehalten, die es noch zu enttarnen gilt. Sein Status ist der eines Fabelwesens.

Auch Michel Foucault war in diesem Sinne ein Materialist: Menschen sind in seinen Augen als „Körper" zu verstehen. Weil er aus meiner Sicht in der Postmoderne im Rahmen des Denkens über die Freundschaft vorbildlich ist – er hat in den frühen achtziger Jahren des letzten Jahrhunderts versucht dasjenige sprachlich ins Bewusstsein zu heben, was in den meisten seiner Zeitgenossen nur traumhaft lebte –, werde ich mich an dieser Stelle ausführlicher seiner erhellenden Arbeit widmen. Ich brauche ein paar abenteuerliche Umwege, um danach vertieft zu der

Frage zu kommen, was eigentlich mit dem „Menschen" gemeint ist, der eine freundschaftliche Beziehung zu einem anderen „Menschen" unterhält.

Michel Foucault (1926-1984) ist als „Philosoph der Macht" bekannt geworden. Nachdem er sich von Denkern wie Karl Marx, Sigmund Freud und Jean Paul Sartre verabschiedet hatte – er wurde als noch relativ junger Philosoph der „Elefantentöter" genannt –, richtete er seinen scharfen analytischen Blick auf das Problem der Unterwerfung. Im Blick auf das menschliche „Subjekt" fragte er sich, wie diese in unserem Körper vorhandene Instanz, die uns irgendwie zu führen scheint, sich in größere soziale Zusammenhänge eingliedert oder eingliedern lässt. Foucault befasste sich diesbezüglich mit der Wirkung der großen gesellschaftlichen Institutionen, wie Krankenhäuser, Gefängnisse und Schulen, die aus seiner Sicht vor allem als sozial regulierende Instrumente aufzufassen sind. Und was in einer bestimmten Periode in der Geschichte als „Wahrheit" gilt, hat genau diese Bedeutung: „Wahre" Aussagen gestalten, organisieren und gliedern die Gemeinschaft.

Seine Untersuchungen führen zu einer Verwandlung des Machtbegriffes. Macht ist Foucault zufolge nicht nur als eine negative Kraft zu verstehen, die immer wieder „leider" von Regierungen, Diktatoren oder dominanten Personen (vor allem Männern) missbraucht wird, um bestimmte Interessen zu vertreten und politische oder wirtschaftliche Ziele zu erreichen. Macht ist nicht nur böse, hässlich und hinterhältig, sondern vor allem auch als eine positive Kraft zu verstehen, die immer da ist, wo es Menschen gibt. Auch zwischen zwei Menschen, sogar zwischen zwei Freunden, webt die Frage der Macht, sobald ein gemeinsames Wollen vorliegt. Foucault freundet sich mit dem Begriff der Macht an, weil „sie nicht bloß wie eine Macht lastet, die Nein sagt", sondern auch als eine Kraft zu verstehen ist, die „in Wirklichkeit die Dinge durchläuft und hervorbringt, Lust verursacht, Wissen formt und einen Diskurs produziert; man muss sie als ein produktives Netz ansehen, das weit stärker durch den ganzen Gesellschaftskörper hindurchgeht als eine negative Instanz, die die Funktion hat zu unterdrücken".[28] Ohne Macht als beteiligte Kraft käme gar nichts zu Stande.

Immer wieder weist Foucault auf die doppelte Bedeutung des Wortes „Subjekt" hin; einerseits bedeutet es „unterworfen" zu sein, andererseits aber auch so etwas wie „sich gestalten" oder „sich positionieren". Foucault grenzt den Begriff „Subjekt" vom Begriff „Selbst" ab – der Letztere bedeutet eine „Natur [...], die bislang noch keine Gelegenheit hatte, sich in ihm [dem Menschen, JvdM] zu manifestieren".[29] Subjekte sind bei Foucault mehr oder weniger klare Positionen, die Menschen im sozialen Leben einnehmen: jemand ist ein Bürger, eine Frau, ein Vater, ein Dandy, eine Freundin, ein Kellner, ein Idiot (eine Position, die man freiwillig eher nicht einnimmt), ein Schüler oder eine Hochschuldozentin. Subjekte sind soziale Vereinbarungen, Konstrukte, die für alle Menschen eine gewisse Transparenz haben. Wenn von jemandem behauptet wird, dass er ein Penner wäre, verstehen wir alle, oder meinen zumindest zu verstehen, was damit gemeint ist.

Über das Selbst spricht Foucault nur selten, was vermutlich nicht nur daran liegt, dass er sich fast ausschließlich mit gesellschaftlichen Zusammenhängen beschäftigt, mit Subjekten also. Die Frage des Selbst scheint in Foucault ein bestimmtes Unbehagen erzeugt zu haben, so, als ob er auf sie nicht richtig zugreifen konnte. Das Zitat macht allerdings deutlich, dass er sich wohl darüber bewusst war, dass der Begriff Subjekt nicht ausreicht, wenn es darum geht, den Menschen zu verstehen. Im Menschen – für Foucault bedeutet dies: in seinem Körper – muss es ein „Etwas" geben, das fähig zur Subjektivierung ist, das heißt etwas, das aus sich heraus

Subjekte gestaltet oder gestalten lässt, dieses „Etwas" heißt bei ihm „Selbst" — eine „Natur" also, die nicht voll in Erscheinung tritt, die sich verbirgt und (noch) im Werden ist. In seinen späten Jahren spricht Michel Foucault von einer „selbstbildenden Praxis", die das Ziel verfolgt, „das Selbst zu befreien". Anders als das Subjekt erscheint das Selbst bei Foucault wie ein unbestimmter Nomade, der quer durch die Welt immer wieder diagonale Wege geht.

In den letzten Jahren seines Wirkens hat sich in seinem Denken eine „Revolution" angebahnt, die laut Frédéric Gros genau so gut eine „langsame Reifung" [30] genannt werden könnte und die sich allerdings leider auf Grund seines Todes 1984 nicht bis zum Ende sichtbar und final vollziehen konnte. Gerade als Foucault in seinem Denken über Subjekt und Selbst an einer Schwelle angekommen war, wurde er von einer Krankheit erwischt, die wir Aids nennen. Ich betone diesen Umstand, weil er auf eine Parallele weist: Aids ist bekanntlich eine Krankheit, die das „souveräne" Immunsystem des menschlichen Körpers angreift. Der Körper wird den Kräften des Todes anheimgestellt, weil er sich nicht länger abzugrenzen vermag.

Bereits Nietzsche[31] hat festgestellt, dass Krankheiten eine große Rolle im Denken des individuellen Menschen spielen, erstens weil sie Gegenstand der inneren Überlegungen werden — bekanntlich hat Foucault mit der Frage gerungen, ob die Krankheit mit dem Namen Aids überhaupt existiere, er hat wohl gehofft, dass sie ein soziales Konstrukt sei — und zweitens weil sich Krankheiten, vor allem wenn sie lebensbedrohend sind, wie unterschwellige Grundbilder für Denkvorgänge anbieten, wie *Episteme*, die Gedanken in unbemerkter Art und Weise ordnen. Ein erhellendes Beispiel ist bei Rainer Maria Rilke zu finden. Am Ende seines Lebens erkrankte er an Blutkrebs, einer Krankheit, die er als düster und unbestimmt erlebte; diese Krankheit ist ungreifbar und wirkt anonym überall im Körper. Rilke überträgt das Bild dieser Krankheit auf sein ganzes Leben, in gewissem Sinne eben auf das Leben als solches. In einem Gedicht für Erika Mitterer schreibt er zum Beispiel: „Ich steh im eignen Blut/ im Folterbad des eignen Blutes, drin,/ auf einmal wach und feindlich ausgeruht,/ so vieles wirrt und wühlt was ich nicht bin."

„So vieles wirrt und wühlt was ich nicht bin..." Wenn ich die „Revolution" von Michel Foucault richtig verstehe, beruht sie darauf, dass er am Ende seines Lebens, als sich also sein Tod ankündigte, auf Fragen gestoßen ist, die seine über Jahrzehnte gepflegte Überzeugung, dass der Mensch „ein Körper" sei, und dass die sozialen Verhältnisse zwischen Menschen (die Verteilung und Ausübung der Macht) auf rein körperliche Vorgänge zurückzuführen seien, (die Bio-Macht), ins Schwanken brachte. Ihn scheint die Frage umgetrieben zu haben: Wenn der Mensch ein Körper ist, das heißt: komplett eingebettet in die körperlichen Vorgänge, ja, wenn er nicht einmal „geworfen" ist, wie Heidegger das noch formulierte, sondern mit den physischen Vorgängen zusammenfällt, noch besser gesagt: „die Vorgänge" *ist*, wie kann dann von einer freien Beziehung zu mir (meinem Körper) und zu dir (deinem Körper) gesprochen werden? Oder anders gesagt: Wie kann sich das Selbstbewusstsein von einer Begebenheit befreien, die nicht als Voraussetzung seiner Präsenz, nicht einmal als sein Urheber, sondern als seine Modalität per se, sein „Zustand überhaupt" verstanden wird? So wie ein Findling sich nicht davon befreien kann, einfach ein Findling zu sein, kann ein Körper sich nicht davon befreien, einfach ein Körper zu sein. Für Findlinge und Körper gibt es so etwas wie eine über sie hinausgehende Freiheit nicht.

In seinen Vorlesungen der Jahre 1981 bis 1982 im Collège de France ist die Anbahnung der Wende in seinem Denken dokumentiert.[32] Foucault beschäftigt sich dort mit dem berühmten delphischen Spruch: „Erkenne dich selbst" (gnōthi seauton) und beschreibt Sokrates als einen Philosophen, dessen Anliegen es war, die Frage der Selbsterkenntnis im Rahmen eines umfangreicheren Themas zu betrachten: „die Sorge um dich" (epimeleia heautou), oder, mit einem Begriff von Foucault: „die selbstbildende Praxis". Sokrates scheint für Foucault aus einer alten Tradition zu schöpfen, die auf eine „innere" Verantwortung für die Führung und Gestaltung des eigenen Lebens hinzielt. Das Pflegen dieser Verantwortung ist mit meditativen Übungen und praktischen Lebensweisheiten verbunden, beispielsweise in Bezug auf Nahrung, Gesundheit und Freizeitgestaltung, die unter dem Begriff „die Sorge um dich" (auf Französisch: le souci de soi; auf Englisch: the care of the self, auf Deutsch vielleicht am besten: die Sorge um dein Selbst) zusammengefasst werden.

In den Nachschriften seiner Vorlesungen tritt spürbar zu Tage, dass Foucault von diesem Gedanken inspiriert ist: Die innere Verantwortung für die Führung des eigenen Lebens verlegt die Frage der Macht ins Innere des Menschen, in sein „Subjekt". Foucault zitiert und analysiert ausgiebig Platon, aber auch spätere Philosophen und Stoiker wie Epikur und Seneca, und immer wieder drehen sich die Inhalte dabei um den gleichen Punkt: Die Frage der Macht erscheint bei diesen Denkern als eine innere Angelegenheit. Macht über sich „selbst" zu erlangen, was die Sorge um das eigene Selbst ausmacht, wird von Sokrates und Platon als die Voraussetzung für die Lösung der Machtfrage im sozialen äußeren Leben, in der Polis verstanden. Foucault sieht in diesem Gedanken eine Befreiung von dem, was er als „christlichen" Diskurs versteht: Der Kirchvater Augustinus untersagte dem Menschen zum Beispiel ein individuelles Gewissen, die innere Instanz also, die für die Griechen gerade den Hebel zur frei ausgeübten Verantwortung ausmachte.

Im christlichen Denken, so meint Foucault, wird die urteilende Instanz außerhalb des menschlichen Subjekts gesucht, nämlich in Gott und dessen irdischen Vertretern, den Priestern etwa.

Ich lasse die Frage offen, ob Foucaults Verständnis des Christentums gerecht und richtig war. Wesentlich für seinen Weg ist, dass er in der hellenistischen Periode einen Gedanken vorfand, der ihn nicht mehr losgelassen hat, nämlich diesen: Im Inneren des Menschen, in dessen Selbst, liegt offenbar die (vielleicht sehr geringe) Möglichkeit, das Leben in Freiheit zu gestalten. Und damit werden all seine bisherigen philosophischen Untersuchungen, die sich ausnahmslos auf äußere *strukturelle* Begebenheiten und Umstände bezogen haben, die „archäologisch" und „geologisch" aufgedeckt werden müssen, unerwartet in ein neues Licht gerückt. Wenn man die Interviews, Vorträge und Vorlesungen aus den letzten Jahren seines Lebens liest, entsteht der Eindruck, dass er tatsächlich das Empfinden hatte: „So vieles wirrt und wühlt was ich nicht bin..." (und erinnert damit an die Parzivalfigur, die lange irrt und wirrt, bis sie endlich die Frage an den kranken Oheim stellen kann: „Oheim, was wirret dir?" und erst damit bei sich selber ankommt).

Die Wende in seinem Denken öffnet drei miteinander verknüpfte Themenbereiche, die ihn bis zu seinem Tod intensiv beschäftigen. Das erste Thema habe ich bereits erwähnt, es bezieht sich auf die Frage des menschlichen Selbst, jene Instanz also, die auf irgendeine Art und Weise zum Körper gehört, die unveräußerlich ein Teil der menschlichen Körperlichkeit ist. Das Zweite lässt sich mit einem Zitat aus einem Interview illustrieren, wo er die ihn faszinierenden hellenistischen Gedanken so zusammenfasst: „Diese Ausarbeitung des eigenen Lebens als eines persönlichen Kunstwerks, auch wenn sie kollektiven Kanons folgte, war im Kern wohl eine moralische Erfahrung, ein Wille zur Moral in der Antike."[33]

Foucault spricht von einer „Ästhetik der Existenz", womit der antike Lebensstil gemeint ist, der im menschlichen Subjekt eine moralisch-schöpferische Quelle sieht, die prinzipiell im Stande ist, die Biographie zu einem „Kunstwerk" zu machen.

Foucault zieht hier die Konsequenzen des Gedankens, dass das menschliche Subjekt nicht nur durch äußere Begebenheiten und Umstände „unterworfen" ist. Die große Frage bleibt aber, ob auch der Körper diesbezüglich als zwingende Begebenheit und zwingender Umstand zu verstehen ist. Gibt es am Menschen und an seinem Kunstwerk „etwas", das sich nicht als Körper verstehen lässt? Interessant ist, dass Foucault sich an dieser Stelle eines künstlerischen Begriffs bedient; den Begriff „Kunstwerk", den er in diesem Zusammenhang in den letzten Jahren seines Lebens öfters benutzt hat, lässt er philosophisch im Raum schweben: Er beschreibt nicht, was er damit genau meint, ich glaube, weil er den Begriff (noch) nicht zu Ende denken konnte. Wie kann ein Körper, ein Gegenstand also, ein Kunstwerk sein, werden, es hervorrufen? Das Kunstwerk der Biographie wirkt in seinen Ausführungen deswegen wie eine strahlende Bestimmung, eine idealistische Erscheinung im Kommen, eine Lichtung im Ungereimten — unüblich für seine meist strengen und geschlossenen Texte. Mit dem Begriff „Biographie als Kunstwerk" lässt Foucault auf einmal eine Taube frei über seine Arbeit flattern.

Das dritte Thema betrifft die Freundschaft. Weil Michel Foucault nicht mehr die Gelegenheit hatte, die Frage der Bedeutung der Freundschaft systematisch zu verarbeiten — seine diesbezüglichen Äußerungen sind in verstreuten Vorträgen, Artikeln und Interviews zu finden —, hat Francisco Ortega sich um das Thema gekümmert. In seinem Buch *Michel Foucault. Rekonstruktion der Freundschaft*[34] beschreibt er, wie die Frage der Freundschaft im „Foucault'schen Corpus" zugleich Kern und Peripherie wird. Ortega spricht von einem „unvollendeten Projekt: einer Ontologie der Freundschaft“, die einerseits klar in der Biographie von Foucault begründet ist, andererseits organisch aus seinem „philosophischen Vagabundieren“ hervorgeht. Ortega: „Für Foucault bietet sie [die Freundschaft] die Möglichkeit, die antike Stilistik der Existenz zu aktualisieren und dieser einen neuen Horizont zu verschaffen: die Erfindung neuer Lebensweisen und Existenzformen.“ Die Freundschaft ermöglicht eine „überindividuelle Selbstkonstitution“, die eine hohe politische und gesellschaftliche Brisanz enthält.

Um eine einfache Übernahme der hellenistischen Freundschafts-Ethik kann es allerdings laut Foucault nicht gehen, weil die antike Idee der Freundschaft zwar in der Freiheit begründet lag, aber trotzdem noch von zahlreichen Unfreiheiten bestimmt wurde: Verpflichtungen, Regeln, Umgangsformen. Das Subjekt „Freundschaft“ war ein Bestandteil der Polis; sie war dementsprechend geschützt und damit auch geprägt: In der antiken Polis war man zuerst Freund und erst dann Bürger. Foucault schwebte eine Idee der Freundschaft vor, die auch in ihrer praktischen Gestaltung grundsätzlich frei war, das heißt, nur von den beiden Freunden bestimmt wurde.

Zu den Regeln der Freundschaft in der Antike gehörte die Trennung zwischen *eros* und *philia*, der (erotischen) Liebe und der Freundschaft, die beispielsweise Platon noch streng gewahrt wissen wollte. Freundschaft schloss eine erotische Beziehung aus, weil Sexualität als etwas prinzipiell Asymmetrisches angesehen wurde. In der heutigen Zeit, meinte Foucault, ist diese Trennung nicht mehr relevant, stärker noch: sogar nicht mehr wünschenswert. „Die Sexualität“, so behauptet er, „ist kein Verhängnis: sie ist eine Möglichkeit eines schöpferischen Lebens.“[35] In freundschaftlichen Beziehungen (und beziehungsvollen Freundschaften) kann Sexualität ein offenes Feld bedeuten, auf dem Freiheiten und Unfreiheiten erfahren und gelebt, in Foucault'schen Begriffen: „experimentell" erörtert werden können, was übrigens nicht bedeutet, dass Sex zwingend dazu gehört. Ganz im Gegenteil, in seinem Denken erfährt die Askese, das, was er „Das-an-sich-Arbeiten" nennt, auf einmal einen hohen Stellenwert. Macht über sich selbst auszuüben, bedeutet laut Foucault auch, auf das eine oder das andere streng zu verzichten.

Michel Foucault war homosexuell. Er pflegte über Jahrzehnte, bis zu seinem Tod, eine intensive Beziehung zu seinem Freund Daniel Defert, einem Soziologen, den er in den frühen sechziger Jahren als Assistenten in seinem philosophischen Seminar angestellt hatte. Noch 1981 äußert sich Foucault folgendermaßen über seine Beziehung zu seinem Freund: „Ich lebe in einem Zustand der Leidenschaft zu jemandem. Vielleicht ist diese Leidenschaft zu einem bestimmten Zeitpunkt in Liebe umgeschlagen. In Wirklichkeit handelt es sich um einen Zustand der Leidenschaft bei uns beiden, einen permanenten Zustand, der keinen anderen Grund hat zu endigen als sich selbst und dem ich vollkommen verfallen bin, der durch mich hindurchgeht. Ich glaube, dass es nichts auf der Welt gibt, nichts, was immer es sei, das mich hindern würde, wenn es darum ginge, ihn wiederzusehen, mit ihm zu sprechen."[36] Foucaults Wortwahl ist in den letzten Jahren seines Lebens bezeichnend: Er erwähnt die große Idee der Liebe, distanziert sich mit dem Wort „vielleicht" leise davon, evoziert in seinen Beschreibungen allerdings eine Intensität und Nähe, die keine Fragen bezüglich seiner Gefühle für Daniel Defert offen lässt. Sein Biograph Didier Eribon fasst schlicht und einfach zusammen: „Foucault hat ihn bis zum Ende geliebt."[37]

Sein Denken über die Freundschaft wurde durch den biographischen Umstand seiner Homosexualität geprägt. Für Foucault bedeutete dies vor allem, dass die Gestaltung der Beziehung nicht gesellschaftlich vorprogrammiert war; eine homosexuelle Beziehung befand sich gesellschaftlich in einem dunklen und düsteren Bereich, in dem einerseits Geheimnisse gepflegt werden mussten – wir sprechen von den frühen sechziger Jahren – und andererseits die homosexuelle Beziehungsform nicht festgelegt war. Eine etablierte Kultur der Homosexualität gab es (noch?) nicht: Schwule und Lesben „müssen von A bis Z eine Beziehung erfinden, die noch formlos ist: die Freundschaft".[38] Im Vergleich zu einer heterosexuellen Beziehung lag eine doppelte Verschiebung vor: Eine Beziehung als solche bedeutete eine Unfreiheit (man konnte nicht frei darüber sprechen, war also zum Schweigen verdammt), bot aber in ihrer Gestaltung gerade deswegen interne Freiheiten, weil sie nicht sozial vorbestimmt war. Die gesellschaftliche Erscheinung namens „homosexuelle Beziehung" war noch nicht „ver-subjektiviert", was auch hier eine doppelte Bedeutung hat: Die Gestaltung war (noch?) nicht äußeren Regeln unterworfen, allerdings auch (noch?) nicht stolz in Erscheinung getreten. Foucaults Blick auf die homosexuelle Beziehung könnte man deswegen wohl anarchisch nennen.

Foucault entwickelt in den letzten Jahren seines Lebens eine Sichtweise auf Beziehungen, die im Grunde eine hoffnungsvolle Prognose bedeutet: In seinen Augen dürfen die Beziehungen zwischen Menschen, zwischen zwei Menschen, immer mehr und mehr von dem Bedürfnis bestimmt werden, interne und externe Freiheiten zu erobern und zu pflegen. Foucault verallgemeinert die spezifische Position der homosexuellen Beziehung; für alle intimen Beziehungen, die sich auf der Basis einer persönlichen Nähe gestalten wollen, gilt, dass sie sich gesellschaftlich in einer besonderen Lage befinden. Ortega fasst diese Sichtweise folgendermaßen zusammen: „Foucault zufolge leben wir in einer Welt, in der die sozialen Institutionen dazu beigetragen haben, die Zahl der möglichen Beziehungen zu begrenzen. Der Grund dieser Beschränkung liegt darin, dass eine Gesellschaft, welche die Zunahme der möglichen Beziehungsformen zuließe, schwieriger zu verwalten und zu kontrollieren wäre."[39]

Zugreifen auf die Freundschaft bedeutet laut Foucault: „Minoritäten entstehen zu lassen, die der Macht Widerstand leisten."[40] Inspirierend an dieser Erweiterung der Idee der Freundschaft ist, dass sie eine Brücke zwischen Privatem und Öffentlichem schlägt. Sie verleiht der Freundschaft eine positive Würde, nicht nur für die Beteiligten, sondern auch für das soziale Leben und die Gesellschaft. Die Brücke wird laut Foucault von drei Pfeilern getragen:

1. Von der Selbsterkenntnis und der „selbstbildenden Praxis", das heißt: der souveränen und kreativen Beziehung von mir zu mir;

2. von der Verbindung von mir zu dir, mit der eine gemeinsame Verantwortung für die souveräne Gestaltung der Beziehung einhergeht;

3. der Bedeutung der EINEN und der ANDEREN Freundschaft für das Leben von vielen Menschen mehr, für die Menschen um die Freundschaftspaare herum, letztendlich für das öffentliche Leben und ihre Institutionen.

Foucault hat der Freundschaft einen neuen Horizont gegeben, und zwar in einer Zeit, in der gerade die großen Ideen suspekt geworden waren. Im Ergebnis seines Denkens, die Idee der Freundschaft als sozial-kritischen Wurf nach vorne zu verstehen, wirkt der Weg nach, der zu dieser Erweiterung geführt hat. Die Kraft der Idee steckt in dem Umstand, dass sie gerade nicht aus einem psychologischen, ethischen oder auch spirituellen Diskurs entstanden ist, sondern in der Auseinandersetzung mit gesellschaftlich-politischen Strukturen und

Machtverhältnissen. Der Anstoß von Foucault führt deswegen zu sehr interessanten Fragen: Wie können freundschaftliche Beziehungen (erst ist man Freund, dann Funktionär oder Bürger) in Krankenhäusern, Schulen, Banken und demokratischen Gremien entstehen und gepflegt werden? Wir wissen ja alle, dass zwei Menschen, die einen inneren Draht zueinander haben, für ganze Gemeinschaften und Institutionen eine entscheidende Bedeutung haben können. Wie kann dieser Umstand allerdings aus der Sphäre der Beliebigkeit und Zufälligkeit geholt und Gegenstand bewussten Wollens werden? Wie kann die Freundschaft in funktionalen Zusammenhängen gepflegt, geschützt und gefördert werden?

Dem Ansatz von Foucault haftet allerdings auch eine Schwäche an. Dezent weist Francisco Ortega in seinem Buch darauf hin, dass Foucault sich auf die Frage der „intersubjektiven Dimension" in der Freundschaft – und in Beziehungen überhaupt – kaum eingelassen hat; was sich seelisch und geistig zwischen zwei Menschen abspielt, das fand seine philosophische Aufmerksamkeit nicht. Ortega schlägt deswegen vor, die Arbeit von Emmanuel Lévinas in das Denken über die Freundschaft mit einzubeziehen. Er schreibt: „Auf den ersten Blick könnte es paradox erscheinen, zwei so disparate Denker wie Michel Foucault und Emmanuel Lévinas zu vergleichen." Er meint allerdings, dass „gewisse Elemente der Phänomenologie Emmanuel Lévinas' als Ergänzung zu der nicht so ausführlich thematisierten intersubjektiven Sphäre im Denken Foucaults dienen können".[41]

„Paradox" ist höflich ausgedrückt: Foucault konnte den Ansatz von Lévinas und Lévinas den Ansatz von Foucault nicht leiden. Beide arbeiteten in der gleichen Zeit in Paris, wussten von einander, *wollten* allerdings völlig aneinander vorbei gehen, simpel gesagt: Sie wollten nichts miteinander zu tun haben. Die Kluft zwischen den beiden ist auch nicht schwer zu verstehen: Wo Foucault eher auf gesellschaftliche und soziale Strukturen schaute – ein klein wenig Marxist ist er immer geblieben –, ging es Lévinas gerade darum, die „heilige Kathedrale" zwischen einem „Ich" und einem „Du" zu betreten. Lévinas war Foucault zu heilig, zu sentimental und zu fein; Foucault war Lévinas zu platt, zu politisch und zu scharf. Dass Ortega es wagt, die beiden als ergänzende Pole zu betrachten, darf für die Anhänger von Foucault als eine Frechheit gelten.

Aber Ortega hat Recht. Foucault bewegte sich in seinem Denken ständig zwischen zwei Polen: Einerseits gibt es das Subjekt, den individuellen Menschen also, der hoffentlich eine vernünftige Beziehung zu sich selber sucht und pflegt; andererseits gibt es die Gesellschaft, die durch kollektives Wissen und öffentliche Institutionen ihre Struktur bekommt. Philosophisch gesprochen – als Privatmensch mag er sich anders verhalten haben – sah für Foucault die „Welt der Menschen" wie ein soziales Räderwerk aus: Ihn bewegte die Frage, wie die einzelnen Teile sich zu einer Gesamtheit fügen. Sein Anliegen war dabei, die permanente Gestaltung der Gesellschaft mehr und mehr auf Freiheiten zu gründen, das heißt, auf individuelle Menschen, die aus ihrer Biographie ein Kunstwerk machen wollen.

Wenn er zum Beispiel von Schwulen und Lesben spricht, hat er eine besondere Kategorie von „Subjekten" vor Augen, die sich gesellschaftlich in einer spezifischen Lage befinden und dementsprechend handeln könnten. Die Frage, die Foucault in seinen Texten, Vorträgen und Interviews jedoch nie stellt, ist diese: Was geschieht eigentlich zwischen zwei konkreten Menschen, wenn sie sich aufeinander einlassen? Was bewegt sich zwischen den Menschen? Welche Rolle spielt der andere Mensch in der Gestaltung meiner Persönlichkeit? Die Welt der Beziehungen kennt in der Arbeit von Foucault keinen konkreten Eigennamen, keine konkreten Events, keine konkreten Leidenschaften... Zwischen den Subjekten und der Gesellschaft lässt er eine Passage offen, wie einen Korridor, der zwei Zimmer in einer Wohnung verbindet, den er aber nicht beachtet und immer wieder rasch durchquert.

Es ist aber gerade dieser Flur, den Emmanuel Lévinas als Raum seiner Untersuchungen ausgewählt hat. Auch er spricht zwar immer wieder von Individuum und Gesellschaft, stellt jedoch die direkte Beziehung zwischen zwei Menschen ins Zentrum seiner Aufmerksamkeit. Für Lévinas ist die „Welt der Menschen" vor allem eine Ich-Du und Du-Ich-Angelegenheit, eine gefüllte Welt von gegenseitigen Wirkungen. Das Vibrieren des Lebens liegt für ihn in der „primären ethischen Erfahrung des Von-Angesicht-zu-Angesicht"-Stehens.[42] Das soziale Ereignis liegt für Lévinas vor allem in der Begegnung zwischen zwei „Menschen mit Eigennamen". Und das bedeutet im Grunde genommen, dass er die Beziehung – und somit die Freundschaft – als ein Phänomen für sich betrachtet. Es gilt für ihn also drei Ebenen zu betreten: Die Welt des Subjekts, die Welt der Gesellschaft, und dazwischen die Welt der Beziehung. Die Welt der Beziehung fungiert aus seiner Sicht vielleicht auch als Korridor zwischen Individuum und Gesellschaft, erhält jedoch eine eigene Dimension und wird in seinen Ausführungen zu dem Ort, wo Subjekt und Kollektiv grundsätzlich gestaltet werden.

Für mein Verständnis hat Lévinas vor allem am zweiten der drei genannten Pfeiler einer Beziehung und Freundschaft gearbeitet. An dieser Stelle muss kurz noch erwähnt werden, dass Lévinas sich (wie Foucault auch) gegen die Auffassung gewehrt hat, die besagt, dass das menschliche Ich „monadisch", das heißt, wie eine Murmel zu verstehen wäre, die sich irgendwo als „Kern" im Menschen verbirgt. Dieser Auffassung, die er als „Egologie" bezeichnet, stellt er eine Subjektivität entgegen, die von Anfang an den anderen Menschen mit einbezieht. Auch der andere Mensch wird nicht als eine Gestalt mit einer eigenen Murmel aufgefasst, sondern als eine komplexe Fremdheit, die einerseits die Sicherheiten meines Egos prinzipiell untergräbt, andererseits mein Subjekt in positivem Sinne mitgestaltet. Das „Antlitz" des anderen Menschen ist deswegen heilig: Es präsentiert ein Rätsel. In meinen Worten zusammengefasst: In der Sichtweise von Emmanuel Lévinas erscheint das menschliche Ich – was ich also vorher die souveräne Entität genannt habe – als eine Art peripherische Erscheinung, die nicht nur von innen nach außen, sondern genauso stark von außen nach innen agiert. Mein Subjekt kommt mir aus der Fremdheit des anderen Menschen entgegen, wird von dem Anderen in mir geweckt. Für Lévinas ist also das menschliche Ich gerade nicht souverän, sondern in seiner Präsenz grundsätzlich von anderen Menschen abhängig. So etwas wie ein Ich-nur-für-mich und ein Ich-nur-für-Dich gibt es Lévinas zufolge nicht. Mein Ich und dein Ich sind ihrem Wesen nach verwandt und können jedes für sich (und Gott gegen alle?) gar nicht existieren.

Bei der Betrachtung der Freundschaft stellt sich die Frage der Begegnung zwischen der Entität des „Ich" und der Entität des „Du", und umgekehrt. Es ist, wie gesagt, in Bezug auf die Freundschaft nicht egal, wie wir diese Entitäten verstehen. Michel Foucault hat uns diesbezüglich damit geholfen, zwischen Subjekt und Selbst zu unterscheiden: Als Freund bin ich ein Subjekt, das ich von meinem Selbst aus (Lévinas würde hinzufügen: von Angesicht zu Angesicht stehend) gestalten kann. Von dem Gedanken, dass das Selbst eine Kreation des menschlichen Körpers sei, hat Foucault sich nicht verabschiedet; er scheint in den philosophischen Wanderungen seiner letzten Lebensjahre allerdings – wie oben beschrieben - auf Fragen gestoßen zu sein, die ihn an dieser Stelle nachdenklich gemacht haben. Emmanuel Lévinas hat uns dazu gebracht, erstens die konkreten Beziehungen zwischen Menschen ernst zu nehmen (Foucault würde hinzufügen: als Ort des Widerstands gegen die Macht der Institutionen), und zweitens die Souveränität meiner und deiner Entität zu hinterfragen. Lévinas hat an dieser Stelle vollkommen recht: Gemeinschaft begründet sich immer in Beziehungen, wie sie auch immer aussehen; und auch: Ohne ein Du kann es kein Ich geben und umgekehrt.

Bevor ich mich definitiv der Frage der Entitäten widme, muss ich erst noch selbstkritisch ein paar entscheidende Trivialitäten des sozialen Lebens ins Auge fassen. Wie gehen wir tatsächlich miteinander um? Wie bewerte ich meine Mitmenschen, meine Kollegen, Geliebten, Freunde, Kinder...? Welches Wollen, Fühlen und Denken bewegt mich, wenn ich mich jeden Tag wieder so oder so verhalte? Gegen welchen Horizont sehe ich eigentlich die Menschen um mich herum, ihre Vorhaben und Intentionen, ihre Neigungen und Verhaltensweisen, ihre Bedürfnisse und Erwartungen, ihre Möglichkeiten und Unmöglichkeiten? In welchem Diskurs meine ich mich zu befinden, wenn es darum geht, den Menschen zu begegnen – oder ihnen nicht zu begegnen –, sie zu bewerten und zu beurteilen?

Wenn es um die Beurteilung anderer Menschen geht, geraten wir oft in ein anspruchsvolles psychologisches Betrachten von Verhaltensweisen, die uns aus irgendeinem Grund nicht passen. Ein bewertender Vorgang ist uns eingefleischt: Jemand macht etwas, was uns nicht gefällt – sie oder er kommt zu spät, haut plötzlich ab, wird laut, fängt an zu weinen, hört nicht zu, redet zu viel, schweigt gerade, hält sich nicht an klare Vereinbarungen, und so weiter und so fort – und wir untermauern unseren dementsprechenden Ärger mit groben oder feinen Unterstellungen. Unsere spekulativen Urteile sind meistens eine Mischung aus moralischen und psychologischen Elementen, zum Beispiel: „Johann hat Angst seinen Job zu verlieren, deswegen ist er seinem Chef gegenüber feige", oder: „Katharina ist neidisch, deswegen muss sie immer negativ reagieren, wenn Miriam etwas vorschlägt."

Was wir nicht gerne tun, ist an dieser Stelle auf unseren Ärger zu blicken. Stärker noch, wenn jemand uns sagen würde: „Du bist ärgerlich, weil du neidisch bist", steigerte sich unser Unmut leicht in Wut. Ärger ist uns manchmal heilig. Aber auch wenn wir bereit sind, kritisch auf unsere Emotionen zu schauen, vielleicht weil wir sowieso ein negatives Selbstbild haben, bleiben wir auf der gleichen Schiene: Wir projizieren das Bild des frustrierten Menschen rückwärts auf uns selbst und räumen quasi großzügig unsere moralischen Defizite ein. Dieser beurteilende Vorgang wird von einem Menschenbild bestimmt, das in der Mitte des neunzehnten Jahrhunderts zuerst in der Literatur auftauchte (Flaubert), sich dann mehr und mehr in der Kultur des Westens breit gemacht hat und letztendlich im zwanzigsten Jahrhundert via Freud die breite Masse erreicht hat.

Der *psychologische* Mensch wurde geboren. Der psychologische Mensch ist ein Mensch, der bis in seinen Wesenskern hinein „beurteilt" werden kann, das heißt: Subjekt eines analysierenden Blickes geworden ist. Es ist dabei relativ egal, ob dieser Blick wissenschaftlich geschult ist, wie bei einem Psychoanalytiker, oder auf laienhaften bürgerlichen Vorstellungen basiert, wie bei den meisten von uns — er ist im Grunde genommen in unserer Kultur eine mächtige Instanz geworden, die nur noch von ein paar Philosophen hinterfragt wird. Die großen philosophischen Fragen über das „Selbst" oder das „Ich" des Menschen sind im gesellschaftlichen Leben in den Hintergrund geraten, im Vordergrund steht der psychologisch-moralisch subjektivierte Mensch. Wenn vom „Rätsel Mensch" noch gesprochen wird, ist ausschließlich der Mensch gemeint, dessen psychologische Knoten leider noch nicht aufgedeckt und entwirrt sind.

Auf der sprachlichen Ebene wirkt sich dieser Umstand so aus, dass wir – so beschreibt es Walter Benjamin in seiner Theorie der Sprache[43] – im Alltag meistens nur noch eine „richtende Sprache" sprechen, eine Sprache also, die philosophisch gesehen auf die Annahme gegründet ist, dass es immer etwas zu richten, zu beurteilen gibt. Die Eckpunkte dieser Beurteilungen liegen allerdings nicht in Philosophie und Ethik, sondern im Bereich der Psychologie und der bürgerlichen Moral. In der Kneipe, auf der Straße, in der Küche, allerdings auch in seriösen Zeitungen und Fernsehshows, gilt es immer etwas zu beurteilen.

In der alltäglichen, richtenden und beurteilenden Sprache werden Menschen nicht voll und rund, sondern als defizitäre Wesen dargestellt, die in ihren Lebensgängen prinzipiell frustriert worden sind. Phänomene werden nicht unbefangen beschrieben, sondern schlicht und einfach bewertet, (gerade das, was ich hier in Bezug auf das Bild des psychologisierenden Menschen mache). Benjamin sieht in dieser Sprachart eher eine Kulturkrankheit, die es zu überwinden gilt. Benjamin hat sich diesbezüglich in der hebräischen Tradition umgeschaut und in dem Akt der Namensgebung durch Adam eine Ausdrucksweise gefunden, die er die „adamitische" Sprache nennt. In ihr werden die stimmigen Worte für die Erscheinungen behutsam gesucht; man kümmert sich dichterisch-begrifflich um die „wahren Namen der Dinge". Benjamin versteht die adamitische Sprache als eine Art Verwandlung der von ihm sogenannten „göttlichen Sprache", die in der Genesis zum Beispiel sagt: „Es werde Licht", und es wurde Licht. Mit dem Finden des richtigen Namens wird also nicht nur einfach eine Erscheinung beschrieben, sondern darüber hinaus werden ihre verborgenen und vielschichtigen Bedeutungen geöffnet und entzündet. Alle drei Formen der Sprache, die richtende, die adamitische und die göttliche, sind übrigens laut Benjamin von einer vierten wie umschlungen:

der „stummen Sprache". Alles spricht, jeder Gegenstand, jede Gebärde, jede Landschaft sagt immer etwas aus, so meinte er, auch wenn dafür keine Worte zur Verfügung stehen.

Fundamentale Unmöglichkeiten. Es stimmt durchaus, dass an allen Menschen etwas haftet, das irgendwie komisch wirkt (man verzeihe mir den trivialen Ausdruck). Aus dem Untergrund der Seele, so könnte man im Rahmen einer psychologischen Betrachtung meinen, arbeiten sich Kräfte hoch, die schwer einzuordnen sind und immer wieder unsere rationalen Überlegungen durchkreuzen. Uns scheinen mit diesen Kräften „komische" Erscheinungen einherzugehen, vor allem wenn sie bei anderen Menschen sichtbar werden; sie weisen auf Widersprüche hin, die es offensichtlich gibt, die aber nicht in die von uns etablierten Selbstbilder integriert sind. Diese Kräfte scheinen ständig und immer wieder zu belegen, dass wir nicht diejenigen sind, für die wir uns halten. Einer der Schüler von C. G. Jung, der Psychoanalytiker und Ethiker Erich Neumann, spricht diesbezüglich vom „Schatten" des Menschen[44], womit er eine mehr oder weniger autonome „psychische" Gestalt meint, die uns immer begleitet, von uns aber nur traumhaft oder auch gar nicht wahrgenommen wird. Der Schatten verrät, dass wir, anders als wir gerne glauben, nicht aus einem Stück sind.

Was Erich Neumann mit seinem psychologischen Konzept des Schattens macht, ist eine Psychologisierung von fundamentalen Unmöglichkeiten. Einerseits ist seine Vorgehensweise durchaus hilfreich, weil sie eine zuvor nur schwammig vorhandene Ebene des menschlichen Seins greifbar macht. Fundamentale Unmöglichkeiten werden auf einmal therapierbar. Andererseits presst er die große Idee der Möglichkeiten und Unmöglichkeiten in einen engen Rahmen, den Rahmen der Psychologie eben. Was „ungeheuerlich" groß ist, wird in seinen Betrachtungen klein, überschaubar und einfach. Diese Verschiebung bedeutet nichts anderes als eine Subjektivierung des Selbst: Das Rätsel wird enttarnt.

Mit dem Schatten im Sinne Erich Neumanns steht es so: Alle Bekannten, Kollegen und Vertrauten um den betreffenden Menschen herum haben zumindest eine vage Ahnung davon, dass es ihn gibt. Bei Abwesenheit des Betreffenden wird immer wieder gerne, man könnte auch sagen: sehr gerne, auf seinen Schatten hingewiesen, zum Beispiel durch lockere Witze oder konspirative Bemerkungen. Wir merken dann meistens nicht, dass es unsere eigenen Schatten sind, die halbwegs – immer nur halbwegs – aus den Tunneln unserer Unterwelt ins Dämmerlicht treten, und den Schatten des abwesenden Menschen grob oder fein beschmutzen. Unsere Schatten haben das Bedürfnis, so beschreibt es Neumann, sich laut oder leise von anderen Schatten zu distanzieren, weil sie als Konkurrenten verstanden werden. Wenn ein Schatten nicht durch das Licht der Präsenz des betreffenden Menschen geschützt ist, wird er manchmal von anderen Schatten angegriffen.

Ein Schatten wird im sozialen Umfeld als ein Gespenst erkannt (aber nicht anerkannt), und die betreffende Person selber scheint irgendwie keinen Zugang zu ihm zu haben; sie ist blind für dessen hartnäckige Erscheinung. Gerade diese von Licht überstrahlte Blindheit bedeutet für den Schatten einen Schutz, den er elegant nutzt. Die offenbare Blindheit erzeugt im sozialen Umfeld eine Verlegenheit, die sich in Scham steigern kann, sobald sie nicht beachtet wird. In Anwesenheit des Betreffenden von seinem Schatten zu sprechen, ist unangenehm, weil wir damit eine Sphäre der Nähe betreten, ohne dazu eine Grundlage, ja eine Genehmigung zu haben. In der deutschen Sprache wird dann locker gesagt: „Ich möchte Ihnen nicht zu nahe treten". (Übertriebener) Takt, (verzerrte) Höflichkeit und (schamlose) Verlogenheit sind die (Un-) Tugenden, die wir an dieser Stelle gerne ausüben.

Bereits Nietzsche wusste das: Auch wenn wir es vielleicht gerne anders hätten, es sind nicht nur unsere aufgeklärten Überlegungen und bewusst ausgedachten Lebensentwürfe, die unseren Lebensgang gestalten. Es gibt offenbar auch dunkle – ich meine nicht unbedingt *düstere* – Motive, die wir nicht klar erkennen und die trotzdem echte Ereignisse erzeugen (und uns manchmal überraschen). In jedem Menschen liegt ein Knoten verborgen, eine Quelle der Unruhe, ein bewegendes, dämmerndes Gefüge in der Dunkelheit, „ein Stier", würde Pablo Picasso sagen, kurz: Eine noch nicht erzählte dramatische Erzählung, die allerdings in der Biographie immer wieder großartig Geschichte macht. Ohne diese offene Wunde, diese ontologische Verletzung, gibt es keine Biographie, keine Eigennamen, keine Eckdaten, keine Ereignisse, keine Leidenschaften, keine Beziehungen, keine Freundschaften. Der psychologische Schatten von Neumann ist nicht mehr als ein erstes bescheidenes Instrument, eine Beziehung zu unseren dunklen Motiven herzustellen.

Erster adamitischer Text

Sie ist eine Freundin. Für diesen Text braucht sie einen einmaligen Namen, der sie im wirklichen Leben nicht erreichen kann, von ihr eher als fremd erlebt werden, ja, vielleicht eben als eine regelrechte Beleidigung genommen werden würde. Ich nenne sie Antje, nicht weil sie aus Holland käme, das wäre nicht wahr, sondern weil sie irgendetwas mit Butter zu tun hat. Ihre ganze Art ist fest und gleichzeitig weich. Ihre Natur ist von einer Qualität geprägt, die Joseph Beuys dem Fett zuschreibt: Sie bewahrt, ruht in sich selber, ist nicht so sehr an einer Form interessiert, sondern an Masse und Tiefe.

Die Dauer der Zeit liegt offen vor ihr und nennt sich Langsamkeit. Für Gespräche nimmt sie sich Zeit, viel Zeit, die sie auch hat. Sie sitzt dann fast unbeweglich auf einem Sofa, hört mit großen Ohren zu, spricht eine Sprache ohne Hast und Druck, ist bei jedem Wort, bei jedem Gedanken voll dabei, bewegt sich innerlich wie der große Saturn in weiten Kreisen, alles umfassend, alles tragend, alles in eine Breite und eine Tiefe ziehend. Stille Momente, auch wenn sie länger dauern, sind ihr nicht unangenehm, ganz im Gegenteil: Sie meint, dass es so etwas wie eine sinnlose Leere nicht gibt oder eben überhaupt nicht geben könnte.

Ihr Wohnzimmer ist ein Ort zum Sein. Alle Gegenstände stehen an der richtigen Stelle, kommen einander nicht zu nah, stören nicht, sprechen nicht zu laut, sind nicht zum Schweigen verdammt. Für die Blumenvasen (die es immer reichlich gibt), die Kerzenständer, die sanften Kissen und auch die Bücher, die sie gerade liest — sie liest immer etwas, ist immer in ein Thema versunken —, findet sie die richtige Stelle, ohne darüber nachdenken zu müssen. Und wenn man ihr Wohnzimmer betritt, ist sofort klar, wo man sich hinsetzen soll, oder wo gerade nicht. Und umgeben von den schönen und gehaltenen Gegenständen bekommt man das Gefühl, in einer Welt von Selbstverständlichkeiten gut aufgehoben zu sein.

Antje mag Fragen, weil sie Antworten mag. Um die Frage zu stellen, mit der sie gerade lebt, nimmt sie sich viel Zeit. Sie führt aus, bezieht sich auf die Vergangenheit, erwähnt vielleicht relevante Autoren, ohne sie zu zitieren, weil sie immer in umfassenden Zusammenhängen denkt, bewegt sich tastend vorwärts, bis die Frage-als-Frage einwandfrei im Raum erscheint. Eigentlich stellt sie die Frage nicht, sie kreiert eine stimmige Umgebung, die EINE stimmige Umgebung. Sie nimmt sich die Zeit, um die Frage im Hier und Jetzt entstehen zu lassen. Auch wenn sie dazu Sachen erzählen muss, die schon längst bekannt sind, wiederholt sie in aller Ruhe die Details, als ob sie noch nicht bekannt gewesen wären. Und wenn die Frage letztendlich erscheint, sieht sie wie ein weißer

Schwan aus. (Ist der lange Hals des Schwans nicht reine Frage?) Und interessant: Wenn umgekehrt ihr jemand eine Frage stellt, hält sie inne, schaut auf die Regungen, die spiegelnd in ihrem Innersten erscheinen, wartet und wartet, bestimmt also das Tempo der Zeit, und versucht dann langsam die Frage in ihren Worten zu formulieren.

An dieser Stelle taucht Antjes Schatten auf. Ungeduld und Schnelligkeit — Qualitäten, die eher zu Mars und Merkur gehören — kann sie manchmal nicht ertragen, weil sie das langsame Fortschreiten der Zeit zerstören. Manchmal sieht es so aus, als ob sie unkontrolliert Dringendes verabscheut, es wie ein spirituelles Verbrechen erlebt, eine Niedrigkeit, die es nicht geben sollte. In schmerzvollen Rissen oder zornigen Einbrüchen kann sie sich nicht aufhalten, nicht „sein" — alles muss erst in Butter aufgenommen werden, um ein erkennbares Gesicht zu bekommen. Wenn ihr Gesprächspartner durch Ärger oder Wut geleitet wird, neigt sie dazu, extra innezuhalten, extra zu warten, bis dann der Moment kommt, in dem sie sagt: „Vielleicht können wir versuchen, die Sache von einer höheren Ebene aus zu betrachten." Sie sitzt dann in ihrer umfassenden Masse auf dem Sofa und meint: „Mein Gesprächspartner hat ein Problem."

Sie hat allerdings selber zwei Probleme. Das Erste ist, dass sie in der Schnelligkeit und im unkontrolliert Dringenden nicht zu Hause ist. Ihre Entität hat sich aus Liebe für Tiefe und Substanz gerade für die Langsamkeit entschieden. Sie will eine Meisterin der tragenden Tiefe sein. Sie hält die tastende und umfassende Bedachtsamkeit allerdings nicht nur für gut und richtig, was sie natürlich auch ist, sondern auch für vollkommen. In ihrer Welt sind Schnelligkeit und Ungeduld wie überflüssige Reste, von denen sie sich längst verabschiedet hat, und die irgendwo im Bereich der Schatten unbeachtet herum liegen.

Nicht, dass Antje keine Wut kennt. Ein aufkommender Ärger wird allerdings in ihrer Welt „verbuttert", sie breitet sich verhalten in der inneren Masse aus, wirkt deswegen immer indirekt und wird gemäßigt aus allen Poren ihrer Seele fast anonym und atmosphärisch ausgeatmet. Es wäre ein Fehler zu denken, dass dadurch Antjes Ärger und Wut weniger massiv wirken würden, ganz im Gegenteil, die mächtige Verhaltenheit erzeugt einen Schatten von enormen Ausmaßen. Selber merkt sie allerdings nicht, dass sie von dieser machtvollen Gestalt begleitet wird, die auf ihre Vertrauten und Kollegen manchmal erschreckend wirkt. Alle wissen: An dieser Stelle muss man bei Antje ein bisschen aufpassen.

Und das ist ihr zweites Problem: Sie hat manchmal eine Wirkung auf Menschen, die sie selbst offenbar nicht immer ins Auge fassen und deswegen nicht immer „verwalten" kann. Als Meisterin der unendlichen Dauer fällt es ihr schwer, eine Schülerin des momentanen Einbruchs zu werden. Und erst einmal sollte dieser Umstand — in der Freundschaft — respektiert werden: Wie könnte man von Butter verlangen, dass sie zum Beispiel an einem Wochenende lernt, sich dem Feuer zur Verfügung zu stellen? Gleichzeitig gilt aber unverändert die Wahrheit, dass vollkommene Einseitigkeiten, ja eben glänzende und unbestreitbare Fähigkeiten, in Beziehungen immer wieder zu unangenehmen Grenzstreitigkeiten führen. Diesbezüglich weiß sie mittlerweile Bescheid. Das Leben mit anderen Menschen, vor allem mit ihrem Mann, ihren Kindern und ihren Freunden, hat Antje in dieser Hinsicht geholfen: Sie hat eine Ahnung davon bekommen, dass an ihrer Persönlichkeit etwas Mächtiges haftet, zu dem sie keinen direkten Zugang hat.

Zweiter adamitischer Text

Ich nenne ihn Wolfgang, weil er auf mich wie ein deutsches Urgestein wirkt. Er gehört zu den Menschen, die ich am meisten bewundere, erstens, weil er wirklich denken kann — beim Zuhören staune ich manchmal über die Genauigkeit und Konsistenz seiner Gedanken, bin oft auch ein bisschen neidisch —, und zweitens, weil er so richtig „etwas" vertritt:

es betrifft ein Thema, das aus dem Geist des deutschen Idealismus hervorgeht.

Wolfgangs Natur ist eher schüchtern. Wenn er sich zwischen Menschen bewegt, wirkt er wie eine zarte und verhaltene Großmacht, die eher wartet, bis jemand auf ihn zukommt, zum Beispiel beim Rauchen in einer Pause: Er stellt sich neben dich, nicht zu nah, aber auch nicht zu weit entfernt, und scheint ohne Worte zu sagen: Um dir noch ein bisschen näher zu kommen, brauche ich mindestens eine inhaltliche Frage von dir. Für Wolfgang gibt es dich nicht, sondern es gibt nur dich. Und wenn eine Frage erfolgt, was leicht geschieht, weil Wolfgang vor allem ein Mann der Antwort ist, geschieht sofort das, was immer geschieht: Er nimmt dich in die Welt seiner Gedanken auf.

Vielleicht hast du das Bedürfnis, zart seinen Arm oder seine Schulter zu berühren, du tust es aber nicht, weil er eben wie eine verhaltene Großmacht wirkt. Irgendetwas in ihm braucht es, das, was innen ist, auch innen zu belassen, aus seiner Sicht: dorthin, wohin es gehört. Als ich vor Jahren ein Fußballspiel mit ihm anschaute, Holland ein Tor schoss, ich aufsprang und Wolfgang herzlich-allzu-herzlich umarmte, ließ er es wohlwollend geschehen. Trotzdem hatte ich im Nachhinein das Gefühl, dass er sich schon ein kleines bisschen überwältigt fühlte. Bei späteren Fußballspielen, wenn Deutschland ein Tor machte, sah ich, wie er äußerlich fast regungslos das fröhliche Geschehen in seine große Innenwelt aufnahm und in sich verhalten feierte.

Wolfgang hat eine innige Beziehung zu Begriffen, die er mit Liebe sieht und von denen er immer wieder mit genauso viel Liebe erzählt. Er befindet sich durchgängig in einem Dialog mit den großen Begriffen des europäischen Denkens: Freiheit, Kreativität, Ich und Du, vor allem auch: Entwicklung, was er als ein ständiges Neu-geboren-Werden versteht. Obwohl er nur selten von Liebe spricht — seine Beziehung zu dieser großen Idee ist fundamental schüchtern —, schwingt sie in fast allen seinen Äußerungen unausgesprochen mit. Die Idee der Liebe ist bei

Wolfgang allgegenwärtig anwesend und gleichzeitig aus Respekt auch irgendwie dringend abwesend. Wenn er auftritt, stellt sich immer die Frage der Wahrheit. Er kann Unwahrheiten – zumindest was er als Unwahrheiten erlebt – nur schwer ertragen, weil sie eine Verletzung seiner Liebe zu den Begriffen bedeuten. (Nebenbei gesagt: Auch wenn es der aktuelle Zeitgeist nicht wahr haben will, es bleibt so, dass es keine Liebe ohne Verletzungen gibt.) Lässige Gedanken, schwammige Formulierungen und hilflose verbale Versuche lösen in ihm manchmal Ungeduld, Ärger und Wut aus. Ich meine wahrgenommen zu haben, dass „etwas" in Wolfgang alarmiert wird, wenn jemand ein Statement abgibt, das nicht von Innigkeit, von einer Nähe zur Sache getragen wird. Er kann sich dann auf einmal mächtig in den Raum stellen und „die Wahrheit" verbal kräftig vertreten. Wenn eine bestimmte „Wahrheit" aus Ignoranz in die Enge getrieben wird, nimmt er das als eine persönliche Angelegenheit, fast so, als ob seine Persönlichkeit angegriffen worden wäre – nicht nur die Wahrheit, sondern mit der Wahrheit befindet sich auch Wolfgang in Bedrängnis. Gerade in solchen Momenten zeigt sich sein Schatten.

Wolfgangs Schatten erzeugt intellektuelle und moralische Verunsicherungen. Sein Schatten scheint ein Wahrheitsmonopol zu besitzen, das nur schwer zu knacken ist. Die Menschen um ihn herum wissen das auch, reden gelegentlich darüber, und ringen oft mit einem Widerspruch: Einerseits gibt es eine große Dankbarkeit für die innige Substanz seiner Ausführungen, die immer wieder die Tür zur Philosophie weit öffnen, andererseits lauert oft eine zarte Empörung darüber, dass man in seinen Augen leicht etwas „falsch" sagen kann. Oft ist man deswegen geneigt, den Mund zu halten. Der uneingeschränkte Wille zur Wahrheit, der bei Wolfgang eher eine Liebe zur Wahrheit ist, geht mit der Unfähigkeit einher, Unvollkommenheiten erst einmal das sein zu lassen, was sie sind, nämlich einfach menschliche Unvollkommenheiten.

Wolfgang weiß allerdings von der großen Bedeutung des Schweigens. Er hat sich, so meine ich, im Laufe der vielen Jahre schon mehr als halbwegs mit seinem Schatten angefreundet – er kennt mittlerweile diese mächtige Gestalt, die ihn bei seinen Wanderungen durch das deutsche Land begleitet. Und manchmal, nicht immer, ist er im Nachhinein im Stande, sich explizit zu entschuldigen, ohne dabei übrigens die „Wahrheit" im Stich zu lassen. Wer ihn allerdings besser kennt, weiß, dass er an dieser Stelle ein aktives Angebot macht: Gemeinsam in die Kraft des innigen Schweigens einzusteigen. Wenn er dich mit seinen großen Augen anschaut, liegt die fundamentale Entschuldigung des Wolfgang-Seins schon in seinem Blick beschlossen. Man braucht nur seinen Blick entgegenzunehmen.

Dritter adamitischer Text

Ich nenne ihn Sil, nicht weil er auf Texel geboren worden wäre, das ist er nicht, sondern weil sich in seinen Augen das richtige Leben zwischen Land und Meer abspielt, dort, wo es eine Brandung gibt. Er sucht die Risiken, die Gefahr, das Unvorhergesehene. Sil hat etwas von einem Strandräuber, der sich mit den gefährlichen Abwechslungen von Ebbe und Flut im Leben auskennt, vertraut mit den kräftigen unterschwelligen Strömungen ist, sich gerne mit einem etwas zu kleinen Schiff ins Weite wagt. Seine Beine sind wackelige Böden gewöhnt, sein Kopf ist immer im Wind, seine Hände ziehen ständig an Seilen, und wie man so schön auf Holländisch sagt: Hij houdt steeds een oog in het zeil (er behält immer das Segel im Auge).

Sil ist nicht das, was er scheint. Man könnte meinen, dass er Architekt wäre, was irgendwie auch stimmt: Er hat tatsächlich Häuser gebaut, er hat sogar SEIN Haus gebaut, das aussieht wie ein vertikales Aufstoßen von Wasser, eine mächtige Fontäne könnte man meinen, die gefroren in der Landschaft steht. In seinem Haus kann er selber aber nicht leben, andere Menschen tun das, die keine Strandräuber sind und ihr Leben gut geregelt haben, was in diesem Fall bedeutet, die Forderungen der Bank bezahlen können. Und gerade das kriegt Sil manchmal nicht hin, die Bank zu bezahlen... Sein Drama ist, dass auf dem Festland die Risiken der Brandung meistens nicht geschätzt oder anerkannt werden.

Ein Architekt ist er seinem Wesen nach allerdings auch nicht (mehr). Er ist immer von einer Menge Menschen umgeben, die mit ihm auf der Suche sind. Sie hören auf das, was er sagt, lassen sich von seiner Sprache inspirieren, die nie fest umrissene Begriffe umfasst, sondern Wörter immer hin und her fließen lässt, wie Wasser in den Prielen im Watt. Was er genau meint, ist manchmal schwer zu verstehen, weil er immer mit Sachen beschäftigt ist, die es noch nicht gibt. Von allen Menschen, die ich kenne, befindet Sil sich am meisten in demjenigen, was im Kommen ist. Und sein Vertrauen ist diesbezüglich schwer in Schranken zu halten: Er ist sich fast immer sicher, dass er in den nächsten Stunden gerade das finden wird, was er jetzt braucht.

Sil schaut auf das, was zwischen Menschen geschieht, korrekter gesagt: geschehen könnte. Und er setzt dabei auf das unberechenbare-aber-doch-verlässliche Mitspielen der Engel, die sich irgendwie da oben befinden und sich offenbar an den Taten der Menschen beteiligen wollen. Sil ist eine Art Initiator, ein Stiftender (nicht ein Gründer!), ein „Startpunkt" von Prozessen, die sich immer nach vorne bewegen und irgendein bestimmt-unbestimmtes Ziel erreichen wollen. Fragt man ihn nach seinen Zielen, sagt er zum Beispiel: „Das nördliche Bauen und das südliche Bauen müssen vereinigt und durch die Vereinigung verwandelt werden." Mit „bauen" meint er so etwas wie „handeln" und „sozial gestalten". Oder er sagt: „Die Kinder und die Alten müssen zusammengebracht werden."

Seine Freunde, Mitstreiter, Auftraggeber und Geldgeber blicken nicht immer durch. Am Anfang eines Projektes ist das meistens kein Problem, mit dem Wechsel von Ebbe und Flut und vor allem der Zunahme des Windes kann das allerdings rasch zu dringenden Fragen führen. Und die Fragen beziehen sich immer auf Sicherheiten: Wann wird bezahlt? Wann wird das Projekt fertig sein? Sil mag solche Fragen nicht, er findet sie manchmal kleinlich. An dieser Stelle tritt seine große Unmöglichkeit in Erscheinung: Ihm fehlen manchmal die kleinen aber handfest-beruhigenden Begriffe, um die Lage der Dinge auch für eine kurze Frist transparent zu machen. Seine Fähigkeit, sich flexibel in Fließendem und Komplexem und Riskantem aufhalten zu können, beruht im Grunde genommen auf einem getarnten Kraftakt, den er in einem geschlossenen Zimmer in seiner Seele vollzieht. Gerade dort, wo er sich mit den Spannungen des Lebens auseinandersetzt, ist Sil meistens unerreichbar, weil, so würde ich sagen, seine einzigartige Fähigkeit auch für ihn selber rätselhaft ist. Im Kern seines Strebens ist er einsam.

Sein Schatten wirkt in der Regel nicht massiv, eher locker und quasi nebenbei, wie eine Truppe von kleinen Zwergen, die ihn begleiten, hier lustige Witze machen, da kleine Fallen aufstellen. Die Wirkung ist auf Dauer allerdings nicht zu übersehen: Seine Freunde und Mitstreiter kommen alle immer irgendwie und irgendwann an den Punkt, wo sie sich einer Vertrauensfrage stellen. Und wenn sich aus der ersten Frage, ob sein großes Vertrauen auch mein großes Vertrauen sein kann, auf einmal die zweite Frage ergibt, ob ich ihm denn eigentlich vertrauen kann, folgt eine Krise. Sil kann mit dieser Krise wenig anfangen, weil er offenbar in sich selber diese Frage nicht hat: Kann ich mir vertrauen? Sil glaubt an eine Sache und versteht sich selber als einen selbstverständlichen Teil von ihr. Fragen über seine Person sind für sein Verständnis peinlich nebensächlich.

Auch mitten in der Krise wird sein Schatten nicht mächtig. Es sieht eher so aus, als ob seine Zwerge sich dann aneinander drängeln und versuchen zu einer einheitlichen Gestalt zu werden, was allerdings nicht wirklich gelingt. Der Schatten greift nicht an, versucht sich höchstens ein bisschen zu verteidigen. Was an dieser Stelle sichtbar wird, ist eine atemberaubende und — ich kann es nicht anders sagen — wunderschöne Tragik, die etwas Grundsätzliches über das extreme und vertrauensvolle

„intuitive" Leben in einer Welt-im-Kommen aussagt, nämlich, dass man dabei letztendlich seinen harten Willen (Georg Kühlewind), man könnte auch sagen, seine persönliche Hausmacht verliert.

In der Krise steht Sil auf dem Schlachtfeld wie ein Held, der zu fallen droht. Das Einzige, was er tun kann, ist, sich leise in sein geheimes Zimmer zurückzuziehen — nur dort scheint er die Kraft zu finden, sich erneut aufzurichten. Und wenn man versucht, ihm bei seinem Rückzug zu folgen, findet man nicht einmal eine Tür zu diesem Zimmer.

Aus diesen drei adamitischen Erzählungen geht nicht nur die triviale Erkenntnis hervor, dass jede Person ihre lichten und ihre dunklen Seiten hat (das wissen wir ja bereits), sondern auch, dass beide Seiten den gleichen Grund, die gleiche Quelle haben. Die fundamentalen Unmöglichkeiten einer Person sind mit ihren fundamentalen Möglichkeiten verschränkt, oder bildlich gesagt: Ohne die Steinsplitter, die den Stein befreien, gäbe es keine Statue.

Was machen die Entitäten von Antje, Wolfgang und Sil aus? Ich werde an dieser Stelle erstens versuchen, diese Frage aus spiritueller Sicht zu beantworten. Ich werde ein Denkangebot machen, das in der heutigen Zeit meistens nur mit Befremden entgegen genommen wird, weil es radikal von den Sichtweisen abweicht, die im akademischen und gesellschaftlichen Diskurs im Vordergrund stehen. Ich orientiere mich dabei an Denkern wie Fichte, Schelling, Steiner, Hölderlin und Novalis (auch Dichter haben manchmal Gedanken!), werde allerdings ihre Sichtweisen — so wie ich sie verstanden habe — auf meine Art und Weise präsentieren.

Nach dieser Darstellung werde ich zweitens argumentieren, dass die spirituelle Sicht auf die Entität eines individuellen Menschen — das Selbst oder das höhere Ich — meines Erachtens gerade in der heutigen Zeit höchst relevant ist. Die Darstellungen und Argumentationen werden allerdings unbefriedigend bleiben müssen, weil sie Behauptungen betreffen, die sich nicht einfach „beweisen“ lassen. Letztendlich geht es dabei um Phänomene, die nicht gedanklich festzuschreiben sind, sondern nur in der eigenen Erfahrung eine Evidenz erhalten. Die Beschreibung der Phänomene erzeugt von sich aus eine innere Bejahung, oder eben nicht.

Der Kern meiner Argumentation ist damit bereits benannt: Die Akzeptanz der souveränen Entität kann höchstens gedanklich-philosophisch unterstützt, nicht theoretisch einwandfrei *untermauert* werden. Die Bejahung erfolgt nicht aus einer bestimmten Sequenz von „wahren“ Gedanken, die man gewissenhaft und pünktlich „denkt“, sondern aus einer direkten Erfahrung, die als Ereignis zu verstehen ist. Sie ist im Grunde genommen ein kreativer Akt, der nicht einmal eine unmittelbare Reaktion auf eine bestimmte Erfahrung darstellt, sondern mit der Erfahrung komplett zusammenfällt. Erst wenn die innere Bejahung stattgefunden hat, können gewissenhafte und pünktliche Gedanken dabei helfen, den bereits vollzogenen inneren Akt im Nachhinein einzuordnen.

Was macht eine Entität aus? Weil wir, wie Nietzsche zu Recht meint, noch immer mit geschlossenen Augen am Abgrund stehen, malen wir uns aus, dass unsere Entität sich vor allem in ihren Möglichkeiten zeigt. Das Beste von Antje, so meinen wir, macht ihr Wesen aus; und ihren Schatten verstehen wir manchmal gerne als eine lästige Nebensache, mit der wir uns irgendwie abzufinden haben. Dort wo sie strahlt, ist sie gut und liebenswürdig; dort wo sie ungemütlich und auch verletzend wirkt, ist sie „unwesentlich“, oder anders gesagt: An dieser Stelle ist Antje nicht wirklich Antje. Walter Benjamin würde diese Sichtweise nicht als adamitisch, sondern als beurteilend und richtend einstufen. Sie beruht, wie gesagt, auf den hartnäckigen Vorstellungen, dass es in Bezug auf individuelle Menschen immer etwas zu beurteilen gibt.

Um an die Entität einer Persönlichkeit zu gelangen, an sie heranzureichen, muss erst diese quasi moralische Bewertung beseitigt werden – quasi, weil sie auf dem Boden der Tatsachen mit etwas Moralischem nichts zu tun hat. Sie beruht nicht auf erkennbaren moralischen Kategorien wie gut und böse, gerecht oder ungerecht, schön oder hässlich, wahr oder unwahr, sondern auf der Tatsache, dass Antjes Schatten mir unangenehm sind; sie kollidieren mit meinen Bedürfnissen, Erwartungen, Hoffnungen, Gewohnheiten. Das heißt allerdings nicht, dass es meine Unmöglichkeiten sind, die Antjes Unmöglichkeiten erzeugen; auch wenn sie mir unangenehm sind, was nicht unbedingt für all ihre Unmöglichkeiten gilt, und schon gar nicht für alle möglichen Unmöglichkeiten aller Menschen um mich herum, bleibt es wahr, dass es ihre Unmöglichkeiten sind, die mit *ihren* Möglichkeiten verknüpft sind.

Der Umstand, dass mir ihre Unmöglichkeiten immer wieder bestimmte Schwierigkeiten bereiten, mich ärgern oder mich zur Verzweiflung bringen, bedeutet nur, dass ich auch mich an dieser Stelle zu hinterfragen habe, weil eben die Möglichkeiten und Unmöglichkeiten des anderen Menschen ein Licht auf meine Möglichkeiten und Unmöglichkeiten werfen. Übrigens: Der scheinbar schöne und „selbst-kritische" *mea-culpa*-Gedanke, den Grund meines Ärgers nur in mir zu suchen, führt dazu, dass ich Antje definitiv im Stich lasse, weil ich ihr in meinen Gedanken etwas raube, was wesentlich zu ihr gehört.

Die Entität eines Menschen ist als ein Bildhauer zu verstehen, der in der Gestaltung der Persönlichkeit ständig Entscheidungen trifft. Sie steht nicht nur für die positiven Ergebnisse ihrer Entscheidungen, sondern genauso für die negativen, sie ist also die Urheberin von Möglichkeiten und Unmöglichkeiten, und damit auch der grundlegenden Spannungen, die sich in einer

Persönlichkeit ausleben wollen. Die Entität kreiert in jedem individuellen Lebensgang eine Art Knoten, man könnte auch sagen: eine bestimmte Frage, die meistens unterschwellig wirkt, allerdings in allen Aspekten der Persönlichkeit und ihres Lebens immer präsent ist. Ihre Handschrift ist nicht zu übersehen, genauso, wie ein Bild von Pablo Picasso nicht mit einem von Marc Rothko zu verwechseln ist. Das Anliegen der Entität ist es *nicht* nur, eine Statue auf das Podest zu heben, eine Persönlichkeit also, die mit lauter Fähigkeiten behaftet ist, sondern ein körperlich-seelisch-geistiges Gefüge in Raum und Zeit hervorzurufen, das sich auf die Welt, auf andere Menschen und auf sich selbst zubewegt.

Die Entität einer jeden Persönlichkeit hat also ein Anliegen. Sie will etwas ganz Bestimmtes, und sie will es so, dass dasjenige, was wir unsere widersprüchliche Persönlichkeit nennen, die Gesamtheit von Statue und verschwundenem Stein etwa, sich nicht als ein fertiges Ergebnis versteht, als ein mehr oder weniger gelungenes „Geworfen-Sein" in die Welt im Sinne von Martin Heidegger, sondern als ein bestimmt-unbestimmter Vorgang in Raum und Zeit, der gestern schon im Gange war, heute im Gange ist und morgen im Gange sein wird. Sich unbefangen auf die Welt, andere Menschen und sich selbst hin zu bewegen, bedeutet nichts anderes, als sich auf das Anliegen der Entität einzulassen. Die höhere Instanz, die wir das Selbst oder das höhere Ich nennen, braucht dazu allerdings die Anerkennung von der Persönlichkeit, die von ihr hervorgerufen wurde. Wenn die Perspektive der Entität von der Persönlichkeit ausgeklammert wird, was leicht geschehen kann, bedeutet dies unmittelbar, dass das Anliegen im entsprechenden Lebensgang nicht ergriffen wird. Die Entität ist — und hier liegt ein Paradox — zwar souverän, jedoch abhängig von den Taten und Untaten der Persönlichkeit. (Einen Widerspruch bedeutet das allerdings nicht, zum Vergleich: Auch die Entität eines politischen

Souveräns, beispielsweise eines Königs, ist an das Wollen seiner Untertanen gebunden. Kein König kann lange gegen sein Volk regieren.)

Das Anliegen einer Entität steht nicht fest. Sie ist wie eine Instanz zu verstehen, die neugierig auf die Taten der Persönlichkeit blickt, als wäre noch nicht entschieden, was daraus entsteht. Zwischen der Persönlichkeit und der Entität besteht eine intime Beziehung – von Seiten der Entität eben eine entschieden gewollte Abhängigkeit –, die vielleicht noch am besten mit der Verbindung zwischen Mutter und Kind zu vergleichen ist. Es ist nicht nur die Mutter, die etwas dazu beiträgt, ob sie *als Mutter* erfolgreich ist; sie ist diesbezüglich abhängig von der „Mitarbeit" des Kindes, das allerdings anfänglich überhaupt keine Ahnung davon hat, dass es sich in einem Entwicklungsvorgang befindet. Mutter und Kind sind miteinander verschränkt, ohne identisch, eins zu sein, und was die beiden miteinander verbindet, nennt man wohl Liebe.

Eine Persönlichkeit macht Geschichte, die zwar von der Entität inszeniert, allerdings nur von der Persönlichkeit gelebt und vollzogen werden kann. Die Entität ist prinzipiell nicht in irgendeinen historischen Vorgang eingebettet, sie befindet sich tatsächlich in einem Zustand, der von Raum und Zeit nicht direkt bestimmt wird. Ich sage: nicht direkt, weil sie indirekt wohl in die Ereignisse in Raum und Zeit involviert ist, besser gesagt: involviert sein *will.* Sie hat gerade die Persönlichkeit hervorgerufen, um einen Entwicklungsvorgang in Bewegung zu setzen, den sie nur durch die Nähe zu „ihrer" Persönlichkeit erreicht. Zwischen der Entität und der Persönlichkeit gibt es einen Bereich, einen „Innenraum" (Rilke), in dem die Kategorien von Raum und Zeit (und alles, was damit zu tun hat, vor allem auch die Begriffe, die sich auf Gegenstände beziehen) in Erscheinungen verwandeln, die über die physischen und seelischen Begrenzungen hinausgehen.

Die Entität erzeugt in der Persönlichkeit eine Sehnsucht nach Kommunion. Im Innenraum zwischen Persönlichkeit und Entität können „Sakramente“[45] vollzogen werden, die im Grunde genommen als Versuch einer gegenseitigen Annäherung zu verstehen sind. Die Entität ist dabei abhängig davon, ob die Persönlichkeit sich auf die erweckte Sehnsucht und damit auf die Möglichkeit einer Kommunion einlässt; sie kann in diesem Sinne nur darauf warten, ob die Persönlichkeit von sich aus einen ersten Schritt macht. Sobald sich die Persönlichkeit auf die Entität zu bewegt, öffnet sich – bildlich gesprochen – auf der anderen Seite des Innenraums eine Tür, die die Präsenz der Entität spüren lässt. Die Offenbarung der Entität und die *bewusste* Begegnung mit ihr erfolgt nur, wenn die Persönlichkeit sich dazu entscheidet, von sich aus die Türschwelle zum gemeinsamen Innenraum zu überschreiten. Und sobald sie das macht, steht sie mit der Entität auf gleicher Augenhöhe und es entfaltet sich eine Beziehung, die prinzipiell als dialogisch zu bezeichnen ist.

Noch ein weiteres Missverständnis gilt es zu beseitigen: Es betrifft die Vorstellung, dass die souveräne Entität des individuellen Menschen wie ein verborgener Kern wäre, eine Murmel etwa, die irgendwo in jeder Person versteckt sei, entsprechend entdeckt und bloßgelegt werden müsste und könnte, ungefähr so, wie man Archäologie betreibt. Diese Sichtweise führt fast zwangsläufig dazu, die Persönlichkeit wie eine Zwiebel zu verstehen, die bis zu ihrem geheimnisvollen Kern geschält werden müsste. Diese Vorstellung, die erst seit der Aufklärung (Descartes) herrscht und vor allem durch die Psychoanalyse noch an Kraft gewonnen hat, ist irreführend. Die Entität wirkt sich in *allen* Schalen der Zwiebel aus – es gibt keine Stelle der Zwiebel, wo die Zwiebel weniger oder mehr Zwiebel wäre, als alles das, was wir Zwiebel nennen. Die Entität ist zwar eine Instanz, eine Perspektive oder eine Orientierung, hat allerdings keine „Adresse“; es gibt keinen spezifischen „Ort“, wo sie zu finden oder anzusprechen wäre, sie ist gleichsam überall „verortet“. Das gilt übrigens auch für den Innenraum, den ich eben beschrieben habe: Auch er befindet sich überall. Die Vorstellung, dass die Entität ein Zentrum sei, ist unwillkürlich analog zur Vorstellung eines Gegenstandes entstanden: Das moderne Bewusstsein hat die Neigung, gedanklich aus allem einen Gegenstand zu machen, auch aus Erscheinungen geistiger Natur.

Sprachlich tritt an dieser Stelle eine Schwierigkeit auf: Wir können fast nicht anders, als geistige Erscheinungen mit Wörtern und Bildern zu beschreiben, die in unseren Vorstellungen direkt mit physischen Gegebenheiten verknüpft sind. Man könnte die Entität zum Beispiel zwar mit der Sonne, die sich gerade hinter den Wolken verbirgt, vergleichen: Die Sonne selbst ist nicht direkt wahrzunehmen, ihr Licht breitet sich jedoch trotzdem bis in alle Ecken der Landschaft aus, befindet sich also überall. Erst wenn die Sonne nicht als ein Gegenstand, als ein Aton (für die alten Ägypter: die äußere Sonnenscheibe), sondern als ein Amun (das innere Wesen der Sonne, das in der Welt der Gegenstände als Aton erscheint) erkannt wird, wird der Vergleich sinnvoll und stimmig. Die naheliegende sprachlich-begriffliche Lösung, die Natur der Entität zum Beispiel als *peripherisch* und *dezentriert* zu beschreiben, was in postmodernen philosophischen Texten öfter gemacht wird, ist nur hilfreich, wenn es darum geht, uns von der hartnäckigen Vorstellung eines Zentrums zu verabschieden – genau genommen beruht natürlich auch sie auf einer räumlichen Deutung der Wirklichkeit.

Wenn man in Bezug auf das Selbst nach hilfreichen Begriffen Ausschau hält, die unser Verstehen der Phänomene in einen Fluss bringen statt sie einzufrieren und einzuengen, gelangt man zwangsläufig zu esoterischen Sichtweisen. Stärker noch, das Betrachten des Selbst oder des höheren Ich als eine autonome Entität, die begrifflich nicht auf rein physische oder andere Ebenen der Wirklichkeit zu reduzieren ist, macht eines der Kernanliegen westlicher esoterischer Denker aus. Gerade in der Frage der „Verortung" des menschlichen Selbst zeigt sich der Graben zwischen akademischen und esoterischen Forschungen.

In spirituellen Texten, beispielsweise von Rudolf Steiner, wird erstaunlich differenziert über diese Entität des Menschen gesprochen. Das höhere Ich oder Selbst wird hier als eine Erscheinung-im-Kommen dargestellt: Sie ist schon da, ohne da zu sein. Vom Selbstbewusstsein aus gesehen macht das Selbst sich anfänglich in feinen Gefühlen und Stimmungen bemerkbar, die mit den Wörtern Ahnung, Sehnsucht, Glaube und Hoffnung annähernd zu beschreiben sind, Gefühle und Stimmungen also, die eine innere Nähe zu mir, zu dir und zur Welt brauchen, um tatsächlich gelebt werden zu können. Das Grundgefühl zum Beispiel – eine Ahnung? eine Hoffnung? –, es müsste doch „mehr" in meinem Leben geben, „etwas", das mich in meinem Lebensweg zu mir, zu dir und zur Welt führt, diese *erotisch-religiöse* Sehnsucht nach Intensivierung und Kommunion, wird in einer spirituellen Sichtweise nicht als eine rein subjektive Unzufriedenheit abgehakt; ganz im Gegenteil, dieses höchst moderne Empfinden wird als ein objektives Zeichen dafür genommen, dass – platt gesagt – das Selbst versucht, Kontakt mit der Persönlichkeit aufzunehmen.

Das Selbst ist kein Zentrum, sondern eine peripherische Erscheinung mit drei Gesichtern. Das erste Gesicht oder der erste Aspekt wird von Rudolf Steiner das Geistselbst genannt[46], womit eine Art Instanz gemeint ist, die sich auf der Ebene der Wirklich-gefühlten-Gefühle in der Seele des Menschen kenntlich macht. Das Geistselbst mischt sich dadurch ein, dass es in der Abgeschlossenheit der Seele (Steiner spricht von „der Bewusstseinsseele") einen Tropfen „Geist" frei gibt, der dazu führt, dass sich geistige Sehnsüchte und Ahnungen entzünden. Das moderne Grundempfinden, es gäbe mehr im Leben, ist in dieser Sichtweise eine direkte Auswirkung der Beteiligung des Geistselbst. Die Einwirkung ist allerdings so, dass die Persönlichkeit nicht von ihr überwältigt wird: Sie hat die Freiheit das Gefühl zu negieren. An dieser Stelle wird deutlich, dass die Entität des Selbst ihre Souveränität auf die Persönlichkeit überträgt – sie setzt die Persönlichkeit des Menschen grundsätzlich frei, ein Ereignis, das sich nur in der Bewusstseinsseele des Menschen vollziehen kann.

Der zweite Aspekt des Selbst heißt bei Rudolf Steiner Lebensgeist. Seine Wirkung liegt meistens noch außerhalb des Bewusstseins und kann nur bewusst ergriffen werden, wenn der Mensch sich mit den freien Angeboten des Geistselbst vertraut gemacht hat. Wenn auf der Basis von Ahnungen und Hoffnungen sich in der Seele des Menschen so etwas wie ein gefestigt-bewegliches Selbstverständnis entwickelt hat, eine Art dezentriertes Gefüge, das von der Persönlichkeit als zu sich gehörig akzeptiert wird, entsteht die Möglichkeit, sich Vorsätze vorzunehmen, die in diesem Gefüge – und nur in diesem Gefüge – begründet sind. Der Lebensgeist verleiht dem Menschen eine Art Lebensenergie, die er braucht, um sich in die unsichere Welt des Im-Kommen-Seins hineinzubegeben. Wo es beim Geistselbst um einen Akt des Zulassens und des Verstehens geht, könnte man beim Lebensgeist von so etwas wie einer „Be-geist-erung" sprechen: Der Mensch wird von den Kräften des Geistes erfüllt und getragen.

Als drittes spricht Rudolf Steiner vom Geistesmenschen. In dieser Wirkung des Selbst findet eine Steigerung statt, die zu souveränen Entscheidungen führt. Man könnte den puren Geistesmenschen, den es allerdings ganz selten gibt (er ist der eigentliche schwarze Schwan in dieser Erzählung!), als einen Menschen darstellen, dessen Handlungen kontinuierlich mit dem Leben identisch sind. Der Geistesmensch handelt nicht primär in einem bestimmten Rahmen – beruflich, privat, gesellschaftlich, funktional, biologisch –, sondern schafft in und mit und durch seine Handlung immer wieder den einmaligen Rahmen, der mit der Handlung identisch ist. In meinem Buch *Herzwerk* habe ich das Leben – man müsste eigentlich sagen: das Sein – des Geistesmenschen als ein Evangelium beschrieben: Es gibt keinen Unterschied mehr zwischen Darstellung und Dargestelltem, erzählter Zeit und erzählender Zeit, Akt und Sprache, Ereignis und Intention. Was ist, ist genau das, was es ist. Wenn Martin Heidegger zum Beispiel von einer „Philosophie als Ereignis"[47] spricht, deutet er auf die Wirkung des Geistesmenschen im Denken – der Mensch denkt nicht mehr über etwas Bestimmtes oder Unbestimmtes nach, sondern er *denkt*, er fällt in seinem Denken damit zusammen, was er ist: ein denkendes Wesen. Für den Geistesmenschen ist alles unmittelbares Ereignis: denken, fühlen, wollen, begegnen, bauen, singen, weinen, tanzen, heilen, schweigen, geboren werden (und zwar ständig), sterben (auch ständig), kämpfen... (Im Grunde genommen besteht die Sprache des Geistesmenschen nur aus Verben). Wenn ein Geistesmenschen tanzt, tanzt er nicht irgendeinen Tanz, sondern er *tanzt*, fällt in seinem Tanzen mit dem zusammen, was er ist: ein tanzendes Wesen.

Nicht nur das Wesen, sondern auch die Wirkung der dreifachen Entität ist dezentriert: Sie drückt sich in allen körperlichen und seelischen Organen und Vorgängen der Persönlichkeit aus. Sie wirkt dezentriert in der Sinneswahrnehmung, in der Art und Weise des Denkens, Fühlens und Wollens, im Nervensystem, dem rhythmischen System des Herzens und der Lungen, in der Verdauung, der Sexualität und den Gliedmaßen. Bis in alle Fasern der Persönlichkeit macht sich die Entität mit ihrem offenen Anliegen geltend, auch wenn wir uns dessen (meistens) nicht bewusst sind. Es gibt nicht die *eine* Stelle in der körperlichen und seelischen

Gestalt des Menschen, wo die Entität sich aufhält, eher wäre von tausend Berührungspunkten zu sprechen. In der Gesamtheit der Persönlichkeit, inklusive Körper und Seele, schafft die Entität ein Zusammenspiel von widersprüchlichen Gegebenheiten, von Möglichkeiten und Unmöglichkeiten, die gerade die Spannungen erzeugen, die mit den Grundfragen einer Biographie zusammenfallen. Der Mensch ist deswegen als eine „widersprüchliche Einheit“ zu verstehen, die nur in seiner Fähigkeit sich weiterzuentwickeln, oder vielleicht besser gesagt: im Kommen zu sein, mehr oder weniger einheitlich ist.

Die Entität ist nicht mit dem Selbstbewusstsein identisch, das eher als ihre Spiegelung im Körper zu verstehen ist.[48] Das Selbstbewusstsein, in all seiner Unzuverlässigkeit und Hilflosigkeit, spiegelt die Vielfalt des höheren Selbst im Rahmen des Körpers und erlebt sich gerade durch die räumliche und zeitliche Beschränkung als ein Zentrum. Der Körper als Gegenstand erzeugt die Illusion, dass auch das Selbst wie ein Gegenstand zu nehmen wäre. Das Selbstbewusstsein ist allerdings eher als eine vorläufige Notprozedur zu interpretieren: es ist – mit den Begriffen von Michel Foucault – eine unvollständige „Subjektivierung“ des Selbst in einen Zustand, der durch Raum und Zeit bedingt ist. Das präsente Selbstbewusstseins umfasst deswegen ein Paradox; es erscheint illusorisch als ein von einem Körper bedingter Kern, kommt so zu sich selbst, *bemerkt sich als Kern*, um sofort feststellen zu müssen, dass es gar kein Kern ist, sondern die Spiegelung einer vielfältigen transzendenten Wirklichkeit, die allerdings spezifisch und nur ihm zugehörig ist.

Solange das Selbstbewusstsein auf das zurückschaut, was es als seinen Urgrund erlebt, sieht es nur ein Loch, ein Nichts, das allerdings eine große Bedeutung hat, weil gerade diese schwarze Wand das Bewusstsein weckt. Im Zusammenhang mit

Nietzsche habe ich diese Position des Selbstbewusstseins als eine negative Emanzipation beschrieben: Das Bewusstsein dreht sich nach seiner „Geburt“ um und versucht auf seine Genese zurückzuschauen; was es allerdings sieht, ist nur eine Spiegelung. Aus dieser Erfahrung entsteht die Möglichkeit einer zweiten Emanzipation, die als eine positive zu bezeichnen wäre: Das Selbstbewusstsein kann sich nochmals umdrehen, wie die Menschen in der berühmten Höhle Platons, und darauf schauen, was im Kommen ist. Dieser zweite Akt des Umdrehens, der im Grunde genommen eine erste bewusste Berührung mit der Entität bedeutet, wird in spirituellen Texten Erleuchtung genannt. Sie bedeutet eine Annäherung an eine Vielfalt, die prinzipiell über jegliche Subjektivierungen hinaus geht.

Mit der zweiten Umdrehung öffnen sich die inneren Räumlichkeiten, die im letzten Kapitel dieses Buches als die Orte der Nähe zu mir, zu dir und zur Welt beschrieben worden sind. Das Selbstbewusstsein lässt sich in einem ersten Schritt auf dasjenige ein, was gerade nicht zentriert ist: auf seine Sehnsüchte, seine Ahnungen, seine Hoffnungen (und bildet daraus in einem zweiten Schritt seine Wünsche, Vorsätze und Entschlüsse[49]). Es lässt seine unsicheren Sicherheiten hinter sich, löst sich in gewissem Sinne auf, um sich auf einer anderen Ebene neu zu ergreifen, nicht als einheitlichen Kern, sondern als eine Erscheinung, die sich durch die Spannungen zwischen den vorhandenen Möglichkeiten und Unmöglichkeiten ständig nach vorne bewegt. Der Mensch lernt, sich selbst als einen Vorgang zu verstehen. Und irgendwann einmal wird *vielleicht* (ein Wort, das bei Jacques Derrida immer wieder auftaucht) ein einheitlicher Zustand erreicht, der, wie gesagt, bei Rudolf Steiner die Natur des Geistesmenschen genannt wird.

Wie bereits erwähnt, lässt sich die Existenz des Selbst nicht einwandfrei beweisen. In der Kognitionswissenschaft zum

Beispiel wird gerade das Umgekehrte versucht: Jemand wie Daniel C. Dennet meint in seinem Buch *Philosophie des menschlichen Bewusstseins* klar belegen zu können, dass das Selbstbewusstsein nichts Souveränes besitzt, sondern eher eine Ansammlung von willkürlichen Erzählungen sei, die der Mensch sich selbst erzählt, um im biologisch-evolutionären Prozess zu überleben.[50] Und der Gehirnforscher John R. Searle kommt in seinem Buch *Geist. Eine Einführung* zu der Schlussfolgerung: „Zusätzlich zu einer Abfolge von Erlebnissen und dem Körper, in dem diese Erlebnisse stattfinden, gibt es nicht noch so etwas wie das Selbst. Wenn ich versuche, meine Aufmerksamkeit nach innen zu richten und eine Entität zu beobachten, die mich wesentlich ausmacht, dann finde ich [...] nur einzelne Erlebnisse. Da ist kein Selbst zusätzlich zu diesen Erlebnissen."[51] Dass wir trotzdem so etwas wie eine kontinuierliche Identität erleben, beruht laut Searl auf dem Umstand, dass wir uns an Erlebnisse aus der Vergangenheit erinnern können.

Es ist nicht meine Aufgabe, die philosophischen und wissenschaftlichen Überlegungen gegen die Existenz des Selbst zu widerlegen – ich wäre damit heillos überfordert. Ich mache aber ein Denkangebot, das zwar von Argumenten unterstützt wird, im Grunde genommen aber auf *Erfahrungen* beruht, auf Erlebnissen also, die, anders als Searl meint, nicht als „zusätzlich" zu verstehen sind. Die Begegnung mit meiner Entität und mit den Entitäten der anderen Menschen ist aus meiner Sicht ein Ereignis, das als Ereignis keine Begründung braucht, genau wie ein Kuss, ein Krieg, eine Geburt, ein Sterben, ein Blitz vom Himmel oder eine Begegnung mit einem anderen Menschen dies auch nicht braucht, um zu sein, was alle diese Phänomene sind: Ereignisse.

Wie kämen Dennet und Searl übrigens ohne Ereignisse aus? Auch sie begründen ihre Sichtweisen auf Erlebnisse, die allerdings in einem bestimmten Rahmen angenommen oder eben gerade abgewiesen beziehungsweise dekonstruiert werden, nicht weil sie aus irgendeinem Grund als Ereignis nicht überzeugen, sondern weil sie Unbehagen erzeugen. Anders gesagt: Die Erfahrung des Selbst lässt sich in der Tat schwer denken und einordnen, das heißt, es lässt sich nicht mit anerkannten Mitteln der Wissenschaft in das theoretische Gebäude der Wissenschaft integrieren. Eigentlich würde es schon reichen von der *Idee* (nicht einmal der Existenz) des Selbst zu sprechen: Sie sprengt alle Rahmen. Sich allerdings von dieser Idee zu verabschieden, würde einfach heißen, dass auch das Buch von Dennet nur „Erzählungen“, die er sich selber zum Überleben erzählt, beinhaltet. Sein stolzes Buch, mit dem stolzen Titel und dem stolzen Eigennamen würde lediglich eine Illusion bieten, die er gerade versucht zu demontieren. Sein Buch als Ereignis beruht auf einem Widerspruch, einfach deshalb, weil auch Dennet nicht ohne selbstbildende Ereignisse auskommt.

Was Freunde vermögen? Erstens haben wir in diesem Kapitel die Idee der Vollkommenheit von Aristoteles modifiziert: vollkommen ist, was die Unvollkommenheiten mit einbezieht. Das Akzeptieren und — vielleicht — Verwandeln der Unmöglichkeiten gehört zu den Zielen *und* Bedingungen der postmodernen Beziehung, die wir Freundschaft nennen. Die Kraft der Akzeptanz liegt in der Liebe, allerdings werden auch Tugenden, Fähigkeiten und Kompetenzen gebraucht, die uns in diesen Zustand versetzen. Wenn die Fähigkeiten vorhanden sind, oder besser gesagt: wenn sie unterwegs dadurch wachsen, dass wir an ihnen arbeiten, vermögen wir als Freunde vielleicht den Anfang einer Verwandlung zu realisieren.

Zweitens können wir jetzt auch Foucault modifizieren: Die Freundschaft ist nicht eine freie Beziehung zwischen zwei Menschen, die (erst) eine freie Beziehung zu sich selber gefunden haben, sondern eine offene Beziehung zwischen zwei Menschen, die innere und äußere Freiheiten ergreifen *wollen* und in der Verbindung zueinander eine unmöglich-mögliche Gelegenheit sehen, diesen Weg gemeinsam zu gehen. Das Ergebnis des Gehens dieses Wegs bedeutet schon von Anfang an, dass ein Ort des Widerstands gegen die institutionelle Macht entsteht, der nicht nur für die beiden Beteiligten wertvoll ist, sondern für die Gesellschaft als Ganze. Auch das ist, was Freunde vielleicht vermögen: einen sozialen Ort zu gestalten, wo innere und äußere Freiheiten geübt und immer wieder auch erreicht werden können.

Und drittens habe ich ein Denkangebot gemacht, das im Grunde genommen die Freundschaft als eine komplexe Beziehung versteht: Zwei souveräne Entitäten mit bestimmten Anliegen und zwei Personen, die vier quadratisch unterschiedliche Verbindungen zueinander haben. Um es aus Sicht einer der Personen anschaulich zu machen: Person A sucht eine Beziehung zu sich selbst (zu seiner Entität), zu Person B und zu dessen Entität, wobei anzunehmen ist, dass beide Entitäten bereits eine Beziehung zueinander haben, bevor die Personen sich zueinander bekennen. In der Freundschaft, wenn sie von zwei Personen gewollt ist und entsprechend auf einer gemeinsamen Entscheidung und einem gemeinsamen Gestalten basiert, öffnet sich ein offenes Feld, auf dem die beiden Menschen im Sinne von Aristoteles „in gleicher Weise Gutes füreinander wünschen“, und zwar „um dieser (Menschen) selbst willen“. Man braucht in diesem Satz das Wort „selbst“ nur groß zu schreiben, also „Selbst“, um das Ziel einer vollkommenen-unvollkommenen Freundschaft anzudeuten.

Freunde vermögen es, die jeweiligen Entitäten über die eigenen Persönlichkeiten hinaus in der konkreten Beziehung sprechen zu lassen.

3.
Über die Vollkommenheit von Freunden und Feinden

Vierter adamitischer Text

Für die Kürze dieser Erzählung heißt sie Monika. Sie gehört zu den wenigen Freunden in meinem Leben, die sich unterwegs in einen Feind verwandelt haben. Sie hat mich im Laufe der Jahre entschieden und entscheidend verletzt, dreimal verletzt, und ich bin noch immer nicht im Stande, frei auf meine Wunden zu schauen. Ich bin mir übrigens sicher, dass sie von mir genau das Gleiche sagen würde: Ich hätte sie entschieden und entscheidend verletzt, vielleicht auch dreimal, vielleicht sogar viermal... Ob sie sich mittlerweile von den Ereignissen frei gemacht hat, kann ich nicht sagen; Kontakt haben wir nicht mehr.

Ich habe Monika als einen Menschen kennen gelernt, der immer nach oben oder nach vorne, nicht gerne nach hinten und bestimmt nie nach unten schaut. So etwas wie unten gibt es für sie nicht. Ganz oben sieht sie helle Lichter, wie strahlende Sterne, die moralische Gefüge und damit entscheidende Vorzeichen bilden. Nicht was geschehen wird, sondern was zu geschehen hat, steht in den Sternen geschrieben. Sie braucht nur auf ihre „hohen" Vorstellungen zu blicken, um zu wissen, welche Entscheidungen zu treffen sind. Komplizierte Überlegungen, rationale Analysen und meditative Rückzüge braucht sie nicht: die Sterne wecken in Monika unmittelbare Intuitionen, die für sie direkt nachvollziehbar sind und die sie ganz genau in Worte fassen kann. Sie wird deswegen in konkreten Lebensfragen öfters als Beraterin gesucht — ein Gespräch mit ihr führt immer zu einem klaren Ergebnis.

Wenn sie nach oben blickt, sieht sie weder die Weite noch die Tiefe, nicht das Blaue, das sich ins Schwarze neigt, sondern leuchtend moralisch Zusammengeballtes; alles was dunkel ist, gilt als Hintergrund, dem man seine Aufmerksamkeit nicht zu schenken braucht, weil er keine eindeutigen Bedeutungen beinhaltet. Nur die Gefüge der Lichtquellen, die moralischen Konstellationen, die vor dem Blau-Schwarzen erscheinen, sprechen eine sinnvolle Sprache, die mit menschlichen Worten ergriffen und vermittelt werden können. Die Worte, die sie gerne benutzt, sind Ehrlichkeit, Aufrichtigkeit, Glaube, Treue und Entschiedenheit.

Wenn sie nach vorne schaut, sind es vor allem Genauigkeiten, die in ihrem Blickfeld erscheinen. Sie scheint dann an einem Tisch zu sitzen, worauf die konkreten Tatsachen des Lebens wie mobile Gegenstände übersichtlich arrangiert und organisiert werden. Das Leitprinzip der Ordnung findet sie weit oben in moralisch Zusammengeballtem, die eigentliche Arbeit wird allerdings auf dem Tisch des Lebens verrichtet. Ihre Genialität beruht darauf, dass sie das große Oben in das kleine Vorne projektieren und vergegenwärtigen kann, ohne dass in ihr Druck oder Stau entsteht. Ihre Einsichten sind immer genau, manchmal eben messerscharf, vor allem evident und lebensnah, direkt auf das bezogen, was unmittelbar ansteht.

Druck und Stau entstehen allerdings leicht in den Menschen um Monika herum. Ihr Schatten hängt damit zusammen, dass die wunderbare und einzigartige Beziehung zwischen dem großen Oben und dem kleinen Vorne nur dadurch funktioniert, dass die Beziehung zwischen dem kleinen Unten (etwa unsere unmittelbaren Begierden) und dem großen Hinten (etwa unser Schicksal) ausgeklammert wird. Die Schattenseite ihres Tisches liegt darin, dass er keinen Platz für feurige Erscheinungen und große Objekte bietet; alles was schwer und gewichtig ist, zum Platzen neigt oder brennen könnte, bleibt unter ihrem Tisch verborgen.

Manchmal fühlen Menschen sich von ihrem Schatten bedrängt. Es sieht dann so aus, als ob ihre Worte zwar richtig und wahr, allerdings nicht schön und gut sind. Ihr Schatten neigt zur Strenge. Wenn ihr Schatten unterschwellig angegriffen wird, spaltet er sich in zwei, wirkt wie ein Paar, wie Zwillinge, die abwechselnd im Raum stehen: der eine steht dunkel hinter Monika, ist klein und gefasst, der andere steht neben ihr, ist groß und mächtig. Der Erste scheint zu sagen: berühre mich nicht, ich würde meine Fassung verlieren und Monika in den Wahnsinn mitreißen... Und der Zweite sagt streng und selbstbewusst: um deinen gerechten Platz im Leben zu behalten, sollst du auf mich hören... Frontale Angriffe auf ihren Schatten finden nur selten statt, weil von Anfang an spürbar ist, dass Monika tief verletzt und beleidigt reagieren wird.

Ich habe, wie gesagt, lange nicht mehr mit Monika gesprochen und kann deswegen nicht sagen, wie es in ihrem Leben weitergegangen ist. Ich verdanke ihr viel, vor allem, dass sie — ich meine ihre ganze Person, einschließlich ihres Schattens — mich zumindest halbwegs zu meinem eigenen Schatten geführt hat. Wenn ich im Rahmen unserer gemeinsamen Geschichte auf mich schaue, wenn ich also versuche, die Ereignisse, die wir beide gemeinsam erzeugt und durchlebt haben, aus einer inneren Distanz zu überblicken, wie von einem hohen Berg aus gesehen, werden die Konturen des Gefüges meiner eigenen Möglichkeiten und Unmöglichkeiten in tausend peinlichen Genauigkeiten deutlich sichtbar, und damit auch die Silhouette meines Schattens. Wenn mein Schatten etwas nicht ertragen kann, ist es dies: einen Tisch voller voneinander abgegrenzter Genauigkeiten. Nichts darf bitte präzise sein...

Monika war eine Freundin und ist zu einer Feindin geworden. Wir haben eine Schlacht geschlagen, in der es weder Sieger noch Verlierer gab, in der es aber auch zu keiner Versöhnung kam. Zwischen uns herrscht Waffenstillstand. Und da wir nicht (mehr) aufeinander angewiesen sind, treten wir gegenseitig nicht mehr in den Lebensraum des anderen. Unsere Freundschaft ging uns allerdings dadurch verloren. Einzuräumen, dass man einen Feind hat, ist ein großer Schritt; so einfach es ist, zu sagen, dass man Freunde habe, so schwierig ist es, zu sagen, dass man Feinde habe. Warum? Weil Feindschaften nur dann entstehen, wenn Unmöglichkeiten auf Unmöglichkeiten stoßen. Feindschaften ohne die Unmöglichkeiten-in-mir (und in dir) gibt es nicht. Jeder Feind ist deswegen ein Zeuge meiner intimsten Unmöglichkeiten. Die Beziehung zu Monika ist allerdings nicht vorbei, nur äußerlich gibt es Funkstille – innerlich sieht es von mir aus gesehen so aus, dass ich in mir manchmal laut und intensiv mit ihr rede, ihr noch immer Vorwürfe mache, bohrende Fragen stelle, Erklärungen verlange... Es gibt in mir also noch immer einen Raum, in dem ich ihr begegne, die Wut ist dort jedoch kalt geworden.

Obwohl Feindschaft und Freundschaft unmittelbar miteinander zu tun haben – sie stellen beide eine intensive Beziehungsart dar, wobei sich erstere von Liebe, die zweite von Hass nähren lässt –, ist vorerst eine offene Frage, wie sie sich eigentlich zueinander verhalten. Was sagt die Freundschaft über die Feindschaft aus, und umgekehrt: Welche Bedeutung hat die Idee der Feindschaft für unser Verständnis von Freundschaft? Bilden die beiden Ideen, wie wir vielleicht naiv geneigt sind anzunehmen, eine Art Waage: dort wo es viel Freundschaft gibt, liegt wenig Feindschaft vor, und umgekehrt? Und haben wir es dort, wo sich die beiden in einem Gleichgewicht befinden, mit so etwas wie einer neutralen Beziehung zu tun?

Um eine Sicht auf die Beziehung zwischen den beiden Begriffen zu kriegen, widmen wir uns nochmals kurz Friedrich Nietzsche. Auch er beschäftigte sich mit dem alten Satz, der lange Aristoteles zugeschrieben wurde: „Ach Freunde, es gibt keinen Freund!" In seinem Werk *Menschliches, allzu Menschliches* betont Nietzsche, dass diese Aussage aus dem Mund des alten Weisen so ähnlich wie die berühmte Aussage von Sokrates kurz vor seinem

Tod klingt: „Alles was ich weiß, ist, dass ich nichts weiß!" Der paradoxe Satz über die Freundschaft ist Nietzsche zufolge wie eine weise Feststellung zu verstehen, die nur von jemandem gemacht werden kann, der viel Lebenserfahrung gesammelt hat. Statt diese Lebenserfahrung zu hinterfragen oder zu bewerten, bringt Nietzsche nun an dieser Stelle den Begriff des „reinen Toren" (er hat dabei sicherlich an Parzival gedacht) ins Spiel – und lässt ihn quasi spontan auf den alten Satz reagieren. Ich zitiere:

„Es ist wahr, wir haben gute Gründe, jeden unserer Bekannten, und seien es die Größten, gering zu achten; aber ebenso gute, diese Empfindung gegen uns selber zu kehren. – Und so wollen wir es miteinander aushalten, da wir es ja mit uns aushalten; und vielleicht kommt jedem auch einmal die freudigere Stunde, wo er sagt: Freunde, es gibt keine Freunde!' so rief der sterbende Weise; ‚Feinde, es gibt keinen Feind!' – rufe ich, der lebende Tor."[52]

In seiner *Politik der Freundschaft* nennt Jacques Derrida diese Umkehrung von Nietzsche „schwindelerregend", eine „hyperbolische Überbietung", die bewirkt, dass „sich uns der Kopf noch schneller dreht". Und es ist genauso: Bereits die erste Aussage, „Freunde, es gibt keine Freunde!", weckt ein fesselndes Staunen, das Jahrtausende lang, bis zum heutigen Tag, die Köpfe der Menschen bewegt hat, vielleicht besser gesagt: das Denken über die Freundschaft in eine Bewegung gebracht und beweglich gehalten, eine prinzipielle Unruhe gestiftet hat, die nicht mit logischen Argumenten beseitigt werden kann. Die Unruhe ist also nur zu überbieten mit einer „Umkehrung", einer Art Quanten-Sprung ins Weite, die nicht auf „weisen" Argumenten beruht, sondern auf der genialen Spontaneität eines reinen Toren: „Feinde, es gibt keinen Feind!" Und dieser zweite Satz stößt uns erst recht ins Reich der Ungereimtheiten.

Eine Sache kann allerdings festgestellt werden: Die beiden Sätze wirken *zusammen* so, dass wir sie – auch wenn wir sie nicht verstehen – als irgendwie sinnvoll erleben. Wir werden von der Empfindung erfasst, dass es offenbar eine derartige Beziehung zwischen Freundschaft und Feindschaft gibt, dass die zweite Aussage (von Nietzsche) etwas an der ersten Aussage ändert (die doch nicht von Aristoteles ist). Die Frage ist nur, was sich genau ändert. Die Tatsache, dass wir staunen, weist darauf hin, dass es offenbar eine Wahrheit gibt, die wir vielleicht nicht klar denken können, die allerdings für beide zusammen gilt, für die Freundschaft und für die Feindschaft. Wenn wir eine wesentliche Aussage über die Freundschaft machen (zum Beispiel: sie existiert gar nicht), betrifft sie auch die Feindschaft. Über eine vage Ahnung, was diese Wahrheit eigentlich beinhaltet, kommen wir als denkende Menschen in der Regel allerdings nicht hinaus.

Wenn wir daran festhalten, dass Nietzsche an dieser Stelle den reinen Toren für die Aussage verantwortlich macht, ist ihm zufolge also die Wahrheit über die Freundschaft und die Feindschaft nicht eine Angelegenheit des rationalen Überlegens oder nur einer vorhandenen Erfahrung. Es ist nicht trivial zu betonen, dass Nietzsche sich gerade an dieser Stelle einer genial-törichten rhetorischen Wendung bedient, die verrät, dass die Ideen der Freundschaft und der Feindschaft in der Tat groß sind, sehr groß, man könnte sogar sagen: hartnäckig groß. Nur schwindelerregende Paradoxien scheinen im Stande zu sein, sich der Beziehung zwischen den beiden Ideen anzunähern, sie spür- und erlebbar zu machen, in den Bereich des Bewusstseins zu holen. Bemerkenswert ist – auch Derrida wundert sich darüber –, dass Nietzsche die beiden Ideen nicht für tot erklärt, nicht einfach abhakt, wie er das so großzügig mit Gott getan hat, sondern im Gegenteil eine kleine Tür öffnet, die mit dem Wörtchen „vielleicht“ angedeutet wird: „... und vielleicht kommt jedem auch einmal die freudigere Stunde, wo er sagt ...“.

In seiner Analyse des Zitats von Nietzsche bleibt Derrida lange bei diesem „vielleicht“ hängen. Formal-sprachlich ist in dem Nicht-Aristoteles-Zitat von einem „vielleicht“ gar nicht die Rede: der Satz ist semantisch gesprochen eine reine Behauptung. Das Gleiche gilt auch für die Umkehrung von Nietzsche, die die grammatikalische Struktur des ersten Satzes einfach übernimmt. Das „Vielleicht“ verursacht die Spannung, die von beiden Sätzen zusammen erzeugt wird, in der Hyperbel, ja, vielleicht macht sie eben jene Überbietung aus, die in unseren „Köpfen“ (Derrida) Schwindel bewirkt. Ich würde es so sagen: Nietzsche erzeugt ein gesteigertes Paradoxon, von dem die Eckpunkte nicht einmal direkt überschaubar sind, was bei einem normalen Paradoxon immer noch der Fall ist, weil es dabei immer um zwei Positionen geht. In der Hyperbel von Nietzsche sind es zwölf:

Freunde — keinen Freund;
Feinde — keinen Feind;
Freunde — keinen Feind;
Feinde — keinen Freund;
Freunde — Feinde;
Keinen Freund — keinen Feind.

Was unseren Köpfen nicht leicht zu überschauen scheint, öffnet in unseren Herzen einen Raum des Vielleicht. Und es ist gerade dieser Raum des eventuell Möglichen, den Jacques Derrida in seiner *Politik der Freundschaft* versucht zu betreten. Derrida erweist sich dabei als ein Meister der *inception*; er tastet auf seine feine Art und Weise die eventuell stiftende Bedeutung dieses Vielleichts ab, und kommt zu einem subtilen Ergebnis. Der Hebel seines Ergebnisses liegt in diesem kleinen Wörtchen von Nietzsche verborgen, in diesem „vielleicht", das im Grunde genommen nichts anders als eine Hoffnung darstellt.

Einerseits stimmt Derrida der Behauptung zu, dass es „keinen Freund" gibt, jedoch nicht weil die Idee der Freundschaft tot wäre, sondern weil die Freundschaft immer nur „im Kommen" ist. Ich zitiere nochmals die schönen Sätze von Derrida: „Freundschaft ist nie eine gegenwärtige Gegebenheit, sie ist der Erfahrung des Wartens, des Versprechens oder der Verpflichtung anheimgegeben. Ihr Diskurs ist der des Gebets, er konstatiert nichts, er stiftet, er beruhigt sich nicht bei dem, was ist, er ist unterwegs zu jenem Ort, an dem eine bestimmte Verantwortung sich in der Zukunft öffnet."[53] Ein neues Paradoxon also: Die Freundschaft existiert darin, dass sie noch nicht existiert: „Freunde, es gibt keinen Freund!" Die Freunde sind vielleicht in der Zukunft da, und wir sprechen in der Gegenwart von Freunden, insofern wir die Hoffnung haben, dass die betreffenden Menschen einmal, wenn die „freudigere Stunde" da ist, auch wirklich Freunde sind.

Und die Feindschaft? Derrida versteht den Feind als meinen „Doppelgänger", meinen Zwilling, „ich kann ihn identifizieren" (wie meinen Freund auch) und ihn „beim Namen nennen". Das bedeutet, dass Feinde (wie Freunde) mir nahe sind. In dem Kapitel *Der mich begleitet* eröffnet Derrida sein feines Tasten mit den folgenden Sätzen: „Der Bruder gibt sich zu erkennen. Er erweist sich als mein Feind, sagte Schmitt (gemeint ist der deutsche Philosoph Carl Schmitt, der meinte, dass die Feindschaft Gesellschaften konstituiert, JvdM). Zugehörigkeit des Feindes. Des je eigenen, des mir gemäßen Feindes. Er muss die ganze Zeit über dagewesen sein, ganz nah. In nächster Nähe muss er auf mich gewartet haben, in der Vertrautheit meiner eigenen Familie, bei mir zuhause, im Herzen der Ähnlichkeit und der Affinität, unter meinen ‚Angehörigen', im Innern der verwandtschaftlichen ‚Zugehörigkeit', der *oikeiotes*, die doch einzig den Freund willkommen heißen und ihm Unterkunft gewähren sollte. Er war ein Gefährte, dieser Feind, ein Bruder, er war wie ich, meine eigene Gestalt gewordene Projektion, aber in seiner *Exemplarität* wirklicher und widerständiger als ein bloßer Schatten meiner selbst."[54]

Und um die behutsame Vorgehensweise von Derrida noch weiter zu illustrieren: „Und obwohl wir darüber noch kein einziges Wort verloren haben, ahnen wir bereits, dass man für den Feind, zu dem man spricht, eine gewisse, ja zuweilen eine stärkere Freundschaft hegt als für den Freund, *von* dem man spricht. Aber nichts steht je im Voraus fest."[55] Mir scheint es so zu sein, dass Derrida an dieser Stelle kurz vor dem Sprung in ein spirituelles Denken steht; er braucht eigentlich nur noch das Wort „Projektion" (ein Begriff aus der Psychologie) fallen zu lassen und durch ein anderes zu ersetzen, nämlich „Unmöglichkeit". Mein Feind ist nicht bloß ein passiver Projektionsschirm, auf den ich meine Unzulänglichkeiten projektiere, er ist ein Sein. In diesem Sinne hat Carl Schmitt Recht, wenn er meint: Die Feindschaft ist „die seinsmäßige Negierung eines andern Seins".[56]

Mein Feind, wie Derrida immer wieder betont, gehört allerdings zu mir. Den Feind an sich gibt es nicht, es gibt nur meinen-deinen-seinen-ihren-unseren-euren Feind. Eine Beziehung, die nur auf Projektion beruht, ist allerdings alles andere als mir zugehörig: das Wesen des anderen Menschen wird gelöscht, verdeckt, verneint, getarnt, er projektiert mich nur, kann mir seinem Wesen nach also nicht zugehörig sein. In diesem Sinne zu meinen, dass es „keinen Freund" gäbe, weil er nur Projektionsschirm ist, ist zu kurz gedacht, was Derrida durchaus versteht und ihn hilflos macht. Ich würde an dieser Stelle sagen: Mein Feind spiegelt mir zwar meine Unmöglichkeiten, gewollt oder nicht gewollt, jedoch nicht ohne an meinen Unmöglichkeiten von seinem Wesen aus *mit seinen Möglichkeiten und Unmöglichkeiten* beteiligt zu sein. Die Nähe zu meinem Feind ist eine gemeinsame Nähe, in ihr sind zwei Akteure aktiv, du und ich, zwei souveräne Entitäten, die auch als Feinde eine Beziehung haben, *gerade* eine Beziehung haben.

Also, der Feind existiert, ist allerdings nicht im Kommen, sondern wie der Mond nach Ostern im Abnehmen, im Gehen, im Rückzug begriffen. Der Feind verkörpert ein mir „fremdes Wollen", das ich versuche zu negieren. Das fremde Wollen meines Feindes wirft ein schmerzvolles Licht auf meine Unmöglichkeiten, ein Licht, dass sich aus meiner Sicht als nächtliche Dunkelheit erweist. Der Feind ist in der Tat mein „Doppelgänger", weil er in einer Welt zu Hause ist, von der ich mich gerade verabschiedet habe, wo es für mich also Nacht ist, um derjenige sein zu können, der ich sein will. Er ist, so könnte man es vielleicht auch sagen, ein wollender Botschafter aus einer Welt, die mir nicht vertraut ist, aber dennoch zu mir gehört. Denn sobald ich aufhöre, seine Botschaften zu negieren, hört er auch auf, mein Feind zu sein; er wird mein Bruder, der er schon immer war.

Carl Schmitt zufolge – er hatte sich in den dreißiger Jahren des vorigen Jahrhunderts an die nationalsozialistische Bewegung angeschlossen – führt Feindschaft zwangsläufig zu Krieg. Der Feind muss getötet werden, weil er somit definitiv „negiert" wird. Der Krieg ist für Schmitt deswegen eine Notwendigkeit, die sich nicht mit schönen (zum Beispiel pazifistischen) Gedanken vermeiden lässt, nicht einmal vermieden werden soll; das biblische Gebot „Du sollst nicht morden" (meist übersetzt mit „Du sollst nicht töten") ist aus seiner Sicht nicht nur ein vergeblicher Anspruch, sondern auch eine unpolitische Aussage. Auf den Punkt gebracht: Für Schmitt gibt es ohne Krieg und ohne zu töten keine gesellschaftliche und politische Ordnung. Die Gesellschaft kann nicht „alles“ sein, weil „alles“ keine Struktur hat – ohne Opfer also kein geregeltes öffentliches Leben. Um Ordnung im sozialen Leben zu schaffen, wird das Recht des Stärkeren gebraucht; eine Sichtweise, die in der Tat national-sozialistisch und faschistisch ist.

Auf meinen Feind übertragen würde dies bedeuten, dass ich ihn vernichten soll, erst in mir (ich denke nicht an ihn), dann auch in meiner Umgebung (ich will nicht, dass sein Name noch genannt wird), letztendlich überhaupt in der Welt (ich wünsche ihm alles Schlechte, freue mich letztendlich über seinen Tod). Dass mein Feind somit Opfer meines mir vertrauten Wollens ist, spielt dabei keine Rolle: ich kann und darf und muss der Stärkere sein, weil ich nur auf der Basis meiner Überlegenheit überleben kann. Die letzte Konsequenz dieser Form von Sozialdarwinismus ist der apokalyptische Krieg aller gegen alle. Was am Ende übrig bleibt, sind unsere Doppelgänger (Derrida), die Gestalt gewordenen Unmöglichkeiten, die wie Zombies herumirren. In dem fremden Wollen sehen sie nur noch Bedrohungen, die es zu beseitigen gilt.

Waren Kain und Abel Feinde? Ja, sie waren Feinde, genauso, wie sie Brüder waren. Dass sie Brüder waren, wurde ihnen gegeben, darauf hatten sie keinen Einfluss. Dass sie aber zu Feinden wurden, haben sie sich selber zu verdanken, das hat das soziale Miteinander geschaffen – das könnten sie auch wieder rückgängig machen. Es war ja so: In nächster Nähe hat Kain auf Abel und Abel auf Kain gewartet, in der Vertrautheit der Familie, dort wo laut Derrida „einzig der Freund willkommen“ ist...

Weil die berühmte biblische Erzählung gerade in ihren Details sehr aussagekräftig ist, zitiere ich aus Genesis 4:

„Nach einiger Zeit brachte Kain dem Herrn ein Opfer von den Früchten des Feldes dar; auch Abel brachte eines dar von den Erstlingen seiner Herde und von ihrem Fett. Der Herr schaute auf Abel und sein Opfer, aber auf Kain und sein Opfer schaute er nicht.

Da überlief es Kain ganz heiß und sein Blick senkte sich. Der Herr sprach zu Kain: Warum überläuft es dich heiß und warum senkt sich dein Blick? Nicht wahr, wenn du recht tust, darfst du aufblicken; wenn du nicht recht tust, lauert an der Tür die Sünde als Dämon. Auf dich hat er es abgesehen, doch du werde Herr über ihn! Hierauf sagte Kain zu seinem Bruder Abel: Gehen wir aufs Feld! Als sie auf dem Feld waren, griff Kain seinen Bruder an und erschlug ihn."[57]

Aus dieser Erzählung geht nicht zwingend hervor, wie man vielleicht meinen könnte, dass die Feindschaft zwischen Kain und Abel asymmetrisch war, als hätte Kain seinen Bruder Abel gehasst, und nicht umgekehrt. Was in Abel vorging, wird in der Genesis nicht erzählt; in alten jüdischen Legenden[58] wird allerdings berichtet, dass vor dem Mord ein Gespräch zwischen Kain und Abel stattgefunden habe, in dem Kain versucht, seinem Bruder Abel seinen Schmerz, von Gott abgewiesen zu sein, zu vermitteln. Kain meint in diesem Gespräch, dass Gott die Welt mit „willkürlicher Macht" regiert, das heißt: ohne Weisheit, was aus Sicht des verletzten Bruders „nicht gut" ist. Abel lässt sich auf die Argumente von Kain allerdings nicht ein und beharrt darauf, dass Kain offenbar „schlecht" ist, anders hätte doch Gott dessen Opfer nicht abgelehnt. Das Urteil Gottes, so wie er es versteht, ist Abel also wichtiger als die Nähe zu seinem Bruder, ein Umstand, der Kain zusätzlich tief verletzt. Die Legende ist nur so zu verstehen: Aus Abels Sicht war Kain auf Grund des Urteils Gottes schon zum Feind geworden.

Die berühmte Geschichte ist doppelt zu lesen. Die erste Lesart ist klassisch: Kain kann nicht ertragen, dass seine „Möglichkeiten" von der Seite Gottes und somit auch Abels offenbar nicht anerkannt werden; aus Neid tötet er Abel und wird dafür bestraft. Der zweiten Lesart zufolge scheint es gar nicht um eine Strafe zu gehen, sondern um eine große Aufgabe, die Kain zugeteilt wird:

Herr über den Dämon zu werden. (Weil Kain Angst vor der Begegnung mit seinem Dämon hat, erschlägt er stattdessen Abel...) Das Paradox der Geschichte liegt darin — und jüdische Legenden bestätigen dies —, dass gerade in dem schrecklichen Schicksal Kains die Zukunft des jüdischen Volkes verborgen liegt. Wäre alles im Sinne Abels geblieben, wäre keine Kultur entstanden, hätten die Menschen nicht von sich aus das Leben ergriffen und gestaltet. Aber Gott steht Kain zur Seite; als er nach dem Brudermord dazu verdammt wird, „rastlos und ruhelos" auf der Erde herum zu gehen, wird er von Gott geschützt: „Darum soll jeder, der Kain erschlägt, siebenfacher Rache verfallen. Darauf machte der Herr dem Kain ein Zeichen, damit ihn keiner erschlage, der ihn finde."

War Abel der Projektionsschirm Kains? Gerade die Geschichte von Kain und Abel zeigt unmissverständlich, dass beide von Anfang an und jeder für sich getrennte Wege gingen. Kain wollte Ackerbauer sein, er griff aktiv in die natürlichen Gegebenheiten ein; Äcker sind in der Natur nicht einfach vorhanden, sie müssen aus der Natur erobert, jedes Jahr neu bereitet werden. Mit dem Ackerbau fängt in der Geschichte der Menschheit dasjenige an, was wir Kultur nennen: eine von Menschenhand gestaltete Kreation in der von Gott gegebenen Wirklichkeit. Mit dem Ackerbau begibt der Mensch sich anfänglich aber grundsätzlich in den Bereich der Technik, die eine Instrumentalisierung der Schöpfung bedeutet. Mit dem Ackerbau (und der Technik) ist eine Geisteshaltung verbunden, die als eine Emanzipation zu verstehen ist: der Mensch macht sich frei vom einem Unbewusst-in-Gottes-Werk-eingebettet-sein und kreiert von sich aus ein Werk.

Sein Bruder Abel jedoch wollte Schafhirt sein, das heißt, in der Nähe zu Gott bleiben. Er hütete, was Gott den Menschen gegeben hatte, ohne in die Natur einzugreifen oder von sich aus etwas gestalten zu wollen. Er wollte bei den Schafen *sein* und in diesem Sein bei Gott sein. Das Wollen Abels und das Wollen Kains war polar: Wo der jüngere Bruder sich in einem vertikalen Einklang mit Gott befinden wollte, den man im Sinne von Martin Heidegger als Sein beschreiben könnte, suchte der Ältere eine horizontale Spannung zur gegebenen Welt, die eher als das Seiende zu deuten wäre. Oder um es mit Hannah Arendt zu sagen: Abel sucht die vita contemplativa, Kain die vita aktiva.

Der Konflikt zwischen Kain und Abel wurde im Judentum nicht nur als eine „persönliche" Angelegenheit zwischen zwei Brüdern verstanden. Der schicksalsträchtige Mord fand laut verschiedener Legenden gerade an dem Ort statt, wo später der Tempel von Salomo gebaut wurde, jenem Heiligtum also, das als sakraler Brennpunkt des jüdischen Volkes galt. In dem späteren Bau des Tempels wiederholte sich die Spannung zwischen Kain und Abel. Der König und Bauherr Salomo mit seiner religiösen Weisheit wurde als ein Repräsentant Abels und der Architekt Hieram Abiff mit seinen technischen Fähigkeiten als ein Nachfahre Kains angesehen.

Das Herz der alten jüdischen Kultur schlug also gerade in der Spannung zwischen den beiden Geisteshaltungen – der Weg des Volkes Israels ging aus dem Konflikt der beiden Brüder hervor, oder anders gesagt: Die Feindschaft, die eine Bruderschaft war, konstituierte die jüdische Gemeinschaft.

Kain entwickelte (einseitige) Möglichkeiten und somit Unmöglichkeiten, wie sein Bruder Abel auch. Man könnte es auch so sagen: Aus der Tatsache, dass die Menschen durch Gott aus dem Paradies vertrieben worden waren, reagierten die beiden auf zwei unterschiedliche Arten und Weisen, vielleicht eben auf die zwei einzig möglichen Arten und Weisen: Abel dadurch, dass er sich dazu entschied inne zu halten; er versuchte in sich einen sakralen Raum zu öffnen, wo er in Demut das Göttliche zelebrieren konnte; und Kain dadurch, dass er Gott, von dem er, genau wie sein Bruder, getrennt war, in sich zu verinnerlichen und als Vorbild zu nehmen suchte: er wurde schöpferisch in der Welt tätig. Die Trennung vom Göttlichen führte also auch zu einer – modern gesagt – sozialen Trennung, die allerdings paradoxerweise auf einer anderen Ebene gerade die soziale Gemeinschaft stiftete, das heißt, nicht nur willkürliche Geschichte, sondern eine *gemeinsame* Geschichte machte, zu der alle Beteiligten gehörten.

Feindschaft bedeutet Trennung. Entscheidend für ein spirituelles Verständnis von Feindschaft ist die Tatsache, dass sie von *mir* und von *dir* gespürt wird, was bedeutet, dass sie einen gemeinsamen Grund hat. Irgendwie, irgendwann, irgendwo gab es eine Einheit, einen Zusammenhang, der offenbar verloren gegangen ist. Ohne diesen gemeinsamen Zusammenhang würde es keine Feindschaft geben, und kein Gespür dafür, dass überhaupt eine Beziehung vorhanden ist. Ob man sich über diese verloren gegangene Einheit bewusst ist oder nicht, spielt keine Rolle: sie zeigt sich alleine darin, dass man – wie Jacques Derrida so treffend sagt – seine Feinde beim Namen *kennt*. Seine Feinde anzuerkennen, sie tatsächlich bei ihren Namen zu nennen, bedeutet eine Anerkennung der gegenseitigen Zugehörigkeit: mit seinen Möglichkeiten (und Unmöglichkeiten) erinnert mein Feind sich an meine Unmöglichkeiten (und Möglichkeiten). Er projiziert nicht lediglich meine Schattenseiten, sondern vertritt als souveräne Entität, was ich einmal war und vielleicht einmal werde, und er vertritt es so, dass er es *ist*.

„Ach, Feinde, es gibt keinen Feind!".

Was wäre mit: „Ach, Männer, es gibt keinen Mann!"? Und: „Ach, Frauen, es gibt keine Frau!"? Und: „Ach, Frauen, es gibt keinen Mann!". Und: „Ach, Männer, es gibt keine Frau!"? Und: „Ach, Christen, es gibt keinen Christ!" Und: „Ach, Muslime, es gibt keinen Muslim!" Und: „Ach, Christen, es gibt keine Muslime!" Und:

„Ach, Israelis, es gibt keine Palästinenser!" Und: „Ach, Palästinenser, es gibt keinen Israeli!" Man muss wohl ein reiner Tor sein, sich solche Sätze zu erlauben...

Ach — was ist eigentlich mit diesem *Ach*?

Das Ach sollte nicht übersehen werden. Es gibt zweimal ein Ach: erstens das aus dem Munde des alten Weisen — es klingt wie ein Seufzen; zweitens das von der Seite des reinen Toren — es scheint eher auf eine unbedarfte Leichtigkeit hinzuweisen. In dem Ach schwingt ganz viel mit: Ach (ein schweres Seufzen), eigentlich gibt es keinen Freund. Ach (ein trauriges Seufzen), eigentlich gibt es keinen Freund für mich. Ach (ein weises Seufzen), es tut weh, aber wir müssen gestehen: es gibt keinen Freund. Ach (zustimmendes Seufzen), ihr wisst, ihr seid meine Freunde, das ist auch gut so, nachher trinken wir bestimmt noch ein Bier, allerdings: es gibt keinen Freund. Ach (munter), was macht es aus, egal was ich sage: ihr seid meine Freunde, auch wenn ich sage: es gibt keinen Freund. Ach (heiter), was macht es aus, einmal wird es die Freundschaft geben!

Achs gibt es nach hinten und nach vorne.

Das Ach und das Vielleicht sind in der Hyperbel verwandt.

Die Tatsache bleibt jedoch, dass es in der Welt zahlreiche Feindschaften gibt, die mit einem Ach und einem Vielleicht vorerst nicht zu überwinden sind. Auch an dieser Stelle erweist sich die Größe der beiden Ideen, die der Freundschaft und die der Feindschaft. Friedrich Schiller konnte es offenbar denken, zumindest schreiben: „Alle Menschen werden Brüder", ohne ein winziges „vielleicht", eben ohne ein seufzendes „Ach" („Ach, Brüder, es gibt keinen Bruder!")...

Was hat Schiller bei seinem berühmten Satz *gedacht*? Ein Blick in die Welt scheint seiner idealistischen Vision allerdings zu widersprechen: Seit der Zeit des deutschen Idealismus hat die Anzahl von Feindschaften in der Welt nicht unbedingt abgenommen. Die Idee der Freundschaft ist offenbar so groß, dass sie sich an vollkommenen Unvollkommenheiten nicht stört.

Monika war eine Freundin und wurde eine Feindin. Es ist mir hier nicht möglich, die Geschichte der Feindschaft zwischen Monika und mir, die auch als eine Geschichte einer Freundschaft zu bezeichnen ist, zu erzählen. Und damit ist gleich ein wesentlicher Aspekt der Freundschaft angedeutet: In freundschaftlichen Beziehungen gibt es immer „Geheimnisse", die geschützt werden wollen. Und je klarer es uns ist, dass die Freundschaft – wie im vorigen Kapitel dargestellt – eine offene Beziehung von zwei Menschen darstellt, von zwei Entitäten, die innere und äußere Freiheiten ergreifen wollen und in der Verbindung zueinander eine unmöglich-mögliche Gelegenheit sehen, diesen Weg gemeinsam zu gehen, je mehr wird sie zu einem geschützten Ort von Geheimnissen. Und seltsam: Auch wenn die Freundschaft sich in eine Feindschaft verwandelt hat, bleibt das Gesetz der Geheimhaltung in Kraft. Dieses Gesetz nicht zu beachten, würde bedeuten, dass ich nicht nur Monika, sondern auch mich und vor allem meine Integrität verletze.

Mit Geheimnissen ist hier alles Mögliche gemeint. In der Vertrautheit einer Freundschaft können Mitteilungen gemacht werden, die wir als „privat" oder „persönlich" einstufen, die also nicht für die (relative) Öffentlichkeit gemeint sind. Wenn ich einem Freund zum Beispiel anvertraue, dass ich mit finanziellen Problemen ringe, gehe ich davon aus, dass er das für sich behält und nicht an alle meine Freunde, Kollegen, Bekannte und Feinde weitergibt. Oder wenn eine Freundin mir erzählt, dass sie als Kind sexuell missbraucht wurde und darunter noch immer leidet, wird von mir zu Recht erwartet, dass ich diese Information wie einen Schatz behüte.

Oft fangen Freundschaften gerade mit solche Offenbarungen an. Ich rauche in einer Pause vor der Tür mit einer jungen Studentin eine Zigarette, sie erzählt von ihrem Urlaub mit ihrem Freund in einem warmen arabischen Land, schwärmt ein bisschen vom dortigen Klima und der Lebensart der Menschen, sagt dann aber auf einmal: „Ich bin dort einem Mann begegnet, ich muss immer an ihn denken..." Sie wird still und sieht mich verunsichert an, als ob sie sich von sich selbst erwischt fühlt. „Das habe ich noch niemandem erzählt", sagt sie dann. „Die Welt ist groß", sage ich, „man findet seine Freunde und Geliebten nicht unbedingt um die Ecke." Zehn Minuten später, als der Unterricht wieder beginnt, kommt sie auf mich zu und sagt: „Du sollst es bitte nicht weiter erzählen!" „Klar, werde ich nicht machen!", reagiere ich. Und seitdem gibt es zwischen der Studentin und mir so etwas wie ein zartes Vertrauen, eine anfängliche Nähe, die sich als der Anfang einer Freundschaft erweisen könnte.

Die Geheimnisse der Menschen sind vielfältig, manche können recht spektakulär sein. Eine ältere Frau erzählte mir einmal, dass sie während ihrer zwanzigjährigen Ehe einen Geliebten in einem fernen Land hatte, in das sie zweimal im Jahr flog, um ihre Sehnsüchte zu stillen. Niemand wusste davon, ihr Ehemann nicht, ihre Kinder nicht, ihre besten Freunde und Freundinnen nicht. „Manchmal", sagte sie, „wusste ich selber nicht mehr, ob es überhaupt wahr war!" Und: „Ohne diese geheime Beziehung hätte ich meine Ehe nicht durchhalten können." Als sie sich letztendlich von ihrem Mann trennte, kam auch die geheime Beziehung abrupt zu einem Ende. „Irgendwie waren die beide Beziehungen miteinander verschränkt", meinte sie, „ich verstehe es allerdings immer noch nicht."

Ein junger Mann weiß nicht, was er mit seinem Leben anfangen soll. Er hat mich als „Berater" gewählt und erzählt und erzählt... Stundenlang reden wir miteinander, bis wir an einen Punkt gekommen sind, wo es in allen Richtungen nur noch Sackgassen gibt. Dann sagt er nach einer langen Pause: „Vielleicht müsste ich dir etwas erzählen, was ich noch niemandem gesagt habe." Und dann macht er eine Offenbarung, die jeden Rahmen sprengt: „Ich habe vor mehr als zehn Jahren von meiner Mutter eine Erbschaft gekriegt: zwei Häuser auf dem Land und zweihunderttausend Euro dazu. Niemand weiß davon. Von dem Geld habe ich noch nie einen Euro genommen." Als ich frage, warum er diesen wunderbaren Umstand als ein Geheimnis handhabt, sagt er: „Ich kann mich nicht annehmen als eine Person, die so viel Geld hat. Ich habe übrigens nie gewusst, dass meine Mutter vermögend war, sie tat immer so, als ob wir mit ganz wenig Geld zurecht kommen müssten." Eine halbe Stunde später haben wir eine erste Lösung für sein Lebensproblem gefunden: er wird mit seinem Job aufhören und sich ein freies Jahr gönnen, um mal zu schauen, was das Leben bringt. Sein Geheimnis soll allerdings erst einmal ein Geheimnis bleiben.

Und vielleicht weniger spektakulär: Ein Freund erzählt mir während einer Autofahrt, dass es in seinem Büro einen Angestellten gibt, den er hasst, so richtig hasst. „Ich gehe morgens zur Arbeit, und alleine die Vorstellung, dass er mich unverschämt angrinsen wird, versaut mir von vornherein meinen ganzen Tag." Oder eine Kollegin, auch während einer Autofahrt, die mir sagt: „Ich weiß, die Leute denken immer, dass ich lässig und gelassen meine Arbeit mache, als ob es mir immer gut gehe. Im Grunde genommen koche ich innerlich aber oft, vor allem wenn stundenlang über Kleinigkeiten gesprochen wird. Ich kann mit meiner Wut oft nichts anfangen, verberge mich also hinter einer Maske." Oder ein Freund in einer Pause: „Ich kann schon lange nichts mehr schreiben, bin quasi blockiert, und, weißt du: es führt dazu, dass ich manchmal richtig daran zweifle, ob ich überhaupt noch etwas zu sagen habe.“

Und, und, und...
Mitteilung im Raum der Nähe.
Offenbarung der Unmöglichkeiten.
Bekenntnisse in Freiheit.
Bedürfnis, verletzbar zu sein.
Öffnung in einen Bereich, in dem wir uns
ratlos in einer Schwebe befinden.
Not des Verborgenen.
Wunden, die gezeigt werden.
Fragen, die gestellt werden.
Hoffnung, im Kommen sein zu dürfen.
Enttarnung der Illusion.
Verunsicherung der etablierten Gegebenheiten.
Prüfung der anerkannten Ziele.
Notwendigkeit der Offenbarung.
Verwandlung des Lebens.
Verwandlung der Person.

Geheimnisse – warum haben wir sie eigentlich? Warum zeigen wir nicht einfach, immer und überall, direkt und ohne Maske, was in unseren Leben vorgeht, was sich in unserer Seele abspielt, womit wir ringen, kämpfen, worauf sich unsere Ängste und vor allem auch unsere delikaten Sehnsüchte beziehen? Was führt zu diesem merkwürdigen Spiel der Tarnungen? Warum sind wir nicht wie die kleinen Kinder, die sich ohne Zurückhaltung offenbaren: spontan weinen, wenn sie Schmerzen haben, spontan lachen, wenn sie froh sind? Und was sagt die offenbare Notwendigkeit dieses Spiels über unsere Gesellschaft aus, über das Leben in unseren Familien, unseren Organisationen, über die Gepflogenheiten der Öffentlichkeit, über die Normen und Werte, die wir offensichtlich handhaben wollen, auch wenn sie sich gegen uns selbst kehren?

Je breiter die Öffentlichkeit, je delikater das Spiel. Wenn eine führende Persönlichkeit der Evangelischen Kirche in Deutschland nach zu viel Alkoholkonsum im Auto durch Hannover fährt, gibt sie nachher ihr Amt nicht etwa nur wegen ihres Verhaltens auf, sondern weil ihre sogenannte „Untat" in der Öffentlichkeit bekannt zu werden drohte. Was hätte Margot Käßmann gemacht, wenn die Polizei sie nicht erwischt hätte? Sie wäre einfach das sympathische Sprachrohr der Kirche geblieben. Mir geht es an dieser Stelle nicht darum, ihr Verhalten zu kritisieren, gar nicht – von mir aus hätte sie in ihrem Amt bleiben können –, ich will nur darauf hinweisen, dass die Öffentlichkeit solche Vorfälle brisant macht. Offenbar gibt es einen Unterschied: Manches darf nicht in die Öffentlichkeit dringen, was aber auf der privaten Ebene durchaus passabel ist.

Was macht die private Ebene aus? Sie ist der Ort, wo wir innehalten, wo wir uns verbergen, wo wir keine Bürger sind, sondern einfach „Personen", mit widersprüchlichen Eigenschaften, Sehnsüchten, Präferenzen, Vorsätzen, Beziehungen und moralischen Maßstäben, die wir in der kleineren oder größeren Öffentlichkeit nicht etablieren wollen. Auf der privaten Ebene sind wir mit uns und mit unseren Verwandten, Freunden, Geliebten. In der Nähe zu mir und meinen Vertrauten lebe ich ein Leben für mich, manche Menschen würden eben sagen: mein *eigentliches* Leben, mein *echtes* Leben, das Leben also, dass *wirklich* zu mir passt...

Kern dieses privaten Lebens ist die offene oder geschlossene Beziehung zu mir, die freie oder unfreie Art und Weise, wie ich mit meinen Möglichkeiten und Unmöglichkeiten umgehe. Konfrontiert mit der Tatsache, dass ich eine widersprüchliche Einheit bin, richte ich mein privates Leben dementsprechend ein: Am Abend höre ich laut Rockmusik, spreche mit meiner Freundin über meine und ihre *echten* Sorgen, rufe einen Freund an und bequatsche ihn, meditiere (auch eine sehr private Tätigkeit!), schreibe Gedichte, liege auf meinem Bett und lasse meinen Phantasien freie Bahn, suche behutsam die Präsenz der ganz großen Ideen...

Wir brauchen die Privatsphäre, weil unser Selbst – ich meine nicht: unser Ego, das darf und kann sich gerade in der Öffentlichkeit ruhig aufblähen – zu groß ist für das öffentliche Leben, zu unbestimmt, zu verwirrend, zu vielschichtig und zu abenteuerlich. Man könnte dies allerdings genauso gut umdrehen und feststellen, dass die Öffentlichkeit offenbar zu eng, zu bestimmt, zu eindeutig, zu langweilig für die nicht überschaubaren Potenzen unseres Selbst ist. Die gesellschaftlichen Subjektivierungen, wie im ersten Kapitel dieses Buches beschrieben, reichen für die volle Offenbarung meiner Person offensichtlich nicht aus, sie stellen eine Ordnung der Dinge dar, die mit dem vollständigen Menschen nicht rechnet. Was wir in der Privatsphäre mit uns selber und mit unseren Vertrauten versuchen zu leben, ist für das öffentliche Empfinden nicht zu klein oder zu trivial, sondern gerade zu groß und zu gefährlich.

Im Grunde genommen bedeutet dies, dass unsere Gesellschaft auf unzulänglichen Annahmen basiert; ein Menschenbild, das individuelle Lebensgänge verständlich und damit annehmbar macht, fehlt. Nun ist für die öffentliche Gesellschaft, weil sie eine Rechtsordnung darstellt, also keinen Anspruch auf die letzte Wahrheit hat (das haben nur Diktaturen, die gerade *nicht* auf sozialer Gerechtigkeit beruhen), das Prinzip des demokratischen Konsens entscheidend. Die Einrichtung der Gesellschaft ist nicht das Ergebnis einer kollektiven Wahrheit, wie das in archaischen Gemeinschaften noch der Fall war, sondern von politischen Entscheidungen, die immer einen Kompromiss bedeuten. In der öffentlichen Ordnung der Dinge zeigt sich ein gemeinsames Ringen, das damit zusammenhängt, dass unterschiedliche Bürger unterschiedliche Ideen für wichtig halten. Allein die Antwort auf die Frage, was Freiheit, Gleichheit und Brüderlichkeit – die großen Ideen der französischen Revolution – konkret bedeuten, kann in Deutschland rot, rot-rot, gelb, schwarz, grün oder braun gefärbt sein. Mit diesen unterschiedlichen Interpretationen sind unterschiedliche Interessen und Intentionen verbunden.

Bereits am Anfang der Demokratie in der antiken Polis entstand das Problem der gesellschaftlichen Zerstückelung, das – zum Beispiel bei Aristoteles – dazu führte, dass die Aufgabe des Gesetzgebers vor allem in der Handhabung der Gerechtigkeit gesucht wurde. Die Aufgabe lag nicht in der Durchsetzung einer bestimmten Wahrheit, sondern im politischen Ausgleich *mehrerer* Wahrheiten, weswegen die Politik als die Kunst des Kompromisse-Schließens verstanden wurde. Über diese Aufgabe hinaus ging allerdings offenbar eine andere, die als noch wichtiger angesehen wurde: der Staat hatte die Freundschaft zu schützen. Und damit wurde der Bereich, den wir heute als „privat" bezeichnen, in die Mitte der Gesellschaft gestellt. Anders formuliert: Die freie Beziehung zwischen Menschen wurde als bewegender Faktor auch des öffentlichen Lebens verstanden. Was zwischen zwei Menschen lebte, was aus der Begegnung und der Beziehung sich entfalten wollte, galt als das Herz der Gemeinschaft.

Heutzutage – ich habe das schon beschrieben – sind wir von dieser damals offenbar geteilten Einsicht weit entfernt. Was die Griechen der Freundschaft zutrauten, könnten wir heute höchstens noch ein bisschen über die Familie sagen: die Souveränität des sozialen Gefüges zwischen einer Mutter, einem Vater und deren Kindern. (Dass die Souveränität der Familie erstens von innen auseinanderfällt und zweitens immer stärker von allerhand Gesetzen untergraben wird, ist ein anderes Thema.) Ich meine eben, dass die Freundschaft in der heutigen Zeit in Betrieben und Organisationen manchmal eher als eine Bedrohung erlebt wird, als eine Gegebenheit, die die „sachliche" Zusammenarbeit hindert. Wir befinden uns also in einer Lage, in der wir nicht anders können, als uns in das private Leben mehr und mehr zurückzuziehen: Was wir wirklich über unsere Kollegen und unsere Arbeit denken, sagen wir nicht in einem offiziellen Meeting, sondern in der Kneipe.

Die Kneipe beinhaltet die schöne Übung der Gleichheit – mit der Erscheinung des Kompromisses entsteht die Notwendigkeit der Zwischenräume, der sozialen Passagen, der Zwischen-Tür-und-Angel-Momente, wo vertrauliche Offenbarungen und Bekenntnisse gemacht werden. Die Kneipe ist als der Inbegriff der Passage (Walter Benjamin!), des geheimen Durchgangs, des Verweilens in der Zone zwischen Wahrheit und Lüge, des Spiels der Tarnungen und Enttarnungen zu verstehen. In der Kneipe reden wir von unseren Geheimnissen. Wir tun es genauso während mancher Autofahrten, in Pausen (immer öfters ohne Zigarette), bei Telefongesprächen, Aufenthalten in Fitness-Zentren, bei Spaziergängen im Wald, bei kurzen Gesprächen auf dem Bahnsteig beim Abschied. Und wir wissen, dass wir gerade in den Passagen einander wirklich begegnen, uns einlassen auf die Ungereimtheiten des Lebens, uns öffnen für die Möglichkeiten und Unmöglichkeiten des anderen Menschen. „Trinken wir mal ein Bier zusammen?" ist eine Frage, die weit über den Genuss eines Getränkes hinausgeht, sondern eine Einladung zu einem Versprechen bedeutet: „Wollen wir mal über das reden, was uns wirklich bewegt?"

Wir können uns von unseren Geheimnissen bestimmen lassen; sie zeigen – auch wenn sie schrecklich aussehen, manchmal sind sie im Grunde genommen allerdings schön –, was wir werden wollen und können. Als Rudolf Steiner davon sprach, dass die Initiation das Grundprinzip der künftigen Zivilisation sein könnte und müsste[59], meinte er gerade dies: In der verborgenen Passage von der Persönlichkeit zum Selbst liegt der Weg zur Einweihung. In alten Zeiten vollzogen sich die Einweihungen in den esoterischen (verborgenen, verhüllten) Mysterien, unter der weisen Leitung eines Hierophanten, der sich mit Ritualen und — manchmal nicht ungefährlichen — Vorgängen auskannte. In der heutigen Zeit finden sie nach Beuys bekanntlich „am Bahnhof statt", also mitten im Leben, meistens ohne Begleitung, eben ohne ein Verständnis für ihre Bedeutung und ihre Dynamik. Sie fängt an, wenn unsere Persönlichkeit sich dazu entschließt, mit unserem Selbst (unserer Entität) eine dialogische Beziehung anzuknüpfen, in der Nähe von mir-zu-mir ein offenes, aber verbindliches Gespräch über die delikaten Sachen des Herzens zu führen.

Sich mit Erfolg in der Nähe eines Freundes aufhalten zu können, fragt nach ganz bestimmten Tugenden, Fähigkeiten und Kompetenzen. Ich verzichte darauf, die begrifflichen Unterschiede zwischen Tugenden, Fähigkeiten und Kompetenzen ins Auge zu fassen; es reicht vielleicht zu sagen, dass die Idee der Tugend ganz groß ist, wie die Idee der Freundschaft auch, und dass Fähigkeiten und vor allem Kompetenzen nur dem Anschein nach einfacher zu verstehen sind. Tugenden sind komplexe und mehrdimensionale moralisch-funktionale Eigenschaften von Menschen, die nie einfach auf einen Punkt zu bringen sind, Kompetenzen hingegen dienen dazu, im Rahmen von bestimmten Settings, zum Beispiel Ausbildungen (sofern das geht) getestet zu werden. Was in der Idee der Tugend als weit und oft auch widersprüchlich erscheint, wird im Konzept der Kompetenz überschaubar und manipulierbar gemacht. Ich werde allerdings die drei Begriffe auf den nächsten Seiten naiv durcheinander benutzen.

Tugenden, Fähigkeiten, Kompetenzen der Freundschaft – ich habe ein paar Monate lang in meiner Arbeitsumgebung nachgefragt: Welche Tugenden, Fähigkeiten und Kompetenzen verlangt eine Freundschaft? Ich schätze, dass ich im Laufe der Zeit etwa zwanzig Leute interviewt habe. Die ersten spontanen Antworten kamen eigentlich immer schnell. Ganz oben auf der Liste standen Ehrlichkeit und Treue; ich meine sagen zu können, dass diese beiden eindeutig den ersten Platz teilen. Ebenfalls sehr oft wurden Vertrauen und Liebe genannt, wobei mit diesen beiden Begriffen manchmal ein Zögern einherging: Ist Liebe eine Fähigkeit oder eher ein Zustand? Und: stellt sich diese Frage nicht auch beim Vertrauen? Wenn man dann die Sache kurz reflektierte und beispielsweise auf den Gedanken kam, dass anscheinend nicht alle Menschen lieben *können*, wurde das Wort modifiziert und damit akzeptiert: Zur Freundschaft gehört, dass man Liebe schenken und Liebe annehmen kann. Vertrauen wurde dementsprechend umformuliert zu: vertrauen können. Die Aussage, dass ich jemandem vertraue, hat eine doppelte Bedeutung: jemand ist vertrauenswürdig und ich bin dazu im Stande, ihm mein Vertrauen zu schenken.

Einige Interviewpartner nannten nach einem Moment des Nachdenkens noch: aushalten und durchhalten können, Enttäuschungen einstecken können, verlässlich sein können, die Freundschaft pflegen können, Verantwortung übernehmen können (als Aspekt oder Variante der Treue), Zuwendung und Aufmerksamkeit geben können, zuhören können, respektieren können, großzügig und großherzig sein können, Toleranz (als Aspekt oder Variante der Liebe), seine persönlichen Lebensfragen – einschließlich seiner Geheimnisse – teilen können (ein Aspekt des Vertrauens), und schließlich Mut (zur Ehrlichkeit, zur Liebe, zur Verbundenheit und Treue). Interessanterweise wurden ein paar wesentliche Fähigkeiten gar nicht genannt, von niemandem, was meiner Meinung nach etwas über die einseitigen Vorstellungen der Freundschaft aussagt, die heute kursieren. Was bei Denkern wie Aristoteles, Nietzsche, Foucault, Lévinas und Derrida als wesentliche Aspekte der Freundschaft erscheint, ist gedanklich offenbar in den Köpfen meiner Gesprächspartner nicht vorhanden. Auch an dieser Stelle zeigt sich die Kluft zwischen der Idee der Freundschaft und der im Alltag konkret gelebten Form der Beziehung, die wir Freundschaft nennen.

Aristoteles zufolge gehört zur vollkommenen Freundschaft die Fähigkeit des Verzichts. Wie schon ausgeführt, besteht für den alten Philosophen (Nietzsche würde sagen: den sterbenden Weisen) die vollkommene Freundschaft darin, dass in der Beziehung auf funktionelle Vorteile und körperliche Gelüste und Neigungen verzichtet wird. An dieser Stelle taucht im Grunde genommen die Idee der Askese auf, oder vielleicht mehr im Sinne des aristotelischen Denkens: die Idee der Katharsis. Michel Foucault greift, wie wir gesehen haben, in seiner Ontologie der Freundschaft diesen Gedanken wieder auf: Die Gestaltung einer Freundschaft ist auch eine asketische Angelegenheit, die darauf beruht, dass beide Freunde dazu bereit sind, sich gegenseitig zu verwandeln, was nichts anderes bedeutet, als mittels eines Prozesses der Reinigung auf eine neue Art und Weise zu sich selber und zum anderen zu kommen. Anders als Aristoteles meint Foucault dabei nicht, dass Freunde zum Beispiel auf sexuelle Begierden verzichten müssen; er sucht die asketische Tätigkeit auf einer anderen Ebene des Lebens. Aus seiner Sicht geht es eher darum, in der Freundschaft freie Entscheidungen zu treffen, die eine Beziehung neu und einzigartig gestalten. Und mit einer Entscheidung ist immer auch ein Verzicht verbunden.

Also, die Fähigkeit des Verzichts... Ähnlich sieht es mit dem Schweigen von Nietzsche aus: „Schweigen müssen sie gelernt haben, um dir Freund zu bleiben."[60] Zur Freundschaft gehört, seinen Freund nicht unnötig verletzen zu wollen. An dieser Stelle erscheint die hohe Tugend des taktvollen Verhaltens. Mir scheint Takt eine der wichtigsten Tugenden in der Freundschaft zu sein. Takt als Tugend ist übergeordnet, weil sie alle anderen Tugenden, Fähigkeiten und Kompetenzen umfasst und ermöglicht, in einer Gesamtheit wirksam macht: Ehrlichkeit (Wille zur Wahrheit), Treue (Wille zur Liebe), Vertrauen, Respekt, Mut. Takt bedeutet: heute schweigen, morgen sprechen. Takt heißt: ein feinfühliges Gespür für den richtigen Moment zu haben, was die alten Griechen *kairos* nannten, die Stunde der Wahrheit, der Liebe, der Vorsicht, des Angriffs. Takt hat große Ohren, bewegliche Füße, fühlt sich in der Nähe zu Hause, aber genauso gut in der Distanz. Unter den Tugenden ist Takt wie der Planet Merkur: Er ist klein, hat allerdings eine lebendige Beziehung zu all seinen großen kosmischen Kollegen, er tanzt sozusagen zwischen den Stühlen. Er zelebriert die stiftende Präsenz der Liebe der Sonne, rechnet mit dem tragenden Gedächtnis des Saturns, freut sich über die Erotik der Venus, respektiert die steilen Wahrheiten des Jupiters, lässt sich auf den rauschenden Mut von Mars ein, träumt die süß-schmerzhaften Träume des Mondes mit.

Takt ist alles und nichts. Er ist sowohl im Kommen als im Gehen anzutreffen, war gerade noch da oder wird gleich da sein. Takt ist wie Würde, Bob Dylan zufolge nicht photographisch festzulegen, immer unterwegs, immer gleichzeitig am Rande und in der Mitte, wie Sand zwischen den Fingern, Wasser zwischen den Zehen oder Duft zwischen den Rosen. Im taktvollen Verhalten beziehen sich die Widersprüche und Ungereimtheiten, Möglichkeiten und Unmöglichkeiten aufeinander. Ohne die taktvollen Botschaften und die feinen diplomatischen Vermittlungen würden die Wahrheit auf die Lüge, die Erotik auf die Macht und der

Mut auf das Tragende prallen. Takt ist, so könnte man es auch sagen, die praktische Ausübung der Liebe. Ohne die hohe merkuriale Tugend des Taktes kommt keine freundschaftliche Beziehung aus.

Was ebenfalls in den Interview-Antworten fehlte: die Fähigkeit, sich eine bessere Welt zu wünschen. Im französischen Manifest *L'insurrection qui vient* aus dem Jahr 2007 (in Deutschland 2010 unter den Titel *Der kommende Aufstand* erschienen) wird die Bedeutung der Freundschaft – ich vermute in Anlehnung an Foucault – folgendermaßen beschrieben. „Man hat uns eine neutrale Vorstellung der Freundschaft als einer reinen Zuneigung ohne Konsequenz eingegeben. Aber jede Affinität ist Affinität *in* einer gemeinsamen Wahrheit. Jede Begegnung ist Begegnung *in* einer gemeinsamen Affirmation, und sei es die Zerstörung. Man verbindet sich nicht unschuldig in einer Zeit, in der an etwas festhalten und sich nicht davon abbringen zu lassen, regelmäßig zur Arbeitslosigkeit führt, in der man lügen muss, um zu arbeiten, und anschließend arbeiten, um sich die Mittel der Lüge zu bewahren."[61]

Nun wäre über dieses Zitat viel zu sagen, zum Beispiel, dass man kein anonymes und allgemeines „man" braucht, um ungenau und verschwörerisch auf einen Urheber des offenbaren Leidens hinzuweisen – ich glaube nicht, dass es so ein „man" gibt. Richtig ist aber, dass unsere Vorstellungen von Freundschaft brav und *unpolitisch* geworden sind, nicht mehr mit Hoffnungen verbunden, die über die persönliche Beziehung hinausgehen. Die Freundschaft ist eher ein Refugio auf dem Jakobsweg geworden, ein Ort des Ausruhens, wohin man sich nach anstrengender Arbeit bequem zurückzieht. Die Freundschaft als einen Baustein des gesellschaftlichen Lebens ansehen zu können, ist verknüpft mit der Fähigkeit des Wünschens: sich nach einer Welt zu sehnen, die den oft widersprüchlichen Intentionen des Menschen und der Menschen gerecht wird. Sich auf seine Sehnsüchte einzulassen und deren Signalen nachzugehen – womit nicht gemeint ist: seinen Begierden zu folgen –, ist eine Fähigkeit, die wir manchmal lernen müssen. Und es ist so, wie im genannten französischen Manifest beschrieben: in jeder Begegnung erscheint eine gemeinsame Wahrheit, eine geteilte Schönheit, eine gegenseitige Intention, die nicht nur behaglich genossen, sondern auch tatsächlich gelebt und durchgesetzt werden sollte. Ja, es gibt, was Lévinas „zwischen uns“ nennt, die heilige Kathedrale, was allerdings nicht so etwas bedeutet wie: „nur zwischen uns“. Eine Kathedrale hat man nicht nur für sich und ebenso wenig seinen Freund oder seine Freundin.

Eine vierte wesentliche Fähigkeit, die nicht unbedingt spontan im Zentrum unseres Denkens über die Freundschaft erscheint, ist die des Verzeihens. Sich einlassen können auf das Ereignis des Verzeihens bedeutet eine Anerkennung und Überwindung der eigenen Schmerzen. Intime Beziehungen ohne gegenseitige Verletzungen gibt es nicht; der Gedanke, dass die Liebe alle Wogen glättet, einfach so, ohne eine bewusste und gezielte Beteiligung beider Partner, ist grundfalsch; sie erzeugt nicht nur Enttäuschungen, sondern stellt die Liebe selber grundsätzlich in Frage. Gerade die Liebe, mehr als zum Beispiel die Wahrheit, vermag große Spannungen und Differenzen, Verletzungen und Widersprüche zu ertragen und zu tragen. Der englische Schriftsteller C. S. Lewis drückte es einmal so aus: „Friendship is true opposition“, womit er sagen wollte, dass Freundschaften sich gerade dadurch beweisen, dass sie Divergenzen ertragen.

Verzeihen ist ein intimes Geschehen. Die Nähe steigert sich im Akt des Verzeihens: Es findet eine Verwandlung im Innern des Menschen statt, die sich direkt auf den Menschen selber bezieht. Der momentane Feind und die momentane Feindin, auch wenn er oder sie ein Freund, eine Freundin, ein Bruder, eine Schwester, ein Geliebter oder eine Geliebte ist, wird im Vorgang des Verzeihens von einem fremden und bedrohlichen Gegenüber zu einer Gestalt-in-mir befördert, zu einer von mir anerkannten und gewollten Zugehörigkeit, befreit von Karikaturen und ängstlichen Vorstellungen, also bloßgelegt in ihrer oder seiner Menschlichkeit. Das Ereignis des Verzeihens beruht auf einer Wende-in-mir: Ich übersteige die Ebene der Schatten, meiner Schatten und der Schatten meines Freundes, der gerade mein Feind zu werden droht, ohne sie übrigens zu vertuschen, und mache meine Aufmerksamkeit für die Präsenz unser beiden Entitäten frei.

Ich sage mir: „Mein Feind konnte nicht anders…"

Und: „Ich konnte nicht anders…"

Und stelle fest, dass damit die Beziehung nicht aufhören *muss*, die Frage ist nur, was ich *will*. An dieser Stelle ist es schwer auszumachen, wie die Reihenfolge der inneren Geschehnisse aussieht: Öffnen meine Erkenntnisse den Weg zur Liebe, oder gilt umgekehrt, dass die Liebe mich zu den Erkenntnissen führt? Im Akt des Verzeihens scheinen die beiden großen Säulen des menschlichen Verhaltens, im Willen zur Liebe und im Willen zur Wahrheit, nebeneinander zu stehen, ebenbürtig und ohne Hierarchie. Obwohl sie streng getrennt dastehen – Wahrheit ist nicht gleich Liebe, Liebe ist nicht gleich Wahrheit –, scheinen sie eine gemeinsame Aufgabe zu erfüllen: einen Schwellenübergang zu einer Ebene, auf der sich eine Verschmelzung ereignet, zu ermöglichen. Und in der Verwandlung selber, dem Akt des Verzeihens, vollzieht sich das Geschehen der *Versöhnung*.

Die etymologische Herkunft des Wortes ist nicht klar, mit „Sohn" hat sie allerdings höchstwahrscheinlich nichts zu tun. Sprachwissenschaftler meinen einen Zusammenhang mit dem holländischen „zoen" festzustellen, was „Kuss" bedeutet. Jemanden zu küssen bedeutet also, sich mit der betreffenden Person zu versöhnen. Angenommen wird allerdings, dass die Grundbedeutung des zugehörigen Verbs „sühnen" mit „einschläfern", „stillen" und „lindern" zu tun hat. In der Versöhnung kommt etwas zur Ruhe und es entsteht ein Friede. Das Geschehen der Versöhnung ist deswegen, im ursprünglichen Sinne, eine religiöse Angelegenheit: eine Verbindung, die verloren gegangen war, wird wieder neu hergestellt und konstituiert.

In seinem Buch *Die okkulte Bedeutung des Verzeihens* fasst Sergej O. Prokofieff zusammen: „Infolge der Anstrengung des aus dem individuellen Ich hervorgehenden moralischen Willens, der den Akt des Verzeihens hervorbringt – das heißt das bewusste Vergessen des uns zugefügten Bösen oder der Ungerechtigkeit –, bilden sich in dem ununterbrochenen Erinnerungsstrom, den unser Ich durchdringt und unser Ich-Bewusstsein trägt, gleichsam ‚von Erinnerung freie Räume', in welche sich nun die Substanz des höheren Ich oder Geistselbst ergießen kann. Und diese Geistselbstsubstanz dringt (...) durch ihn in das menschliche Ich ein, es verwandelnd und vergeistigend".[62] Am Ende seines Buches spricht Prokofieff von „drei wahrhaft manichäischen Eigenschaften", die meines Erachtens zu den Fähigkeiten der Freundschaft gehören: die Eigenschaften „der Toleranz, des Verzeihens und das Karma des anderen zu tragen."[63]

Entscheidend ist an dieser Stelle der Hinweis auf die verwandelnde Wirkung des Verzeihens. Verzeihen ist nicht nur eine schöne moralische Handlung, sondern vor allem auch ein stiftender Akt. Eine Bemerkung könnte an dieser Stelle noch hinzu gefügt werden: das Geistselbst, von dem Prokofieff in Anlehnung an Rudolf Steiner spricht, hat nicht nur eine Bedeutung für die einzelne Person, sondern auch für das gesellschaftliche Leben. Das Geistselbst stiftet Gemeinschaften. Über die Brücke des Verzeihens werden neue Verbindungswege eröffnet, die – auch wenn sie keine Ahnung davon haben – von vielen anderen Menschen benutzt werden können. Wenn ich dir verzeihe, wenn du mir verzeihst, heißt das, dass auch er und sie sich begegnen können. Der Konflikt zwischen uns, den wir aufgelöst haben und der hinter uns liegt, steht nicht mehr zwischen meinen Freunden und deinen Freunden.

Im Raum der freundschaftlichen Nähe steigern sich nicht nur die Notwendigkeiten der Ehrlichkeit, der Liebe, der Treue, des Vertrauens, des Verzeihens und der Toleranz, sondern auch die Möglichkeiten dazu; die Tugenden, Fähigkeiten und Kompetenzen der Freundschaft werden in der Nähe zwischen uns erweckt.

Die Freundschaft ist auch eine Werkstatt der Menschlichkeit, in die wir uns hinein begeben, um uns mit den Widersprüchen des Lebens auseinanderzusetzen. Freundschaft beruht prinzipiell nie auf etwas, was wir schon können, sondern gerade auf etwas, was wir lernen wollen, werden sollen, sein wollen. Sobald in einer Beziehung die souveräne Herausforderung zur Selbsterziehung und Hingabe nicht mehr im Zentrum steht, hört sie auf, in diesem Sinne eine freundschaftliche zu sein. Die Flamme der Freundschaft ist eine offene Frage: Was sagt dein Wesen über mein Wesen aus? Oder vielleicht besser gesagt: Wie kann ich dich als fremdes Rätsel oder unerschöpfliches Mysterium in mein Leben integrieren, ohne dich je zu fixieren?

Wie kann ich dich verstehen, ohne dich zu verstehen?

Wie kann ich dich lieben?

4.

Freundschaft und Nähe in einer Kultur des Herzens

Eine Kultur des Herzens, das ist nicht nur ein schöner Begriff, sondern auch eine reale Praxis. Sie ist als eine Art der Gemeinschaftsbildung zu verstehen, die nicht auf ideologische Ausgangspunkte, rechtliche Verträge oder wirtschaftliche Abhängigkeiten, sondern auf die sich befreiende oder frei-werdende Beziehung von Menschen zu sich selber und zu Anderen setzt. Egal in welchem privaten, beruflichen oder ehrenamtlichen Zusammenhang: Eine Kultur des Herzens entzündet sich dann, wenn das Ziel der Zusammenarbeit das Erlangen der Freiheit ist.

Sie ist reale Praxis, weil sie überall in der Gesellschaft *im Kommen* ist. Wenn man erst einmal die spezifischen Fragen kennt, die mit dem konkreten Erringen der Freiheit verknüpft sind, sieht man eine Kultur des Herzens in tausend kleinen Ecken und Nischen des kulturellen, sozialen und wirtschaftlichen Lebens aufsprießen. Offene Gesprächsformen, nicht-hierarchische Beziehungen, alternative Finanzierungsformen und vielfältige soziale Netzwerke sind die äußeren Merkmale. Eine Kultur des Herzens entsteht spontan, wenn das Verlangen nach Freiheit zum entschlossenen Ausgangspunkt des Handelns wird.

Ein kleiner Geschenkladen bei mir um die Ecke, betrieben von zwei offen homosexuellen Männern, ist ein solcher Knotenpunkt einer Kultur des Herzens. Für die beiden Inhaber gilt, dass sie Geld verdienen müssen und auch wollen, um zu leben – darüber hinaus aber wollen sie bewusst ein Netzwerk von Beziehungen pflegen. Und so sind auch die Waren im Laden ausgewählt: Die Geschenke sind jedes für sich einzigartig, bedeutungsvoll und liebevoll, gemeint als eine herzliche Aussage in konkreten Beziehungen. Und ja: Die empathische Phantasie der beiden Inhaber ist fast grenzenlos, sie öffnet den Blick der staunenden Kunden für die weite und bunte Welt des Schenkens.

Oder das Kinderhaus in Aachen, in dem ich als Supervisor gearbeitet habe. Die Kinder, Jugendlichen und Erwachsenen dort sind nicht nur Betreute oder Betreuer, sie verstehen sich als eine Familie, die gar keine Familie ist, sondern eine Gemeinschaft von Personen, die vom Schicksal zusammengeführt wurden. Auch das Kinderhaus ist ein Knotenpunkt einer Kultur des Herzens, weil die Beziehungen zu den Menschen im Umfeld — zu Beamten, Verwandten, Freunden, Nachbarn, Polizisten, Therapeuten — als der Gemeinschaft zugehörig erlebt werden. Nicht seine Rechtsform macht das Kinderhaus aus, sondern die Menschen, die das Flechtwerk bilden.

In einer Kultur des Herzens wird der Ausgangspunkt des Handelns in den Lebensfragen der Einzelnen gesucht. Und weil Menschen auseinander hervorgehen, werden Begegnungen und Beziehungen als Quellen, Bausteine und Werkstätten verstanden. Was zwischen Menschen lebt und webt, ist nicht einem abstrakten Ziel untergeordnet, einem einmal formulierten Mission-Statement oder einer vernünftigen Strategie, sondern gilt als Ansatz zum Vorsatz. Im immer wieder verwirrenden Gewebe der Gegebenheiten des Lebens wird vor allem nach dem Punkt der inneren Berührung gesucht: Was sagt das Herz aus? Und wie es so mit unserem Herzen ist: gerade das Herz ist das Organ der Sehnsüchte und will deswegen nie alleine sein; Berührung ist immer Berührung zwischen mir und „etwas", sie erzeugt eine Nähe zwischen mir und einer Landschaft, einem Ort, einer Idee, einem Lebewesen, einem Kollegen, einem Freund.

Weltanschauungen, Ideologien und Religionen werden in einer Kultur des Herzens mit Vorsicht genossen. Die Frage, ob sich jemand für einen Christen, einen Marxisten, einen Muslim, einen Konstruktivisten, für eine Feministin oder für einen Anthroposophen hält, ist zweitrangig. Nicht was man meint einer Lehre schuldig zu sein, ist Ausgangspunkt des Handelns – „Wahrheiten" sind zum Navigieren da, um Bestimmungen zu erkennen, nicht um sie festzulegen. Die Beschäftigung mit der Wahrheit ist in einer Kultur des Herzens eine sensible Angelegenheit, die nicht vorschreibt, was man in seinem Herzen spüren soll, sondern umgekehrt helfen kann, delikate Gefühle zu verstehen. Wahrheiten *repräsentieren*, das heißt: Sie stellen vor, reflektieren, spiegeln; sie kreieren eine heilsame Distanz zu Gefühlen und ermöglichen deswegen etwas Doppeltes: Sie machen bestimmte Gefühle von dem umflutenden Ozean der Emotionen frei, erkennen sie und verleihen ihnen das Recht auf Existenz, bekräftigen also, was vorher noch vage und unbestimmt war; und sie garantieren die Freiheit der Wahl, gerade weil sie Gefühle halbwegs zum Gegenüber machen. Mit Hilfe der Wahrheitsfrage macht man sich von seinen Gefühlen frei, um sich ihnen dann souverän zu widmen – oder eben auch nicht.

Auch wenn in einer Kultur des Herzens Gefühle die eigentliche Magnetnadel der Aufmerksamkeit sind, ist sie nicht *romantisch* im üblichen Sinne; in einer Kultur des Herzens wird die Romantik erwachsen, wie es der englische Anthroposoph Owen Barfield in seiner Schrift *Romanticism comes of age formulierte.*[64] Die Schattenseite der Romantik – das Schwelgen in subjektiven Empfindungen – wird in einer Kultur des Herzens gerade erfolgreich überwunden, und zwar dadurch, dass Gefühle im Umgang von mir zu mir und in der Begegnung von mir zu Dir nicht nur geprüft, sondern auch „gereinigt", oder besser gesagt: als sauberes, reineres, klareres Gefühl freigemacht werden. Die Nähe von mir zu mir und von mir zu Dir ist die innere Werkstatt einer Kultur des Herzens, wo sich Emotionen und Gefühle verwandeln können. In der zweiten Hälfte dieses Kapitels werde ich noch auf das Phänomen der gespürten Nähe schauen, da sie einer Kultur des Herzens dient.

Um eine Kultur des Herzens zu sein oder zu werden, braucht sie keinen Namen, auch nicht den Namen, den sie für die Dauer unserer aktuellen Unterhaltung – ich als Autor schreibe, Du als Leserin oder Leser liest – bekommen hat. Es gibt Hunderte von Namen mehr, die je nach dem spezifischen Diskurs passend sind: Manche sprechen (vielleicht ein bisschen altmodisch) von einer „Gegenkultur", oder einem „Grasroot-Movement", (oder vielleicht ein bisschen extravagant anthroposophisch: von einer „Michaelischen Kultur"), oder von einer ökologischen, sozialen oder spirituellen Bewegung. Ganz oben auf der Tagesordnung stehen jedenfalls Umweltfragen, Menschenrechte und Globalisierungstendenzen, allerdings nicht jede für sich und jede gegen alle anderen, sondern als Fragestellungen, die verschränkt sind und sich gesteigert in *einer* Frage wiederfinden: Wie verhalte ich mich zu mir, zu Dir, zur Gemeinschaft, zur Natur, zu unserem Planeten und zur Welt überhaupt? Über die Ebene unterschiedlicher Meinungen, Zielsetzungen und Strategien hinaus berühren sie sich in der Sphäre der Nähe, an dieser Stelle, wo die Dinge sich als „Weltinnenraum" (Rainer Maria Rilke) öffnen.

Der Beziehungsphilosoph Emmanuel Lévinas würde in Bezug auf eine Kultur des Herzens vielleicht sagen: Ich möchte mich in die Augen des anderen Menschen hinein verlieren und mich dort neu finden. Und der Machtphilosoph Michel Foucault dürfte wohl meinen: Ich möchte lernen, wie ich die Macht, die zwischen uns waltet, in Freundschaft mit Dir teilen kann. Und der Meister aus Deutschland, Martin Heidegger: Ich möchte, dass mein Philosophieren für mich und für Dich zum Ereignis wird.

Und sagte nicht Captain Beefheart: „Stand up to be discontinued!" und Joseph Beuys nicht „Ich denke sowieso mit meinem Knie!"?

Virtuelles und wahres-unwahres Abbild einer Kultur des Herzens ist das WorlWideWeb. Im Netz verknüpfen sich die Sehnsüchte nach Neuem, Anderem und Geheimem mit den unfehlbaren Relais-Systemen des Digitalen. Was sich digitalisieren lässt, das heißt in 010101-Codes repräsentiert werden kann, ist sofort weltweit transportierbar, kommt scheinbar ohne Raum und Zeit aus, verbindet sich mit den gleichen Codes, erscheint zweidimensional auf Displays, die bereits festgelegte Zeichen, Formen und Farben makellos reproduzieren können. Das Digitale stellt in seiner technischen Wirksamkeit eine virtuell-empathische Welt ohne Gefühle dar — das Erleben folgt erst nach der Repräsentation.

Die per Mausklick ausgeführte Trennung zwischen Transport und Erleben, quasi das vorübergehende Verschwinden (oder Sterben) in einem Netzwerk von unsichtbaren — und für die meisten Nutzer auch unbekannten — Codes, macht das Wesen des Digitalen aus. Was im realen Leben gerade Zeit braucht, sich in der Vermittlung merklich verzögert und manchmal auch verirrt, weil es mit seelischen Motiven verbunden ist, erlangt im Digitalen eine Schnelligkeit und eine Effizienz, die scheinbar frei von menschlichen Bemühungen ist. Das Netz bietet die fließende Beweglichkeit der geistigen Welt, entmachtet allerdings gleichzeitig die Akteure, weil sie sich nicht mehr um die förmliche Vermittlung kümmern müssen, anders gesagt: Sie müssen sich in Bezug auf ihre dialogischen und sozialen Fähigkeiten nicht wesentlich ändern, um kurzfristig Sehnsüchte ausleben zu können. In der virtuellen Repräsentation ist das „Mensch, erkenne Dich" nicht mehr nötig (und nicht möglich).

Die halbe Wahrheit des virtuellen Netzes wirkt jedoch mächtig genug. Seine Schnelligkeit und seine Effizienz stellen immer wieder die mühsame Kultur des Überlegens und verzögerten Handelns in gestandenen Institutionen in Frage, werfen ein Licht auf Machtverhältnisse, die gerade verborgen bleiben sollen. Das Netz ist als Abbild knallhart und gnadenlos, es schaltet gleich, hebt Unterschiede auf, vermittelt direkt und gefühllos, was Sache ist. Smartphone, iPad, Spielkonsole oder Laptop (und was es sonst noch so gibt und geben wird) erweitern die transzendenten Möglichkeiten des Menschen, ohne dass er sich die Frage stellen muss: Wo schlummern in mir die potentiellen Fähigkeiten, mich auf die Aktualität des Nu einzulassen? Was intuitive, sensible und empathische „Organe" sein könnten, sind Geräte geworden, die deswegen so heiß geliebt werden, weil sie mindestens halbwegs die Sehnsüchte befriedigen — ja, leider nur halbwegs, dafür braucht man allerdings nicht an sich selber zu arbeiten. Die virtuelle Ordnung der Dinge beruht auf einer absoluten Abgabe der Vermittlung: Nicht „ich" bewege mich, „es" bewegt mich.

Das „Es" wird bekanntlich „Technik" genannt und ist allerdings weit mehr als nur Technik, oder weit weniger, je nachdem, wie man schaut. Das „Es" verbirgt einen Geist, der sich in seiner Schnelligkeit und seiner Effizienz nicht nur in Geräten und deren Nutzung auslebt, sondern darüber hinaus Vorbild und Abbild des Lebens überhaupt sein will. Alles soll schnell, makellos, billig und transparent sein; Wohlbefinden (es wäre gesondert davon von „Glück" zu sprechen) soll man am besten gleich downloaden können. Nicht einmal unser Gehirn reicht für unsere Erinnerungen mehr aus — wir kaufen Speicherplätze für Tausende von Bildern, zu denen wir sowieso keine wirkliche Beziehung pflegen können.

Am Ende ist der Geist des Virtuellen jedoch eine große Hilfe, nicht nur weil er gnadenlos offenbart, sondern uns vor allem auch merken lässt, was wir nicht sind. Menschen sind nicht schnell, nicht transparent, nicht gnadenlos. Wenn ich die Verantwortung für die Vermittlung meiner Erfahrungen und Intentionen voll übernehme (auch wenn ich eine SMS verschicke) und als eine schöne Angelegenheit betrachte, bewege „ich“ mich im Antlitz des „Es“. Das „Es“ ist wie eiskaltes Wasser, es führt mich zur Feststellung, dass ich selber warm bin.

Ich habe den Begriff der Kultur des Herzens bei Bernard Lievegoed kennengelernt, einem Anthroposophen aus den Niederlanden, der sich sein ganzes Leben – er ist 1992 gestorben – mit dem sozialen Leben in Instituten beschäftigt hat. Immer wieder sprach er davon, dass eine herzliche Beziehung zwischen den Menschen entscheidend für die Arbeit ist, die sie zusammen leisten.

Lievegoed war nicht einfach einzuordnen. In seiner medizinischen Doktorarbeit beschäftigte er sich mit der therapeutischen Bedeutung von Musik, sein erstes Buch handelte von den Entwicklungsphasen des Kindes und der Titel seiner Rede anlässlich seiner Inauguration 1954 als Professor in Rotterdam lautete: „Das Arbeitsfeld der sozialen Pädagogik“. Als er 1963 auch an die Technische Universität Twente als Professor berufen wurde, sprach er über „soziale Betriebswirtschaft“.

Er wusste nicht so genau, wie sein Arbeitsfeld zu benennen und festzulegen sei. Als ich ihn 1980 kennenlernte – sein fünfundsiebzigster Geburtstag stand unmittelbar bevor –, sprach er rückblickend davon, dass er seinen Fachbereich an der Universität in Rotterdam damals gerne mit „Soziale Ökologie“ betitelt hätte, was aber nicht möglich war, weil sich niemand etwas dabei vorstellen konnte. Einmal sagte er mir: „Ein Merkmal der Kultur des Herzens ist, dass man sich beruflich in einem Schweben befindet, man befindet sich immer zwischen den Dingen. Gesellschaftlich gesprochen ist man gleichzeitig alles und nichts.“ Ein anderes Mal sagte er: „Weil ich darauf verzichtet habe Musiker zu werden – ich war einfach nicht gut genug –, hat meine Liebe zur Musik sich auf das soziale Leben transponiert. Mich interessiert die Spannung zwischen den sozialen Tönen."

Er verstand sich aber nicht so sehr als Wissenschaftler oder Buchautor, sondern eher als Initiator und Visionär. Er gründete eine Reihe von Instituten, die er als Werkstätten einer neuen sozialen Kunst verstanden wissen wollte: eine heilpädagogische Einrichtung, eine Schule, einen Verlag, ein Beratungsinstitut für Organisationsentwicklung und eine „propädeutische" Freie Hochschule. Auch war er Mitbegründer der Technischen Universität Twente, wo er sich vor allem als Gründungsdekan mit der Einrichtung der Fakultät für Soziales beschäftigte.

In diesen von ihm gegründeten Organisationen ging es aus seiner Sicht darum, Entwicklungsräume für alle Beteiligten zu kreieren. Egal ob man Kunde, Unternehmer, Berater, Schüler, Lehrer, Mensch mit Beeinträchtigung, Pädagoge, Mentor, Student, Hausmeister oder Rektor war, die Essenz der gemeinsamen Arbeit lag darin, die unterschiedlichen Biographien erblühen zu lassen. Ein Campus an einer Universität zum Beispiel sollte in seinen Augen ein sprudelnder Ort der Begegnung sein, wo Menschen in regem Austausch miteinander stehen und so die Motive des eigenen Lebens ergreifen können. Die eigentliche Schulung eines Menschen, so meinte er, läge nicht darin, dass ein bestimmtes Fachgebiet erlernt und „bescheinigt" werde, sondern die eigene Biographie in der vertieften Begegnung mit sich selber und mit den Zeitgenossen gestaltet werde.

Warum aber nun sprechen wir von einer Kultur des *Herzens* und nicht von einer Kultur des Gehirns, der Leber oder der Füße? *In seiner Kulturgeschichte des Herzens*[65] beschreibt der norwegische Kulturwissenschaftler Ole Martin Høystad die Geschichte des Herzens. Er stellt dar, welche Bedeutung die Sumerer (Gilgamesch!), die Altägypter, die Griechen, die Juden, die Muslime, die

Wikinger, die Ritter und Troubadoure des Mittelalters, die Philosophen und Künstler der Renaissance, die Aufklärer, Shakespeare, die Romantiker (Herder), die deutschen Klassiker (Goethe) und Nietzsche dem Herzen zugedacht haben. Faszinierend sind die in den Betrachtungen erscheinenden Differenzen zwischen den Epochen und Kulturkreisen, noch faszinierender allerdings die Übereinstimmungen.

Direkt in seiner Einleitung schreibt Høystad: „Wann immer das Herz im Spiel ist, geht es um Leben oder Tod, sowohl in physischer als auch in seelischer Hinsicht.“[66] Das „magische Herz, das rhythmisch in unserer Brust schlägt“[67], repräsentiert offenbar ein Wissen davon, dass die entscheidenden Prozesse im individuellen und sozialen Leben mit Werten zusammenhängen, die für das alltägliche Vorstellungsvermögen nicht unmittelbar zu verstehen sind. Aus Sicht des Herzens greifen die rationalen Konzepte immer zu kurz. Sobald das Herz als Bild, als Metapher oder als Imagination für das Leben genommen wird, öffnen sich Sichtweisen, die nicht nur einen moralischen, sondern auch einen spirituellen Duktus haben. Wo die Moral sich mit dem Unterschied zwischen dem Guten und dem Bösen beschäftigt, steigt die Spiritualität eine Etage höher und stellt die Sinnfrage, die sich immer irgendwie auf die Bedeutung des Bösen bezieht.

Das Herz, als Urbild von Menschlichkeit, sucht also immer eine Antwort auf die Sinnfrage. Høystad stellt jedoch fest, dass das Bild des Herzens im Laufe der europäischen Entwicklung „entzaubert“ worden ist; entleert von magischen oder mystischen Wirkungen ist das Herz eine Pumpe geworden, die lediglich die Blutströme im menschlichen Körper bewirkt. Mit der materiellen Verdinglichung des Herzens ging eine Verschiebung auf die körperliche Ebene einher: Nicht das rhythmische Herz in der Brust bietet seitdem die Grundlage der seelischen Empfindungen, sondern das ruhende und schwebende Gehirn im Kopf. Diese Verschiebung öffnete anschließend die Tür für einen weiteren Schritt: die Psychologisierung des individuellen Menschen. Die seelischen – man spricht heute lieber von *psychischen* – Regungen des Menschen sind, befreit von den existenziellen Rätseln von Leben und Tod, quasi transparent und analysierbar geworden.

Die historischen Untersuchungen von Høystad helfen aus zwei Gründen beim Verständnis einer Kultur des Herzens. Erstens machen sie deutlich, dass das Herz tatsächlich „eines der Hauptsymbole unserer Menschlichkeit"[68] ist, wie er sagt. Alles, was wir unter Menschlichkeit verstehen, hat sich in der Geschichte der Menschheit in dem jeweilig herrschenden Bild vom Herzen unmittelbar ausgedrückt. Den Wikingern beispielsweise galt als Ideal ein tapferes und unbeugsames Herz, die Sufis dagegen betonten gerade die mäandernde Offenheit und die subtile Empathie, und die alttestamentlichen Juden sprachen diesbezüglich eher vom Geist oder Intellekt. In allen Kulturen war das Herz jedoch der Sitz der Menschlichkeit, oder stärker noch, es war die Ursprungsquelle der Kultur an sich. Beide Begriffe, Herz und Kultur, werden in den Betrachtungen von Høystad wie Zwillinge miteinander verschränkt. Kultur ist deswegen in seinen Beschreibungen nicht nur eine künstliche Zugabe zur Natur, die aus Distanz zur gegebenen Welt entsteht, sondern darüber hinaus auch eine Versuchsmethode der Menschlichkeit, die gerade in der Nähe zur Welt praktiziert wird.

Im Kontext der Geschichte der europäischen Kultur – leider beschäftigt sich Høystad zum Beispiel nicht mit China[69] – erscheint eine Vielfalt an Diskursen in Bezug auf Kultur, Herzlichkeit und Menschlichkeit. Die Verschiedenheit der Ansätze weitet den Begriff der Menschlichkeit und macht die Sicht auf eine bunte Landschaft frei. Eine mutige Menschlichkeit erscheint, aber auch eine nachdenkliche, eine sanfte, eine planende und organisierende, eine opfernde, eine stille und schweigende, eine expressive und offensive. Der Begriff Menschlichkeit erhält eine dynamische und pluriforme Gestalt.

Høystad ist sich darüber bewusst, dass wir gerade in einer Zeit leben, in der sich höchst unterschiedliche Willensrichtungen und Lebensformen in einer offenen Öffentlichkeit begegnen, die nicht mehr von einem bestimmten Paradigma geprägt und beherrscht wird. Unabhängig davon, ob wir von der Europäisierung, der Globalisierung oder der Inklusion sprechen, die Tendenz ist klar: Was früher noch Sonderwege waren, die sich durch partielle Absonderung entfalten konnten, ist längst allgemein sichtbar und spürbar geworden — die Welt hat sich in einen globalen Marktplatz verwandelt. Und obwohl Høystad sich hauptsächlich mit der Vergangenheit beschäftigt, werfen seine Darstellungen doch ein helles Licht auf unsere Gegenwart. Bereits in seiner Einleitung stellt er die Frage, wie die durchaus fulminanten Unterschiede in eine positive Beziehung zu einander gesetzt werden können.

In seiner fast schüchternen Antwort auf diese Frage liegt substantiell der Beginn einer Kultur des Herzens: „Weil das Herz trotz aller Unterschiede offenbar in vielen Kulturen ein zentrales Thema ist, repräsentiert es vielleicht doch eine Gemeinsamkeit zwischen allen Menschen. Vielleicht kann das Herz Brücken zwischen Kulturen bauen, die einander schwer verstehen? Vielleicht gibt es sogar eine gemeinsame Sprache des Herzens in allen Kulturen, so dass die Menschen sich unmittelbar über alle Sprachgrenzen hinweg und trotz aller religiösen Gegensätze und kulturellen Unterschiede verstehen können?“[70]

Und damit sind wir bei der Sprache.

Der zweite Grund, warum die Ausführungen von Høystad uns bei den Fragen nach Freundschaft, Nähe und Beziehung weiterhelfen, liegt in der Art und Weise, wie er die Tatsache der Entzauberung des Herzens darstellt. Neben der naturwissenschaftlichen Verdinglichung des Herzens, so geht aus seinen Ausführungen hervor, läuft in Bezug auf die Herzlichkeit ein zweiter Prozess, der bereits in den Dramen von Shakespeare sichtbar wird. Høystad zitiert Cordelia aus *King Lear*, die an einer entscheidenden Stelle sagt: „I cannot heave my heart into my mouth", was auf Deutsch in etwa heißen könnte: „Ich kann mein Herz nicht auf die Zunge legen." Cordelia ist die Tochter von König Lear, der sich gerade in einer Krise befindet und von seinen Verwandten und Freunden erfahren will, wie sie sich zu ihm verhalten. Von seiner Tochter, die vielleicht der einzige Mensch ist, den er wirklich liebt, bekommt er also keine Antwort. Ich muss die komplexen Verwicklungen dieses Dramas hier nicht weiter beschreiben, um trotzdem deutlich zu machen, welche erschütternde Bedeutung diese Worte für König Lear — man könnte auch sagen: für das gerade erwachte Selbstbewusstsein, das sich wie in einem Käfig gefangen empfindet — haben. Sie bedeuten ungefähr: „Was wirklich in meinem Herzen lebt, kann ich nicht in Worte fassen." Oder auch: „Das Unaussprechliche würde gekränkt, brächte ich es zur Sprache."

Høystad fasst das Problem der Sprache so zusammen: „Alles ist Sprache, aber die Sprache ist nicht alles, könnte man im Geiste Wittgensteins sagen. Von diesem Dilemma handelt die Geschichte des Herzens, vom Unterschied und Zusammenhang zwischen der Sprache des Herzens und dem Herzen der Sprache. Der Mensch will von Natur aus frei von der Leber sprechen, das heißt spontan und frei aus seinem Herzen, und tut dies im Vertrauen darauf, dass das Gesagte nicht missbraucht und gegen den Sprecher verwendet wird. Davon hängt alles Zwischenmenschliche ab. Gesellschaftlich ist dies leider unmöglich, weil sich die Menschen in allen möglichen Dingen auf unterschiedlichen Niveaus befinden: emotional, intellektuell, sachlich und erfahrungs- sowie bildungsbedingt. Weniger belastend ist dieser Unterschied zwischen Menschen, die ihn akzeptieren und einander trotzdem verstehen, weil sie den Anderen in seiner Verschiedenheit respektieren, egal, ob er mehr oder weniger weiß oder kann. Dazu gehören Empathie, ein Herz und Selbstüberwindung."[71]

Die moderne Krise des Herzens bekommt bei Shakespeare eine fundamentale Bedeutung: Es geht nicht um eine sprachliche Unfähigkeit von Cordelia, von König Lear oder seinem Hofnarren, von mir oder von Dir, sondern um eine Unmöglichkeit der Sprache selber. Die Krise und somit auch die Entzauberung des Herzens bedeuten im Grunde genommen einen Vertrauensbruch. Er entsteht dadurch, dass einerseits offenbar nichts ohne Sprache dargestellt werden kann, andererseits die Sprache nicht im Stande ist, die subtilen Vorgänge des Herzens zu vermitteln. Man könnte es mit Nietzsche noch drastischer sagen: „Alles was wir in Worte fassen, ist in unserem Herzen bereits tot."

Was macht in dieser Hinsicht eigentlich die Sprache aus? Etwa zweihundert Jahre nach Shakespeare, so beschreibt es Høystad, stellt der Philosoph Johann Gottfried Herder im achtzehnten Jahrhundert genau diese Frage und stiftet damit eine intellektuelle Unruhe, die bis zum heutigen Tag in allen Aspekten des privaten und öffentlichen Lebens spürbar ist. Bereits mit Herder, der Zeitgenosse von Immanuel Kant war, fängt eigentlich die Demontierung der Aufklärung an, die dann bei Nietzsche und später bei den Postmodernen definitiv vollzogen wird. In dieser Demontierung spielt die Frage der Sprache eine Hauptrolle, was auch an dem weit und breit gefeierten *linguistic turn* (Wittgenstein) im zwanzigsten Jahrhundert erkenntlich ist. Høystad spricht diesbezüglich mit Recht von einem „Durchbruch", einem „kulturellen Wandel", an dem wir alle teilhaben, „ganz in Herders Geist"[72].

Der Romantiker Herder wendet sich in seiner Schrift *Über den Ursprung der Sprache* (1772) gegen die Aufklärung (Descartes) und die Vernunftphilosophie Kants. Seine Kritik beruht auf dem Umstand, dass „die Aufklärer" eine naive Trennung zwischen „Welt" und „Sprache" vollziehen, oder genauer gesagt: zwischen dem, was aktiv und dem, was passiv repräsentiert wird. Die (sprachliche) Darstellung der Phänomene – egal ob es um Gegenstände oder Ideen geht – gehört laut Herder jedoch genauso zur Welt wie alles andere auch. Die Sprache stellt für Herder die Welt nicht einfach symbolisch dar, sondern organisiert sie, ordnet sie ein, ja: kreiert sie, genauso wie der hebräische Gott die Welt durch die stiftende Macht der Sprache geschaffen hat.

In der Sprache drückt sich der Mensch nicht nur aus, sondern gestaltet sich „expressiv"; der Mensch ist bei Herder nicht zuletzt wegen seiner Sprache „der erste Freigelassene der Schöpfung", er ist zur „Freiheit organisiert"[73]. Es ist vor allem diese expressive Sichtweise von Herder, die ihn – fast unheimlich – postmodern macht. Was sich viel später bei Nietzsche, Wittgenstein und auch Foucault wie ein Vulkanausbruch an die kulturelle Oberfläche schiebt, schwelt als Lava bereits in den Texten von Herder. Ein Vergleich zur Philosophie von Immanuel Kant verschärft die Dynamik von Herder exorbitant: Wo Kant implodierend versucht, die konkrete Welt hinter den Worten in Abstraktionen verpuffen zu lassen (so dass alles stimmt und wir endlich Ruhe haben), stößt Herder explosiv einen Ausbruch von expressiven Möglichkeiten und Unmöglichkeiten an, die zwar verwirrend wirken, den Menschen dafür aber an den Puls seines eigenen Lebens bringen.

Es wäre zu einfach zu behaupten, dass Herder die Krise der Sprache bereits im achtzehnten Jahrhundert gelöst hätte. Das hat er nicht. Was wir ihm verdanken, ist trotzdem viel: Er hat der Sprache den Platz gegeben, den sie braucht, um wirklich Sprache zu sein: einen Platz im Herzen der Kultur. Mit den Möglichkeiten der Sprache (siehe Walter Benjamin weiter unten) gehen jedoch die Unmöglichkeiten der Sprache unvermeidlich einher, und vielleicht noch am besten mit den Wörtern „Sprachlosigkeit" und „Stummheit" (Benjamin) zu repräsentieren sind. Wenn wir mit Herder meinen, dass alles Sprache ist, dann ist auch wahr, dass alles *spricht*, eben auch wenn das eine oder das andere (gerade) *schweigt*. Oder anders herum: Wenn alles Sprache ist, dann ist auch wahr, dass alles stumm ist, eben auch wenn das eine oder das andere (gerade) *spricht*. Das Paradox darf ruhig Paradox bleiben; nicht die „philosophische" Lösung des Problems zählt, sondern dessen Wirkung auf das Bewusstsein.

In einer Kultur des Herzens wird durchaus auch geschwiegen, wie in einer wirklichen Freundschaft auch. Das Drama von König Lear, wie oben angedeutet, liegt vor allem darin, dass der König die Haltung seiner Tochter nicht ertragen konnte: Um meinen Gefühlen und Empfindungen gerecht zu werden, muss ich jetzt schweigen. Lear kann die Sprachlosigkeit nicht ertragen, er sieht sich dadurch mit einer Leere konfrontiert, einer sehr *modernen* Leere, die er unbedingt mit seinen eigenen Vorstellungen füllen muss, die allerdings ängstlich und eng sind. Es sind vor allem seine eigenen Vorstellungen, die ihm am Ende des Dramas zum Verhängnis werden.

Die von Herder gestiftete Unruhe gründet in der Angst vor der Leere, vor dem Nichts. Nietzsche hat uns gezeigt, was geschieht, wenn man sich kämpferisch in diese Leere stürzt: Alle möglichen und unmöglichen Behauptungen kehren sich am Ende gegen ihren Urheber, das Bewusstsein wird in den Wahnsinn gestoßen und die Welt wird tatsächlich still, sehr still. Nietzsche war ein lauter Denker, der expressiv gerungen hat mit dem „Vielleicht" und dem „Ach!", diesen beiden unscheinbaren Wörtchen, die in seinen Vorstellungen die letzte und äußerst fragile Brücke zwischen dem Sprechen und dem Schweigen ausmachten. Gerade in der definitiven Trennung zwischen Sprechen und Schweigen verlieren das Vielleicht und das Ach jedoch ihre öffnende und – in der Sprache von Jacques Derrida – schwindelerregende Wirkung. Soweit Ole Martin Høystad.

Mitten in seinem Aufsatz „Zur Kritik der Gewalt"[74], der 1921 geschrieben wurde, spricht Walter Benjamin (1892-1940) auf einmal und unbekümmert das Wort von einer „Kultur des Herzens" aus. Die romantisch anmutende Andeutung – sie geht vermutlich auf das Umfeld von Herder zurück – taucht ohne Ankündigung in seinem kompakten und komplexen Text auf und scheint sich davon quasi auf der Stelle auch wieder zu befreien, um wie eine Aura über den sperrigen Begriffen zu strahlen, die den Verfasser damals gerade beschäftigen: Gewalt, Recht, Gerechtigkeit, Sittlichkeit... Ein bisschen irritierend ist die schöne Erscheinung aber schon: Sie wird nicht erklärt, bleibt schwebend im Raum, trifft vielleicht die Herzen einiger Leser, erreicht allerdings deren Köpfe nicht. Am meisten irritiert jedoch, dass sie so daherkommt, als wüsste die ganze Welt, was sie bedeutet und vermag. Obwohl die Andeutung, das wurde recherchiert, in weiteren Texten von Walter Benjamin nirgendwo wieder auftaucht, lohnt es sich der Frage nachzugehen, warum sie gerade in seiner Betrachtung über Gewalt erscheint.

Die Anfangsfrage des Aufsatzes bezieht sich auf die Legitimität von Gewalt. Die blutige Revolution in Russland, die bekanntlich nicht auf „Pantoffeln daherkam" – so drückte es Stalin später aus –, hatte der Frage im zweiten Jahrzehnt des vorigen Jahrhunderts eine neue Aktualität verschafft. Es ist leicht zu begreifen, dass sie nicht eine rein rechtliche Frage ist. Würde man nur auf die herrschenden Gesetze schauen, müsste die Antwort ohne viel Aufhebens oder tiefgreifende Überlegungen einfach negativ ausfallen. Auch damals galt das Gewaltmonopol des Staates: Nur der Souverän hatte das Recht, in mehr oder weniger festgelegten Situationen Gewalt anzuwenden. Die Instrumente dieses Monopols waren – und sind – bekanntlich die Polizei (nach innen) und die Armee (nach außen). Rein rechtlich gesprochen war die Revolution in Russland einfach als Verbrechen einzustufen.

Nicht das herrschende Recht also, sondern die „Gerechtigkeit“ soll eine Antwort auf die Frage geben. Was Benjamin hier mit Gerechtigkeit meint, geht weit über das Gefüge der vorhandenen Gesetze hinaus und hat eine moralische Bedeutung, die von großen Ideen wie Freiheit, Gleichheit und Brüderlichkeit getragen wird. Auch der Begriff „Sittlichkeit“ spielt in dem Aufsatz eine wichtige Rolle, er hat eher einen historischen Duktus und repräsentiert die gewordenen und offenbar mehr oder weniger allgemein akzeptieren Normen und Werte einer Gesellschaft.

Das Recht, so geht aus den Betrachtungen von Walter Benjamin hervor, hat eine unvollkommene Beziehung zur Gewalt. Einerseits hat es die Aufgabe die Bürger gegen Gewalt (als Einbruch in die Sittlichkeit) zu schützen; andererseits – und darin liegt die Unvollkommenheit – ist Recht ohne Gewalt nicht zu handhaben: Gäbe es keine Konsequenzen, Bestrafungen oder Verurteilungen, so blieben Gesetze folgenlos. Gewalt wird in unserer Gesellschaft also mit Gewalt bestraft, ein Umstand, der prinzipiell den Gerechtigkeitsbegriff kränkt (und deswegen auch immer wieder die Aufmerksamkeit der Philosophen auf sich zieht). Benjamin kümmert sich in seinem Aufsatz vor allem um den Begriff der Gerechtigkeit, er befragt ihn, umschmeichelt ihn und betrachtet auch seine stolze Dornenkrone, erstens wegen des Ethos’ der Gerechtigkeit selber, aber zweitens auch deshalb, weil Recht und Sittlichkeit in einer Gemeinschaft nur dann heilsam wirken können, wenn sie eine transparente und für alle Bürger nachvollziehbare

Beziehung zur Gerechtigkeit haben. Wenn der Widerspruch – kein Recht ohne Gewalt – nicht mindestens ins Bewusstsein der damit umgehenden oder eben betroffenen Beteiligten gehoben wird, droht der Begriff der Gerechtigkeit mitsamt des Rechts und der Sittlichkeit ins Abseits zu geraten.

Um ein neues Licht auf diese Frage zu werfen, wechselt Benjamin im letzten Viertel des Aufsatzes die Szene. Er spricht auf einmal nicht mehr von Menschen, von menschlicher Geschichte oder deren Gepflogenheiten, von Recht und Sittlichkeit, sondern von den Göttern, die, wie in alten Mythologien und religiösen Texten immer wieder zu lesen ist, gewalttätig auftraten. In einem Kommentar zu diesem Benjamin-Aufsatz „Zur Kritik der Gewalt" sagt der der Philosoph Axel Honneth es so: „Wie so viele Texte Walter Benjamins, so ist auch dieser Aufsatz von höchst irritierender Subtilität, weil er im Ausgang von einer nüchternen, geradezu akademischen Leitfrage im Fortgang der Argumentation einen kaum merklichen Übergang zu religiösen Erwägungen vollzieht."[75]

Benjamin geht offenbar davon aus, dass unsere zentralen, heutigen Vorstellungen auf mythische und religiöse Erzählungen und Empfindungen zurückzuführen sind. Und genau wie bei den Menschen gab es auch bei den Göttern unterschiedliche Arten der Gewalt. Benjamin unterscheidet in seinen Betrachtungen zwischen zwei Erscheinungsformen: Die Eine nennt er „unrein", die andere „rein". Die unreine Form meint er vor allem in den Mythen zu finden. Sie ist immer mit bestimmten Anliegen und Interessen verknüpft, denen die jeweiligen Götter auf der Spur sind. Diese Form der Gewalt geht mit bestimmten Vorstellungen, Zielen, Begierden und Wünschen einher; sie tritt in einem spannungsvollen Beziehungsfeld zwischen konkurrierenden und miteinander kämpfenden Göttern auf. Sie versteht Gewalt also als ein Mittel zu einem bestimmten

Zweck. Man muss nur einige mythologische Erzählungen kennen, um zu verstehen, was Walter Benjamin hier meint: Zeus bekämpft Kronos, Horus bekämpft Seth, Loki bekämpft Odin...

Die andere Form der Gewalt, die „reine", ist laut Benjamin eher in den monotheistischen Religionen zu finden, im Judentum, im Christentum und im Islam. Auf diese Art deutet das Wort Zorn, ja sogar der „heilige Zorn": Gott greift mit Gewalt in das Schicksal der Menschheit ein, nicht um seine eigenen göttlich-egoistischen Ziele zu realisieren, sondern um die *Menschen* zu *Menschen* zu machen. Diese Art der göttlichen Gewalt ist in den Worten von Benjamin rein „expressiv", sie ist als eine unmittelbare „heilige Manifestation" Gottes zu verstehen, eine Art Fortsetzung seiner souveränen schöpferischen Macht. In seiner zornigen Gewalt zeigt sich Gott – wieder in meinen Worten – als kreatives und kosmisches Wollen.

„Die mythische Gewalt", schreibt Benjamin, „ist Blutgewalt über das bloße Leben um ihrer selbst, die göttliche reine Gewalt über alles Leben um des Lebendigen willen. Die Erste fordert Opfer, die zweite nimmt sie an."[76] Nun ist natürlich die Frage, ob sich diese Erscheinung der reinen göttlichen Gewalt auch auf Menschen übertragen lässt. Obwohl Benjamin diesbezüglich karg und abstrakt bleibt, lässt er keinen Zweifel daran bestehen, dass er zum Beispiel in revolutionären Vorgängen eine Art menschlichen Zorns wirksam sieht, der sich nur augenscheinlich an bestimmten politischen oder sozialen Zielen orientiert. Revolutionen versteht er als Ausbrüche des Wollens, die nur in der Weite und in der Tiefe des Begriffes „Gerechtigkeit" ihre Legitimierung finden, nicht im Recht und auch nicht in der Sittlichkeit. Auf der rechtlichen und der sittlichen Ebene, so argumentiert er, geht es im Grunde genommen immer um die Handhabung einer bestehenden Ordnung; die Interessen der Herrschenden sind im Recht verkörpert, neue gesellschaftliche Ordnungen und neue soziale Verhältnisse dagegen gründen in der Gerechtigkeit.

Deutlich ist an dieser Stelle, dass Benjamin sich mit seiner Sichtweise in der Nähe des oben beschriebenen Anliegens von Herder befindet. Auch er sucht die „Expressivität" in den individuellen Menschen selber, nicht in ideologischen Vorstellungen, historischen Gegebenheiten oder in Utopien. Die Idee der Gerechtigkeit wird bei Benjamin implizit von Vergangenheit und Zukunft befreit, sie steht wie ein Ausrufungszeichen mitten in der Gegenwart. Die Schwierigkeit liegt allerdings darin, dass die russische Revolution stark von utopischen Vorstellungen geprägt war, es gab damals wohl so etwas wie ein politisches oder ideologisches Programm, auch wenn die Meinungen, wie wir wissen, diesbezüglich stark auseinander gingen. Aber Benjamin scheint das alles nicht zu stören, er meint offenbar, dass die politischen Vorstellungen nur unwesentliche Begleiterscheinungen eines Wollens sind, das wie ein Vulkan aus der Tiefe ausbricht und eine neue Landschaft kreiert. Der gerechte Zorn des Menschen — heute würden wir vielleicht eher von Empörung sprechen — lässt sich von ideologischen Vorstellungen nur sehr bedingt beeinflussen.

Mitten in seinem Aufsatz stellt dann Benjamin die interessante Frage, ob es vollkommen gewaltlose Alternativen zum Recht geben kann. Auch hier geht es ihm um „Reinheit", die er nur mit Gerechtigkeit verbindet. Auf der Ebene des Rechts und der Sittlichkeit kann diese Reinheit für ihn erst dann in Erscheinung treten, wenn gerade auf Gewalt und somit auf Recht (als Gefüge von existierenden Gesetzen) verzichtet wird. Benjamin schreibt: „Ist überhaupt gewaltlose Beilegung von Konflikten möglich? Ohne Zweifel. Die Verhältnisse zwischen Privatpersonen sind voll von Beispielen dafür. Gewaltlose Einigung findet sich überall, wo die Kultur des Herzens den Menschen reine Mittel der Übereinkunft an die Hand gegeben hat. Die rechtmäßigen und rechtswidrigen Mittel aller Art, die doch samt und sonders Gewalt sind, dürfen nämlich als reine Mittel den gewaltlosen gegenübergestellt werden. Herzenshöflichkeit, Neigung, Friedensliebe, Vertrauen und was sich sonst hier noch nennen ließe, sind deren subjektive Voraussetzung."[77]

Konfliktlösungen des objektiven Rechts sind für Benjamin immer nur „mittelbar", weil sie sich nicht unmittelbar auf „die Schlichtung der Konflikte zwischen Mensch und Mensch", sondern nur auf „Sachen" beziehen. In einer Kultur des Herzens geht es laut Benjamin nicht nur um Sachen und Dinge, sondern auch und gerade um die Beziehungen zwischen den Menschen, die an einem Konflikt beteiligt sind. Benjamin spricht von einer „gewaltlosen Sphäre menschlicher Übereinkunft", die im Stande ist, die (rechtliche) Gewalt völlig auszuschließen – eine „Sphäre der Verständigung" also, deren gewaltfreies Herz „die Sprache"[78] ist.

Walter Benjamin relativiert das herrschende und funktionelle Gefüge der Gesetze, das, wie wir wissen, damals wie heute ständig in Veränderung begriffen ist. Er lässt es allerdings nicht dabei, lediglich für *gerechtere* Gesetze zu plädieren, sondern weist auf die Möglichkeit hin, in bestimmten Situationen überhaupt *ohne* Gesetze auszukommen. Er meint, dass der bewusste Verzicht auf das Recht der Gesetze zu Gunsten einer zwischenmenschlichen Einigung letztendlich den Verzicht auf Gewalt bedeutet, nicht abstrakt auf Gewalt generell, sondern konkret auf Gewalt in spezifischen Situationen mit konkreten Beteiligten. Die Gewalt, von der er an dieser Stelle spricht, führt zwangsläufig zu einer Strafe (Partei A soll gegen ihren Willen in den Knast, Partei B eine Summe Geld bezahlen, Partei C ihre Wohnung räumen), die zwar eine Sache entscheidend regelt, die beteiligten Menschen allerdings nicht näher zueinander bringt, sondern meist noch weiter voneinander entfernt.

Auch Benjamin zweifelt ganz und gar nicht daran, dass für das Funktionieren unserer Gesellschaft Gesetze gebraucht werden; ohne rechtliche Gewalt kann sie nicht geregelt werden. Mit dieser notwendigen Handhabung geht jedoch eine Beschränkung einher, eine Unmöglichkeit, wenn man so will, die für Benjamin offenbar das Ergebnis eines fundamentalen Widerspruches ist. Sobald man sich bewusst oder unbewusst auf die Aussagekraft des Gesetzes einlässt, gibt man die Möglichkeit einer bewussten und vertieften Auseinandersetzung mit dem aktuellen Gegenüber auf. Für Benjamin hat diese „private" Auseinandersetzung offenbar einen Wert, der über die Bedeutung einer sachlichen Lösung hinausgeht.

Dieser Widerspruch lässt sich grundsätzlich nicht aufheben, er kann, laut Benjamin, jedoch dann umgegangen oder aufgehoben werden, wenn sich „Privatpersonen" dazu entscheiden, die zwischenmenschliche Beziehung ernst zu nehmen. Der Begriff „Privatperson", hier von Benjamin benutzt, ist übrigens ein rein rechtlicher: Nur in einem gesetzlichen Rahmen sind Menschen private Subjekte. In einer Kultur des Herzens, die an erster Stelle auf die Nähe zwischen Menschen setzt, auf das Potential also, das in der Beziehung zwischen zwei Menschen schlummert, gibt es den Unterschied zwischen Privatpersonen und (beispielsweise) Bürgern nicht. In einer Kultur des Herzens werden die Menschen frei – Benjamin würde sagen: „adamitisch" – angesprochen; sie benennen sich in dieser Sphäre beispielsweise als Freunde, Feinde, Bekannte, Nächste, Geliebte und/oder Gesinnungsgenossen.

Bemerkenswert an Benjamins Sichtweise ist vor allem, dass er ohne postmoderne „Vielleichts" und „Achs" den Begriff der „Reinheit" ins Spiel bringt, nicht nur im Rahmen der Gerechtigkeit (unreine und reine Gewalt), sondern auch auf der rechtlichen Ebene (Verzicht auf rechtlich legitimierte Gewalt). Er wird dabei ganz sicher an die „reine" Vernunft Kants gedacht haben, mit der ein Erkennen gemeint ist, das unabhängig von Erfahrungen Bestand hat und „rein" in sich selbst begründet ist. Benjamin verbindet nun diesen Begriff der Reinheit mit dem Gegenpol des Erkennens, nämlich mit wollendem und schöpferischem Handeln – was ist Gewalt anders als ein gesteigertes Tun? Das Beispiel des zornigen Gottes aus der Bibel oder aus dem Koran macht deutlich, dass Benjamin dabei gerade nicht an eine Instanz (Gott oder Mensch) denkt, die sich das Eine oder Andere sorgfältig überlegt hat, bevor sie gewalttätig wird. Die reine Gewalt ist in seinen Vorstellungen eine unmittelbare „heilige Manifestation" des Göttlichen oder des Menschlichen, sie tritt direkt und ohne besinnende oder besonnene Zurückhaltung in Erscheinung.

In vielen Texten von Benjamin werden der Begriff der Reinheit und der Begriff der Unreinheit wie eine weiße beziehungsweise eine schwarze Königin im philosophischen Schachspiel weit nach vorne geschoben. Benjamin schaut dabei, wie gesagt, einerseits auf Kant und dessen „reine" Vernunft, andererseits genau so offen auf die „Reinheit" und die „Unreinheit", die in jüdisch-religiösen Texten immer wieder thematisiert werden. Benjamins philosophische Arbeit lässt sich vielleicht noch am besten als eine andauernde Annährung zweier Perspektiven charakterisieren: eine materialistische (Benjamin war durchaus Marxist; Hannah Arendt: „Benjamin dürfte wohl der seltsamste Marxist gewesen sein, den diese an Seltsamkeiten nicht arme Bewegung hervorgebracht hat."[79]) und eine spirituelle. Wo Kant die spirituelle Perspektive (er spricht vom Glauben) gerade vom Erkennen trennt, versucht Benjamin die Beziehung zwischen dem Religiösen und dem Materiellen herzustellen und zu befestigen. Und diese Annährung läuft eigentlich immer über die Sprache, genau wie – wenn man genau hinschaut – in dem Aufsatz über die Gewalt. Was Benjamin hier wirklich beschäftigt, ist die Frage:

Haben die Wörter „rein“ und „unrein“ möglicherweise eine verborgene Bedeutung, die wir längst vergessen haben?

Wie bei Herder ist auch bei Benjamin die Sprache vielleicht der eigentliche Gegenstand seiner Aufmerksamkeit und Zuwendung. Ganz deutlich wird das sichtbar, wenn man seine Texte über die Sprache wie eine transparente Matrix, eine Folie über – in diesem Falle – seinen Aufsatz über die Gewalt legt. Alle Kernbegriffe, mit denen Benjamin in vielen seiner Texte versucht, der Sprache ihren dynamischen Platz im Herzen der Kultur (zurück?) zu geben, machen auch die begrifflichen Koordinaten in seinem Aufsatz über die Gewalt aus. Man sieht daran, dass die Sprache bei Benjamin immer da ist, auch wenn sie nicht explizit thematisiert wird. Und wenn man dann noch seine literarischen Texte dazu nimmt, in denen er die stummen Dinge sprechen lässt, zum Beispiel seine autobiographischen und wunderschönen Versatzstücke *Berliner Kindheit um Neunzehnhundert*[80], stellt man staunend fest, dass Benjamin als Dichter und Schriftsteller ein praktizierender Philosoph und als Philosoph ein theoretisierender Dichter und Schriftsteller war. Hannah Arendt, die übrigens eine freundschaftliche Beziehung zu ihm pflegte, drückt es so aus, dass „wir es bei Benjamin mit etwas zu tun haben, was nun in der Tat, wenn nicht einzigartig, so doch äußerst selten ist – mit der Gabe, *dichterisch zu denken*“ (hervorgehoben von Arendt)[81].

Wie bereits im vierten Kapitel dieses Buches angedeutet, unterscheidet Benjamin in seiner Sprachtheorie zwischen vier Erscheinungsformen der Sprache; er spricht von der „stummen“, „urteilenden“ oder „richtenden“, „adamitischen“ und „göttlichen“ Sprache.[82] Mit der stummen Sprache ist die Tatsache gemeint, dass „alles“ spricht, auch wenn keine Wörter hörbar oder lesbar sind: ein Zaunkönig auf einem Ast, eine Mutter mit ihrem Kind auf ihrem Schoß, eine verlassene Baustelle im Regen, eine von Leben erfüllte Passage in einer Großstadt, ein brennendes Asylantenheim... Was für die Griechen „Logos" hieß, etwa: ordnendes Wort, braucht keine Worte, um trotzdem Sprache zu werden und zu sein. Mit seiner stummen Sprache erinnert Benjamin uns daran, dass die ganze Wirklichkeit wie ein Sprechen oder wie ein Schreiben zu verstehen ist, wir müssen sie nur hören oder lesen, unser Herz dafür öffnen wollen.

Die göttliche Sprache korrespondiert mit der göttlichen Gewalt; sie ist unmittelbar schöpferisch, heute würden wir vielleicht sagen: kreativ; sie beschreibt oder vermittelt nicht, sondern konstituiert. Obwohl wir es uns meistens nicht vergegenwärtigen, sind wir mit der Wirkung dieser Sprache sehr vertraut. Wenn mir jemand zum Beispiel sagt: „Du bist mein Freund!", oder eben: „Ich liebe Dich!", dann nehme ich das nicht einfach nur als Mitteilung hin, als eine Art Info, die dazu führt, dass ich die Welt vielleicht ein bisschen besser verstehen könnte, sondern werde durch die Aussage grundsätzlich in eine neue Lage gebracht. Dadurch, dass jemand sich mir gegenüber unmittelbar *offenbart* – Offenbarung und göttliche Sprache hängen ja eng zusammen –, erlange ich nicht nur neue und hoffentlich hilfreiche Erkenntnisse, nein, ich werde Teil einer Welt, meiner und Deiner Welt, die vor der (gewaltigen) Äußerung noch nicht existierte, oder zumindest noch nicht von mir bemerkt wurde. Die Kraft der göttlichen Sprache ist stark, sie kann sogar dazu führen, dass in mir Liebe (zum Beispiel für die Person, die sagt: „Ich liebe dich!") gestiftet wird. Echte „expressive", „performative" Offenbarungen zwischen Menschen führen immer dazu, dass die Welt neu geschaffen wird.

Die adamitische Sprache ist die poetische Sprache. Sie gibt den Dingen ihren richtigen – man könnte auch sagen: reinen oder gewaltfreien – Namen. Sie ist nicht poetisch im streng literarischen Sinne, man braucht also keine Gedichte zu schreiben, um adamitisch unterwegs zu sein. In allen möglichen sprachlichen Äußerungen kann sie wirksam sein: vor allem in Gesprächen natürlich, aber auch in E-Mails, Tweets, Blogs und SMS, in journalistischen Nachrichten und Kommentaren, in sachlichen Texten, in Vorträgen und Vorlesungen, selbst in wissenschaftlichen Beiträgen und politischen Reden. Die adamitische Sprache kann locker und fließend sein, allerdings genauso gut sperrig und kantig (wie manchmal bei Benjamin); sie ist in Bezug auf *Bedeutung* allerdings immer gleichzeitig präzise und großzügig. Sie räumt ein, dass Logoi vielschichtige Hoheiten sind, die nur dann in Erscheinung treten, wenn an beiden Seiten der Kommunikationskette (die Verbindung zwischen Sendern, Medien und Empfängern, die Schwingung zwischen Mündern, Luft und Ohren) die Grundhaltung eines Wohlwollens besteht. Für die adamitische Sprache gilt, was laut Benjamin auch für eine Kultur des Herzens gilt: „Herzenshöflichkeit, Neigung, Friedensliebe, Vertrauen und was sich sonst hier noch nennen ließe, sind [ihre] subjektive Voraussetzung."

Als vierte Form der möglichen Anwendung von Sprache nennt Walter Benjamin die „urteilende oder richtende Sprache". Diese Sprachart beherrscht für Benjamin das öffentliche und private Leben der heutigen Zeit. Sie bildet das Gegenteil der adamitischen Sprache, sie urteilt, beurteilt und verurteilt, sie richtet ständig, verhält sich so, als läge die Hauptaufgabe der Kommunikation im Bekanntgeben von Normen, Meinungen, Argumenten, Ungenauigkeiten, Emotionen oder Empfindlichkeiten. Sie ist ihrem Wesen nach gewalttätig, genau wie das rechtliche Gefüge der Gesetze und die „mythische" Gewalt der Götter. Sie macht die Dinge und Menschen und Ideen und Ereignisse nicht groß und erhaben, sondern eher klein und schrumpelig; sie verdinglicht und versachlicht, sie lebt darüber hinaus manchmal von Spott, Ironie, Häme und Schadenfreude, vor allem aber von der engstirnigen Gewissheit, dass meine kleine und unscheinbare Welt die ganze Welt ausmacht. Die urteilende Sprache, so geht aus der Sichtweise von Walter Benjamin hervor, repräsentiert jene Hindernisse, die in einer Kultur des Herzens gerade überwunden werden wollen.

Man könnte den Eindruck haben, dass Benjamin die richtende Sprache loswerden will und quasi von der adamitischen Sprache ersetzen lassen möchte. So einfach ist es aber leider nicht – und das wusste er auch. Es bleibt wohl so, dass wir in unseren kopfbetonten *und* herzlichen Auseinandersetzungen, privat oder gesellschaftlich, Urteile brauchen (so wie auch die Gesetze), wie uns die Texte von Benjamin gerade zeigen: Er selbst urteilt ständig. Für das Verstehen einer Kultur des Herzens wäre es eher hilfreich, die Beziehung zwischen der adamitischen und der richtenden Sprache als ein spannungsvolles Feld zu betrachten, als eine Werkstatt, die es bewusst zu betreten gilt. Die Frage kann nicht sein, wie wir – in unserem Sprechen, in unserem Zuhören – ein Urteilen und Richten ausschließen, sondern eher die, erst dann zu richten oder zu urteilen, wenn sich die Dinge gezeigt haben, wenn sie „richtig und stimmig" durch die Sprache auf den Tisch gelegt wurden.

Das Problem der richtenden Sprache liegt meines Erachtens darin, dass sie in der heutigen Zeit ein Monopol innehat. In der Schnelligkeit des postmodernen Lebens bekommt die Frage: „Wo möchte ich gerade jetzt hin?" eine fast existentielle Bedeutung; das seelische Wohlbefinden ist von der Fähigkeit abhängig, auf eine flexible Art und Weise seine Position immer neu zu bestimmen. Wir haben den Eindruck, dass wir andauernd urteilen *müssen*, um uns das hektische Leben vom Leibe zu halten, man könnte im Sinne von King Lear auch sagen: um die Leere mit Scheingestalten zu füllen. Der Grund des Eindrucks liegt jedoch nicht darin, dass rechtliche oder funktionale Zwänge unser Handeln beherrschen (was sie natürlich manchmal tun), sondern in dem Umstand, dass ein Innenraum – in mir, in Dir, zwischen uns – fehlt, wo der stille Tanz zwischen großzügig-poetischem Benennen und rein-vernünftigem Urteilen wie eine Kunst ausgeführt werden kann.

Auch Benjamin fehlte manchmal dieser Innenraum, vielleicht hat er ihn nur hinter seinem Schreibtisch betreten können. In einem wunderschönen Essay über Benjamin beschreibt Hannah Arendt, was sie als Freundin in ihrem Freund „Benji" gesehen hat.[83] Sie spricht vom „bucklichten Männlein", das es immer wieder schaffte, das Leben überzeugend durcheinanderzuwerfen, in Freundschaften und kollegialen Beziehungen die richtigen Fragen immer wieder in den falschen Momenten zu stellen, dringende Erwartungen zu haben, die weit über die eigenen Möglichkeiten und die seiner Mitmenschen hinausgingen. Benjamin wurde zeitlebens von einer tiefen und ihm selber unbegreiflichen Unruhe geleitet. Und sein Philosophieren zeigt sich in Arendts liebevollen Beschreibungen als ein Tanzenwollen und -müssen und -können mit „Ungeschick und Missgeschick", mit Widersprüchen und Paradoxien. Seine Arbeit ist insgesamt der Entwurf eines postmodernen Innenraums.

Walter Benjamin nahm sich 1940 in Portbou an der Grenze zwischen Frankreich und Spanien das Leben. Er war auf der Flucht vor den Nazis (deren mythische Sprache und mythische Gewalt er früh erkannt hatte), wollte über Spanien und Portugal nach Amerika emigrieren, erfuhr jedoch nach mühevoller Wanderung über die Pyrenäen, dass die spanischen Behörden ihm und seinen Begleitern den Grenzübergang unerwartet verweigerten. In der auf diese Nachricht folgenden Nacht nahm er sich in dem Grenzstädtchen das Leben. Am nächsten Tag wurde die Grenze jedoch wieder geöffnet; hätte er also einen Tag gewartet, wäre er vielleicht am Leben geblieben. Hannah Arendt stellt in ihrem Essay fest: „Nur an diesem Tag war die Katastrophe möglich."[84] Es hört sich fast so an, als wollte sie damit sagen: „Er hat es sich ausgesucht."

Benjamin konnte seinem widersprüchlichen Wesen nach nicht *sein*, oder vielleicht besser gesagt: Er konnte nur dadurch *sein*, dass er für seine Zeitgenossen mehr oder weniger verborgen blieb, wie verzweifelt er auch zeitlebens versuchte, in eine gesellschaftliche Sichtbarkeit zu gelangen. Als er 1940 starb, gab es nur noch eine Handvoll Menschen, die von seiner glühenden Existenz wussten und ihm dankbar waren. Erst mehr als zwanzig Jahre nach seinem Tod schafften es Hannah Arendt, Theodor W. Adorno und Gershom Scholem – nein, sie waren sich ganz und gar nicht einig über die Bedeutung Benjamins – seine Arbeiten ans Licht einer breiteren Öffentlichkeit zu bringen. Aber eigentlich erst seit etwa 1990, also noch einmal dreißig Jahre später, bekommt Benjamin die Anerkennung, die er braucht, um als das zu gelten, was er war: ein dichtender Denker.

Bei Bernard Lievegoed entzündete sich die Idee einer Kultur des Herzens an der Spannung zwischen dem individuellen Bedürfnis, einerseits die eigene Biographie frei zu gestalten und andererseits mit den Zwängen zurechtzukommen, die mit einem Leben und Arbeiten in institutionellen Zusammenhängen einhergehen. Die übergeordneten Ziele, die hierarchischen Verantwortungsstrukturen und differenzierten Arbeitsvorgänge in Organisationen, Unternehmungen und Einrichtungen lassen eine freie Gestaltung der Persönlichkeit nur beschränkt zu. Lievegoed suchte die Lösung des Problems in einer Verstärkung und vor allem auch in einer „freundschaftlichen" Vertiefung der direkten Beziehungen zwischen den Beteiligten. Die Kultur des Herzens hat bei Lievegoed – seine Position erinnert diesbezüglich an Michel Foucault – den Charakter einer Verschwörung. Was auf der Ebene des Herzens möglich ist, zum Beispiel in der Kneipe oder in Arbeitspausen, steuert unterschwellig die Prozesse in den formalen Entscheidungsorganen in Organisationen. Lievegoed hatte natürlich völlig Recht mit seiner Behauptung, dass diese unterschwelligen „freundschaftlichen" Beziehungen tatsächlich eine große Rolle in institutionellen Zusammenhängen spielen; die Frage allerdings, wie sie transparent und für alle Beteiligten nachvollziehbar gemacht werden können, beantwortete er nicht.

Ole Martin Høystad verlegt diese Fragestellung eine Etage tiefer. Er weist darauf hin, dass das Herz als Symbol oder Metapher mit unterschiedlichen kulturellen und weltanschaulichen Diskursen in Europa korrespondiert. Das Herz, so könnte man seine Betrachtungen zusammenfassen, ist einerseits eine Art Chamäleon: Es nimmt in den unterschiedlichen Kulturkreisen eine spezifische Farbe an, einen dementsprechenden Duktus; es bleibt andererseits, was es angeblich von Anfang an war: Die Quelle der Menschlichkeit. Høystad entwirft implizit eine „Kultur des Herzens", die von Anfang an eine offene Kultur der Menschlichkeit ist, eine Kultur, die von und mit und wegen der Frage lebt: Was macht Menschlichkeit zwischen uns aus? Nicht eine bereits vorliegende Antwort stiftet eine Kultur des Herzens, sondern eine Frage, die offenbar alle Menschen eint: Was ist der Mensch? Høystad kümmert sich dabei nicht – er muss es auch nicht – um spezifische Fragen, die mit Institutionen, mit dem Recht oder mit gesellschaftlichen Einrichtungen zu tun haben.

Walter Benjamin schließlich legt seine Finger gerade in die (europäische?) Wunde. Erstens stellt er fest, dass das (bis heute noch immer herrschende) römische Recht eine unvollkommene Beziehung zur Gewalt hat. Und zweitens macht er klar, dass diese Unvollkommenheit sich bis in unsere Alltagssprache hinein fortsetzt. Die herrschende Ignoranz in Bezug auf die Wirkung unserer sprachlichen Äußerungen führt dazu, dass wir immer wieder an der gleichen Schwelle stehenbleiben: der Schwelle unserer Unvollkommenheiten. Wenn Benjamin dafür plädiert, die göttliche und die stumme Sprache zu *beachten* und vor allem die adamitische Sprache zu *üben*, heißt das im Grunde genommen, dass wir das Sprechen und Zuhören zum Erfahrungsfeld der Selbsterkenntnis machen. Das andere Sprechen und das andere Zuhören beruhen nicht auf einer neuen „Fähigkeit", nicht auf etwas, was man in Seminaren „lehren oder lernen" kann, sondern es verlangt eine andere Art des Seins, weil *Sein* und *Sprechen* aufs engste miteinander verbunden sind. Diese andere Art des Seins liegt in einer freien, offenen und fragenden Beziehung zu dem — sehr großen und weiten — Begriff der Gerechtigkeit begründet.

Das zuständige Organ für Gerechtigkeit ist das Herz.

An einer Stelle treffen sich Lievegoed, Høystad und Benjamin. Sie legen großen Wert auf dynamische und nicht subjektivierte Beziehungen zwischen Menschen, auf das Vertrauen, auch auf das Praktizieren der klassischen Tugenden, das für die Gestaltung von lebendigen Verbindungen eine Voraussetzung ist. Sie befinden sich diesbezüglich in der Nähe von Michel Foucault und Emmanuel Lévinas, die — aus zwei völlig unterschiedlichen Richtungen aufeinander zugehend, ohne einander real getroffen zu haben — meinten, in der Zweierbeziehung eine enorme soziale Potenz gefunden zu haben.

Die Freundschaft ist das Urphänomen dieser Beziehung. Sie ist deswegen gleichzeitig Quelle, Baustein, Werkstatt und Knotenpunkt in einer Kultur des Herzens, aber auch Barrikade und Refugio. Innere Techniken und äußere Fähigkeiten, die für eine Freundschaft von Nöten sind, sind gleichzeitig gerade jene Techniken und Fähigkeiten, mit der eine Kultur des Herzens gestiftet und gehandhabt wird. Die Freundschaft erscheint im Vakuum zwischen öffentlicher und privater Sphäre, muss jedoch nicht Vakuum bleiben, wenn wir es nicht wollen, und kann zum Freiraum der Verantwortung werden. Die Freundschaft ist im Stande, die soziale Lähmung aufzuheben, die durch die absolute Trennung von Privatem (Persönlichem) und Öffentlichem entstanden ist. Rechtlich gesprochen ist diese Trennung sinnvoll und sogar notwendig und soll auch in einer Kultur des Herzens ernst genommen werden, sozial gesehen hat sie Schattenseiten, die ans Tageslicht gebracht werden können und wollen. Von diesen Schattenseiten haben uns Lievegoed, Høystad und Benjamin berichtet.

Eine Kultur des Herzens schaut nach zwei Seiten: nach innen und nach außen. Mit außen ist hier die offene Gesellschaft gemeint, die über immer wieder neue Gesetze mehr oder weniger transparent arbeitet, immer wieder anders transparent. In dieser Öffentlichkeit identifiziert eine Kultur des Herzens sich mit bestimmten sozialen und ökologischen Themen, sie diskutiert über das bedingungslose Grundeinkommen oder über einen neuen Begriff der Arbeit, sie lässt sich über bestimmte (basisdemokratische) Vorgehensweisen definieren, handhabt sprachliche Formen, vernetzt unterschiedliche Gruppen von Menschen, trägt erkennbare Logos und wird von sichtbaren Personen mit Eigennamen vertreten. Wenn heutzutage von einer Kultur des Herzens gesprochen wird, geht es meistens um diese äußerlich sichtbare Bewegung.

Die zweite Seite einer Kultur des Herzens ist nach innen gerichtet. Sie lebt im Verborgenen, ist eher über innere Haltungen und Neigungen zu definieren, findet in den Passagen und Innenräumen zwischen den Beteiligten statt, sie ist alles andere als laut, vielmehr still und fragil, trotzdem expressiv und stark, hat keine erkennbare Behausung, sie ist „zwischen uns" verortet, oder auch „in mir" und „in Dir". Das Hauptanliegen in der inneren Kultur des Herzens ist wie ein offenes Geheimnis: Es ist nicht deswegen verborgen, weil es nicht öffentlich sein müsste oder dürfte oder könnte, es ist verborgen, weil es einfach nur im Verborgenen existiert. Mit dem Anliegen dieser Seite einer Kultur des Herzens ist eine innere Tätigkeit gemeint, die in spirituellen Texten öfters mit den Worten „Meditation“ oder „Gebet“ angedeutet wird. Ich bevorzuge es allerdings, nicht von Meditation oder geistiger „Übung“ zu sprechen, sondern von der Suche nach einer Nähe zur Welt, nach der Nähe zu mir, der Nähe zu Dir.

Nähe ist ein wichtiges Phänomen in einer Kultur des Herzens, ohne die aktive Suche nach Nähe kommt sie nicht aus. Weil ihr Kern, wie gesagt, verborgen und prinzipiell nicht transparent ist, haftet ihr allerdings ein großes Problem an: sie lässt sich von Gesetzen und gesellschaftlichen Gepflogenheiten nicht bestimmen. In diesem Zusammenhang taucht auch Aristoteles wieder auf, der laut Michel de Montaigne gemeint haben soll, dass die Hauptaufgabe des Gesetzgebers darin läge, die Freundschaft zu schützen. Statt *Freundschaft* hätte der alte Philosoph ebenfalls sagen können: die Nähe zwischen zwei Menschen. Auch an dieser Stelle zeigt sich eine fundamentale Unvollkommenheit der Gesetze. Das Recht soll laut Aristoteles etwas transparent machen, um etwas anderes, nämlich die freundschaftliche Nähe, gerade vor Transparenz zu schützen. Das Recht hat offenbar nicht nur ein Problem mit Gewalt (Benjamin), sondern auch mit ihrem Gegenteil: mit der freundschaftlichen Nähe. Diese offenbare Verschränkung zwischen Gewalt und Nähe ist auch deswegen so interessant, weil die Nähe bei Lievegoed, Høystad, Benjamin und Foucault als eine reale Alternative zur (rechtlichen und sonstigen) Anwendung von Gewalt erscheint.

Ich möchte dieses Buch mit einem unvollkommenen Versuch abschließen, dem Phänomen der Nähe näher zu kommen. Die Nähe zwischen Menschen wird im gesellschaftlichen Leben nicht thematisiert. Auch in gewichtigen philosophischen Texten über Beziehungen und Freundschaft, von Aristoteles über Montaigne und Nietzsche bis zu Jacques Derrida wird das Phänomen der Nähe nur selten erwähnt, schon gar nicht eingehend beschrieben. Es gibt, soweit ich das überblicke, nur zwei Ausnahmen: Es sind die beiden Philosophen Martin Buber und Emmanuel Lévinas. Ansonsten scheinen nur Dichterinnen und Dichter das Reich der Nähe zu betreten, nur sie scheinen ihren Zauber zu entfalten und ihre Wirkung zelebrieren zu wollen. Sucht man im deutschsprachigen Bereich nach Texten über die Nähe, endet man unvermeidlich bei den Werken von *soft poets* wie Erich Fried oder Hilde Domin.

Also: Was ist Nähe?

Nähe kann man zu allem Möglichen erleben: zu lebenden oder verstorbenen Menschen, zu Lebewesen, Orten und Landschaften, zu natürlichen Gegenständen, Kunstwerken, Texten, „göttlichen“ Gestalten (Jesus Christus, Allah, Buddha, zu Engel oder zu Naturwesen), zu Begriffen, Idealen und Vorsätzen, zu Ereignissen. Es gibt im Grunde genommen keine Erscheinung in der Welt, zu der wir keine innige Beziehung haben könnten.

Auch zu uns selbst können wir eine Nähe erleben. Wenn ich auf mich schaue, in mich gehe, bei mir bin und mit mir rede oder auch mit mir schweige, erlebe ich eine Nähe zu mir selbst. Gerade diese Tatsache sagt etwas Wesentliches über das Phänomen der Nähe aus: Wenn „ich“ eine Nähe zu „mir“ (was ja heißt: zweimal „ich“) erlebe, gibt es offenbar eine Spaltung, die allerdings im Zustand der Innigkeit sofort aufgehoben wird. Um den Begriff der Nähe zu beschreiben, braucht man zwei Instanzen: ein „Ich“ und eine Erscheinung außerhalb von mir, einen Menschen, einen Baum, ein Lied oder eben „mich“, von dem ich getrennt bin. In der Nähe verschmelzen beide Instanzen und die Distanz wird mehr oder weniger aufgehoben.

Um Nähe zu erleben, ist Distanz eine Bedingung[85]. Ganz kleine Kinder erleben meistens — nicht immer — noch keinen Abstand zu den Menschen und den Dingen um sie herum; sie schwimmen in ihrer Umgebung wie Fische im Wasser. Was hier mit Nähe gemeint ist, kennen die ganz kleinen Kinder deswegen nicht. Erst wenn sich das Drama der Trennung von der Welt in der Biographie vollzogen hat — was natürlich kein einmaliges Ereignis ist, sondern in zahlreichen kleineren und größeren Schritten und Dramen geschieht —, entsteht die Möglichkeit, die Nähe zur Welt und den Menschen bewusst zu erfahren.

Das Spüren von Nähe ist auch ein religiöses Geschehen. Das Wort „Religion" kommt vom lateinischen re-ligare, was so viel wie „zurückbinden" bedeutet. Theologisch gesehen geht es dabei um eine Zurückführung zu Gott; die direkte und lebendige Beziehung zu Gott, den Göttern oder dem Göttlichen ist verloren gegangen, wird aber mit Hilfe von Ritualen, Gebeten, Meditationen und Übungen wiederhergestellt. Über den entstandenen Abgrund zwischen Menschen und Göttern hinweg wird eine Brücke gebaut, die eine neue Beziehung ermöglicht. Philosophisch und in Bezug auf die biographische Entwicklung gesprochen bezieht sich die Trennung aber nicht nur auf die Götter, sondern sie betrifft die ganze Welt, egal, wie wir meinen sie zu verstehen und bewerten zu wollen.

Zur modernen Biographie gehört Selbstbewusstsein und Selbstbewusstheit. Um zu sich selbst zu kommen, ist Isolierung und Trennung von Nöten. Gelegentlich schmerzt das: Der heutige Mensch erlebt die Welt manchmal als leer und bedeutungslos, als ein Brachland ohne Baupläne und Baugenehmigung. Der moderne Mensch steht alleine da, *a rebel without a cause*, schaut auf sich und auf die Welt und stellt fest: Zwischen mir und der Wirklichkeit um mich herum gibt es keine Verbindung (mehr) — ich bin aus der Welt herausgeworfen worden, stehe grundsätzlich „daneben".

Sich selbst in dieser Isolierung zu ergreifen und zu gestalten, was erst einmal heißt: sich *cool* zu verhalten, ist im Sinne der philosophischen Bedeutung des Wortes ein erster „religiöser" Akt der Nähe. Der Zweite besteht daraus, die Sehnsucht nach einer Zurückbindung zuzulassen, ja, sie als Ausgangspunkt des Handelns zu nehmen. Die Nähe zur Welt wiederzufinden, vielleicht ganz anders als sie einmal war, neu, und von mir in Freiheit gewollt und gepflegt, gar von mir „konstruiert", ist die eigentliche Verwandlung, die in modernen Biographien geschehen will.

Das Wort Nähe bezieht sich auf einen seelischen Zustand, der sich leicht andeuten, aber schwerer beschreiben lässt. Nähe wird gespürt, erfahren, erlebt. Sie ist ein Zustand des Seins, den wir sofort erkennen, wenn er eintritt, den wir meistens gern mögen, manchmal auch scheuen. Ihm sprachlich und begrifflich auf die Spur zu kommen, geschieht selten. Nähe untersucht man nicht, man redet nicht über sie, man lässt sie das sein, was sie ist: eine kostbare Erfahrung.

Nähe meint: nahe sein. Wenn es allerdings um die Nähe zwischen zwei Menschen geht, ist damit nicht unbedingt ein räumliches Dicht-bei-einander-Sein gemeint. Nähe kann es auch zwischen zwei Menschen geben, die geographisch oder manchmal sogar zeitlich weit voneinander entfernt sind. Und umgekehrt: Zwischen zwei Menschen, die sich ständig im gleichen Raum aufhalten, können sich Abgründe befinden. Das physische Zusammensein oder auch die physische Berührung führen nicht zwangsläufig zu Nähe, ganz im Gegenteil: Sie können genauso gut Ärger, Abscheu und reinen Hass erzeugen.

Nähe ist ein innerer Zustand. Sie kann zwar stark von einer körperlichen Begegnung bestimmt sein, geht jedoch trotzdem darüber hinaus. Nähe bedeutet eine Steigerung von Innigkeit. Wenn es einmal einen Zustand der Nähe zwischen zwei Menschen gegeben hat, bleibt er wie ein Geheimnis vorhanden, wie eine Erinnerung, die mehr als eine Erinnerung ist: Nähe prägt definitiv eine Verbindung. Momente von Nähe sind gleichzeitig Ankunft und Ausgangspunkt, wir kommen in ihr an, wir treten in ihre Umhüllung ein, empfinden sie dann als Kraftquelle, als Ansporn zum Weiterleben. Durch Nähe werden wir immer ein bisschen neu geboren und in dem angeregt und bestätigt, was in uns noch nicht vollendet ist, was noch unklar in uns schwingt – und vielleicht schweigt.

Mehr noch als an seine Gesichtszüge oder den Klang seiner Stimme kann ich mich an die Nähe erinnern, die mein Großvater mütterlicherseits mir immer wieder entgegenbrachte. Eigentlich ist es an dieser Stelle nicht richtig, von „erinnern" zu sprechen, es ist eher so, dass die damals erlebte Nähe noch immer in mir vorhanden ist, wie eine Stimmung, die ich bis zum heutigen Tag hervorrufen kann, weil es sie in mir gibt. Und es wäre auch nicht richtig zu sagen, dass mein Großvater mir diese Nähe entgegenbrachte, denn sie entstand zwischen uns, ging jedes Mal aufs Neue aus uns beiden hervor.

In diesem Gespür, das ich heute noch hervorrufen kann, lebt mein Großvater irgendwie noch immer weiter, obwohl er längst gestorben ist. Wäre ich ein Maler, könnte ich seine seelischen Farben hervorzaubern; und wäre ich ein Musiker, könnte ich seine Melodien erklingen lassen. Vor allem sein Geruch – diese unbeschreibliche Mischung aus Schweiß, Atem, Tabak und ich weiß nicht was – steigt in der Erinnerung an meinen Großvater auf, wie aus einem alten Koffer, der geöffnet wird. In dieser Nähe lebt die Vergangenheit bis in die Gegenwart weiter, nicht als eine Vorstellung, sondern als ein Gefühl.

Nähe ist ein Zustand, der bewahrt und trägt, in seinem Anfang und in seiner ersten Wirkung aber eine Öffnung bedeutet.

Wenn mein Großvater mir etwas über die Rosen in seinem Garten erzählte und dabei seine Hand auf meinen Arm legte, war es, als ob seine und meine Haut auf einmal nicht mehr Haut waren, keine abgrenzenden Flächen also, sondern sich in vibrierende Räumlichkeiten verwandelten und warme Zwischenräume erzeugten, wo sich etwas von meinem Großvater und etwas von mir vermischte und EINE gespürte Wirklichkeit kreierte. Nähe öffnet einen Raum zwischen zwei Menschen, „zwischen uns" (Emmanuel Lévinas), und ermöglicht Empfindungen, die ohne sie verschlossen und unerreichbar bleiben.

Manchmal sind es körperliche Berührungen, die Nähe erzeugen. Das Urbild dafür ist vielleicht die Vorstellung einer Mutter mit ihrem Kind in den Armen. Das kleine Kind ist in der Wärme der Mutter aufgenommen, wird von ihren sanften Bewegungen und vertrauten Gerüchen umflutet, befindet sich in einer Art hautlosem Gemeinsamkeitszustand, einer Fortsetzung der Gebärmutter außerhalb des mütterlichen Körpers. Die Erfahrung der Nähe ist für das kleine Kind allerdings noch eine unbewusste Angelegenheit – da es das Gegenteil noch nicht kennt, genau wie ein Fisch sich des Wassers um ihn herum nicht bewusst ist.

Mit seiner wunderschönen Skulptur, die in der Kathedrale von Brügge steht, zeigt Michelangelo eine Mutter (Maria), die ihr Kind (Jesus) bei seinen ersten Schritten in die Welt begleitet. Das Kind ist zwar noch von den Armen und Beinen der Mutter umgeben, steht aber schon auf seinen eigenen Füßen und will sich in die Welt hineinbegeben. Der Blick des Kindes richtet sich nach vorne, während die Mutter auf etwas Inneres zu blicken scheint. Wenn man auf die Skulptur schaut, stellt man sich unwillkürlich die nächste Szene vor: Das Kind hat sich von der Mutter losgelöst und sich von ihren Bestimmungen frei gemacht. Was die Skulptur meisterhaft sichtbar macht, ist allerdings die Kraft der Nähe.

Man spürt: Auch wenn die körperliche Berührung aufhört, wird die Nähe bestehen bleiben. Zwischen Mutter und Kind gibt es einen Innenraum, der tragen – nicht bestimmen – wird, egal was kommt.

Nähe kann auch ohne körperliche Berührung entstehen. Sie entsteht dann über Blicke, die getauscht, Worte, die gesprochen, und Gebärden, die gelebt werden. Dieses rätselhafte Entstehen einer Nähe findet immer wieder statt, unerwartet, unverhofft, überraschend. Ich erinnere mich beispielsweise an eine Begegnung mit einem Kaufmann in einem Restaurant in Chicago, der mich quasi nebenbei fragte, was ich denn in dieser knallharten Metropole zu suchen hätte. Als ich ihm sagte: „Ich bin ein Journalist aus Holland und habe morgen einen Termin mit dem Schriftsteller Saul Bellow", schaute er mich an und sagte: „Bellow ist der geheime Schatz von Chicago!" Wir redeten eine Stunde miteinander, flossen ineinander über wie zwei Wasserströme, und noch heute kann ich die Nähe zwischen uns, ausgelöst durch den Namen Saul Bellow, hervorrufen. Man kann diese Nähe eine „geistige" nennen.

Im Ereignis der Nähe dringt ein Mensch durch meine physisch-seelische Haut und erscheint in einer seelischen Gestalt in meinem Innenraum. Nähe heißt, dass jemand sich in mir bewegt, sich in mir fortsetzt. Nähe heißt, dass jemand in meiner Innenwelt angekommen ist. Der andere Mensch erscheint in mir, findet mich und gleichzeitig etwas von sich selbst, holt sich in mir ab, als ob er schon in mir vorhanden wäre, bevor wir uns in Raum und Zeit begegnet sind. Und umgekehrt: Er oder sie bringt etwas von mir, dass immer schon zu mir gehört hat, aber nur durch den anderen Menschen geborgen oder erweckt werden kann. In der Nähe spüren wir, dass die Trennung zwischen „Ich" und „Du" nicht so eindeutig ist, wie wir das manchmal denken. In einem Nähe-Raum kommt ein Teil meines „Ichs" quasi von außen auf mich zu und findet in mir eine Nische, die sofort erleuchtet und erwärmt wird.

Im Ereignis der Nähe ist vor allem erkennbar, dass jede Beziehung einzigartig ist. Die Themen, Fragen, Ziele und Intentionen, die Flechtwerke der Gefühle und Stimmungen, Hoffnungen und Ängste, die in einem Nähe-Raum zwischen zwei Menschen von den beiden Beteiligten gespürt werden können, sind wie Landschaften, die von ganz bestimmten Charakteristiken geprägt werden. Wir spüren sofort, ob wir uns eher in der Toskana, in der ungarischen Puszta, im Schwarzwald, in den Anden oder in einer amerikanischen Großstadt befinden – das Gleiche gilt für die inneren Landschaften von Nähe. Die Nähe als vertiefte Beziehung offenbart das einzigartige Schicksal, das zwischen zwei Menschen webt.

In Bezug auf Nähe befinden wir uns aber auch in einer Verlegenheit. Wir wissen nicht so ganz genau, wie das Phänomen zu deuten ist, welchen Platz wir ihm in unserem Leben zu geben haben, und wie Nähe nach außen zu repräsentieren wäre. Uns ist klar, dass Nähe einen Schutz, eine Umhüllung braucht – in der Öffentlichkeit verweht sie wie Weihrauch in einer Kirche mit offenen Türen und Fenstern. Wie sie aber gehandhabt und gepflegt, ja, wie sie letztendlich *verstanden* werden will, bleibt manchmal ein Rätsel. Um sie zu „erklären“, greifen wir auf rein physische Begriffe zurück und sagen dann zum Beispiel: „Zwischen uns gibt es eine besondere Chemie.“ Selten ist uns dabei klar, dass die Aussage einen Widerspruch enthält, weil gerade chemische Beziehungen nie besonders sind, sondern immer vorhersehbar.

Nähe hat einen eigenen Willen, der zwar nicht zwingend ist und leicht negiert werden kann, sich aber sofort zeigt, wenn man ihn zulässt. So hat die Nähe zum Beispiel den Willen zur Treue inne, der nicht mit der fortgesetzten Zuwendung zu einer Person gleichzusetzen ist, sondern sich auf den Zustand der Nähe selber bezieht. Nähe will nicht wieder komplett verschwinden, nein, sie will sich weiter entfalten, ja, eine eigene Biographie gestalten –

braucht an dieser Stelle aber Unterstützung. Sie bietet die Möglichkeit zu einer Vertiefung und einer Verinnerlichung, die allerdings seitens der Betreffenden bewusst ergriffen werden muss. Man könnte diesbezüglich von einer noch nicht existierenden Technik der Nähe sprechen, die eine eigene Kunst wäre.

Zwischen einem meiner Freunde und mir läuft schon seit Jahren ein zartes und tastendes Gespräch, das meistens nur innerlich geführt wird. Wenn wir uns – physisch – treffen, versuchen wir zwar über die Sachen, die uns wichtig sind, zu reden, wissen aber, dass das Wesentliche gar nicht in Worte gefasst werden kann, muss oder eben darf. Dass das Eigentliche nicht das Offenbare, sondern das Dazwischenliegende ist. Der Zustand der Nähe zwischen uns ist von einer delikaten Distanz geprägt. Sie erscheint als ein doppelter Raum, der sich vielleicht so beschreiben lässt: Mein Freund befindet sich in mir, ich habe ihm also ein „Zimmer in mir" bereitet, wo ich ihn aufsuchen und „innerlich" mit ihm sprechen kann. Und umgekehrt befinde ich mich in ihm, in einem Zimmer, das er für mich eingerichtet hat.

Die beiden Zimmer, in ihm und in mir, sind aber eins. Sie sind ineinander geschoben, als ob über die physischen Räume und Zeiten hinaus ein Zeitraum entstanden ist, den wir als unsere gemeinsame „heilige Kapelle" betrachten. Nicht erkennbar für andere Menschen, arbeiten wir in diesem Raum vorsichtig tastend, lauschend, leise sprechend, manchmal auch schweigsam, aber immer zelebrierend. Die Kapelle ist das Ergebnis einer Nähe, die nicht nur als einmaliges Ereignis erschienen und dann wieder verschwunden ist, sondern aktiv gestaltet wird. Sobald Nähe zwischen zwei Menschen behütet und gepflegt wird, bekommt sie die Gelegenheit, ihre Treue zu zeigen.

Nähe bedeutet, dass der andere Mensch in meiner Seele angekommen ist, dort „verbleibt", nicht nur als eine Erinnerung, sondern als eine lebendige Gestalt, als ob er oder sie tatsächlich präsent sei. Ich schreibe: „als ob“. Wenn ich aber auf das Phänomen der gegenseitigen Verinnerlichung schaue und meine Gefühle sprechen lasse, geht es eigentlich nicht um ein Als-ob im Sinne von „eigentlich nicht“. Für meine Gefühle ist der andere Mensch tatsächlich in mir vorhanden, spürbar, seelisch greifbar, souverän, zu eigenwilligen Fragen und Antworten fähig, als ob er sich (mit meiner Zustimmung) in mir eingenistet hat. Aber auch hier: „Als ob“?

Nähe ist mit der Möglichkeit der Verletzung und des gegenseitigen Verletzens eng verknüpft, ihre Ränder schweben immer in potenzieller Gefahr. Damit ist erstens gemeint, was wir ja alle wissen: Nähe kann leicht verletzt und bedroht werden oder auch Missgunst erwecken. Was sich in der Intimität zwischen zwei Menschen ereignet, lässt sich am Kneipentisch mit guten Bekannten, Kollegen und Kumpeln nicht immer vertreten. Nach außen dringende Nachrichten aus der Sphäre der Nähe können eine verheerende Wirkung haben, die zu Vertrauensbrüchen führen. An dieser Stelle hat Nietzsche recht: „Über jeden Menschen gibt es etwas zu sagen, was ihn zu Tode verletzt.“ Deswegen verlangt Nähe jene hohe Tugend, die wir Takt nennen und die eine manchmal nicht klar durchschaubare Mischung von Schweigen, halben Lügen und echten Lügen bedeutet. (Mit Lügen meine ich an dieser Stelle: Etwas sagen, von dem ich weiß, dass es nicht wahr ist, aber auch: Etwas nicht sagen, um meinen Gesprächspartner mit Absicht in Ungewissheit oder auf Abwegen zu wähnen.)

Takt wird noch gewichtiger, wenn ein dritter Mensch hinzu kommt. Emmanuel Lévinas weist auf die Tatsache hin, dass die Nähe zwischen mir und Mensch B und die Nähe zwischen mir und Mensch C dazu führt, dass „Ethik“ von Nöten ist.[86] Er meint damit, dass die Nähe mit einem Vertrauen einhergeht, die jedoch an eine Grenze stößt, wenn es darum geht, Mensch B gegenüber

Mensch C zu vertreten. Das bedingungslose Vertrauen zu Mensch B verlangt unter Umständen, dass ich über die Geheimnisse von Mensch C berichte, und umgekehrt, vor allem, wenn Mensch B und Mensch C sich in einem Konflikt befinden. Um mit der natürlichen Spannung zwischen zwei intimen Beziehungen umgehen zu können, werden ethisch erhabene Umgangsweisen gebraucht, die über die einzelnen Beziehungen hinausgehen und eine gewisse Objektivität bieten. Lévinas hat allerdings verstanden, dass diese Regeln und Umgangsformen nie perfekt und ausreichend sein können, weswegen die Tugend des Taktes in der Kunst des Umgangs mit Nähe eine so hohe, weite und tiefe Bedeutung hat.

Nähe ist zweitens empfindlich und sensibel. Nähe öffnet ein Feld zwischen Menschen, in dem es gerade die Schmerzen und Wunden sind und sein dürfen, die sich wie Wahrnehmungsorgane entfalten. In einer intimen Nähe-Beziehung kann nicht nur frei und offen über Wunden gesprochen werden – sondern Wunden werden dort geradezu zu Berührungsflächen. Genau wie man die Augen und Ohren im physischen Leib als gerade eben „geheilte" Wunden verstehen kann, die deshalb überhaupt etwas wahrnehmen können, weil sie sich gegen Einflüsse von außen nicht wehren können, können sich auf einer höheren oder tieferen Ebene die seelischen Schmerzen zu Organen entwickeln. Nähe ist deswegen auch eine Werkstatt der seelischen Sensibilität, die nur zusammen mit anderen Menschen betreten werden kann.

Manchmal trauen wir uns die Sphäre der Nähe nicht zu, weil wir Angst vor Schmerzen haben, nicht nur vor denen, die vielleicht entstehen könnten, sondern auch vor den Wunden, die schon in uns vorhanden sind. Sich auf die Nähe eines Menschen einzulassen bedeutet deswegen auch immer, sich in seine Vergangenheit hineinzubegeben. In einem Nähe-Raum ist etwas möglich und wird etwas berührt, was wir manchmal lieber unberührt lassen. Mit den

Narben in unserer Seele sind Erfahrungen verbunden, die – auch wenn wir sie vergessen haben – zu einer Erzählung werden wollen oder als persönlicher Mythos ihre Rechte fordern, sobald man sich ihnen nähert. Nähe verlangt nicht nur, sich für den anderen Menschen zu öffnen, sondern auch für die verborgenen Ecken und Schatten der eigenen Person.

Ein Schritt zu dir ist immer auch ein Schritt zu mir.

Aber genauso stark weckt Nähe die großen und wunderbaren Erfahrungen der Vergangenheit, die uns mit Leben und Kraft erfüllen, wie zum Beispiel das Ereignis unserer Geburt. In der Nähe kehren wir wieder in die freudige Sphäre der Natalität zurück, die Geborgenheit bedingungslos voraussetzt, Umhüllung und Nahrung bietet, Wärme und Flüssigkeit bringt, manchmal aber auch durch schmerzvolle Geburtswehen eingeleitet wird. In der Nähe wird uns klar, dass wir immer wieder neu geboren werden können, prinzipiell „im Kommen" sind, uns an der vibrierenden Schwelle zwischen jetzt und gleich, Gegenwart und Zukunft aufhalten können, wenn wir das wollen. Der Innenraum der Nähe ist auch als eine Gebärmutter zu verstehen.

Nähe bedeutet Vertrautheit (Aristoteles: synētheia). Nähe ist eine Sache des Gefühls. Die Frage, ob es Nähe gibt, wird nicht über das Denken beantwortet – höchstens entscheidet das Denken über die Frage, welche Bedeutung ich der Nähe verleihe, und was ich mit ihr mache. Auch wenn mein Denken feststellt, dass mein Gespür für Nähe auf einer Illusion beruht, was ja durchaus sein kann, ändert das nichts an der Tatsache, dass die (illusorische) Nähe in meinem Gefühlsleben gespürt wird und damit anwesend ist.

Nähe kann nicht durch meinen Willen erzeugt werden – Nähe gibt es oder es gibt sie nicht. Ich kann zwar Nähe wollen, was so viel heißt, wie mich nach Nähe zu sehnen und sie anzunehmen (wenn sie um die Ecke kommt), und ich kann bestimmt auch dazu beitragen, dass Nähe entsteht; mich zu einer Nähe zu entscheiden, so wie man sich zu einem Spaziergang entscheidet, das geht aber nur bedingt.

Nähe offenbart sich unmittelbar. Nähe ist ein Gefühl und Gefühle sind eigenständige Erscheinungen. Ebenso wenig wie Gedanken, sind Gefühle als Schöpfungen des physischen Leibes zu verstehen. Nochmals: Mit der Frage, ob Gefühle richtig oder falsch sind, hat dies nichts zu tun; auch falsche Gefühle sind keine bloßen physischen Schöpfungen. Gefühle sind eine Welt für sich, und auch die Tatsache, dass sie intentional sind, sich also immer auf etwas beziehen, bedeutet nicht, dass sie nur zweitrangig sind.

Nähe wird oft mit Geborgenheit gleichgesetzt, mit einem Ort, an dem nicht gekämpft, sondern vertrauensvoll miteinander umgegangen wird, was halbwegs auch stimmt. Über die Geborgenheit hinaus wirkt in der Nähe allerdings auch die Sehnsucht nach Verwandlung. In einem Raum der Nähe ist man mit sich selbst, mit anderen Menschen und mit der Welt unterwegs. Einerseits kann von der Nähe gesagt werden, dass sie es uns erlaubt, so zu sein, wie wir sind – gerade in der Nähe gelten die Worte des alten finnischen Lieds: „Du kannst kommen, wie du bist." Es muss aber nicht bei einem Geborgenheitsgefühl bleiben, weil sich gerade im Schutzraum der Nähe Gefühle zeigen, die, wie gesagt, die Neigung zur Änderung, zur Verwandlung inne haben. Nähe ist also auch als ein Bereich zu verstehen, in dem ich gerade nicht der bleiben will oder muss, der ich bin.

Man könnte natürlich mit Maurice Merleau-Ponty behaupten, dass gespürte Innigkeiten als eine Schöpfung des menschlichen Leibes zu verstehen sind.[87] Was wir als Innenwelt erfahren, wird laut Merleau-Ponty von körperlichen Vorgängen hervorgerufen. In seinen phänomenologischen Untersuchungen etabliert Merleau-Ponty den Leib als das Zentrum der Weltorientierung, er meint damit, dass der Leib uns das „Zur-Welt-sein" bringt.[88] Wenn ich zum Beispiel mit meiner linken Hand meine rechte Hand berühre, entsteht dadurch die Empfindung, dass ich existiere. Ich spüre mich. Merleau-Ponty würde allerdings nicht sagen, dass ich über meine Hände zu „mir" komme, sondern mich „zur Welt" mache, oder mich „aus der Welt" zu mir selber mache. Die Verinnerlichung, die in der Berührung meiner Hände entsteht, ist aus seiner Sicht nicht eine Öffnung zu einer „seelischen" oder „geistigen" Welt, sondern eine Schöpfung meines Leibes. Mein Leib, so meint Merleau-Ponty, ruft mich und meine Welt hervor.

Das Problem ist aber, dass wir dies nicht so erleben. Kein Mensch hat die unmittelbare Empfindung, dass er sich selber über seinen Leib hervorzaubert. Wenn wir der direkten Erfahrung treu bleiben, ist es in der Tat eher so, dass wir empfinden: Über die Berührung der Hände komme ich zu „etwas", das ich als „ich" erkenne. Ich betaste „mich". Und ich selber bin die Instanz, die sagt: „ich" bin das, was ich als „mich" erlebe. „Ich" finde „mich" in meiner Körperlichkeit und durch sie. Mein Leib weckt „mich", was vielleicht heißt, dass ich mich vorher noch in einer Art Schlafzustand befand — was allerdings nicht bedeutet, dass mein Leib mich „erzeugt".

Merleau-Pontys Aussage, dass ich von meinem Leib erzeugt werde, beruht nicht auf einer (phänomenologischen) Wahrnehmung oder eben Empfindung, sondern auf einem theoretischen Konzept. Der Philosoph setzt in seinen Betrachtungen eine bestimmte weltanschauliche Sicht voraus, die er selber nicht unbefangen phänomenologisch betrachtet oder prüft. Und diese Sichtweise besagt, dass der Mensch nur aus seinem Körper besteht. Merleau-Ponty wird deswegen auf diese eigenartige Erfahrung des Sich-Erkennens nicht aufmerksam, was ja eine reine und spontane Erfahrung ist, die nicht auf einer theoretischen Überlegung beruht.

Nur theoretische Überlegungen können die unmittelbare Wahrnehmung meines Ichs zum Beispiel auf rein körperliche Vorgänge zurückführen.[89]

Wenn wir von jeglichen Theorien absehen und bei der reinen Erfahrung bleiben, sieht es so aus, dass sich in der Nähe ein Raum öffnet, in dem ich mich und mein Gegenüber auf eine ganz andere Weise als auf der Ebene der Gegenstände und Funktionalitäten erlebe. Dass dieser Raum hier „geistig" genannt wird, braucht nicht zu irritieren – mit diesem Begriff ist an dieser Stelle erst einmal nur gemeint, dass es um eine Wirklichkeit geht, die gerade nicht mit Händen zu greifen ist. Die Welt der Nähe ist eben nicht gegenständlich, sie enthält aber trotzdem Phänomene und Vorgänge, die uns offenbar sehr wichtig sind.

Geistig ... Wo ist das Geistige verortet? An dieser Stelle stoßen wir nochmals auf ein Problem; wir gelangen an eine Schwelle, die mit Hilfe unserer geläufigen begrifflichen Vorstellungen nur schwer zu überschreiten ist. Entweder lassen wir es bei der Behauptung, dass die Nähe *nicht* eine gespensterhafte Begleiterscheinung des menschlichen Körpers sein kann, und gehen einfach unbekümmert weiter; oder wir versuchen Begriffe zu finden, die zumindest annähernd beschreiben, was sie dann wohl ist, anders gesagt: Wo sie „geortet" werden kann. Wenn es um die Ordnung, die „Verortung" der Dinge geht, darf von Begriffen erwartet werden, dass sie vorhandene Phänomene großzügig umfassen, statt sie im Stich zu lassen oder in ein schwebendes Dasein zu verbannen. Der Phänomenologe Merleau-Ponty war sich dessen bewusst und verortete die von Menschen erlebte „Innenwelt" in den körperlichen Vorgängen; und damit akzeptierte er die letzte große philosophische Erzählung, die sich bis in die postmodernen Zeiten – die Zeit der abschließenden Epiloge – durchgesetzt hat, nämlich die Erzählung des Materialismus.

Diese Erzählung ist jedoch in ihrer Spannweite beschränkt, weil sie, wie bereits gesagt, die Wirklichkeit der inneren Phänomene erstens gar nicht umfasst und zweitens als sekundär bewertet. Der Widerspruch der materialistischen Erzählung liegt in der Tatsache, dass gerade die sekundären Phänomene, beispielsweise die (inneren und geistigen) Gedanken, die wir diesbezüglich haben, der Erzählung ihre Grammatik und somit ihre Logik und Dramatik verleihen. Ohne Gedanken gibt es die Erzählung nicht, die Gedanken werden in der Erzählung allerdings als eher gespensterhaft beschrieben. Die Materialisten sitzen auf dem Ast eines Baumes, der aus ihrer Sicht gar nicht existieren kann.

Stellt sich also die Frage: Wo sonst wäre die Nähe anders zu verorten als im Körperlichen? Wenn man diese Frage tatsächlich stellt, gelangt man zwangsläufig ins Esoterische. Im esoterischen Denken, zum Beispiel des Anthroposophen Rudolf Steiners, der in seinen Büchern und Vorträgen „geistig-unsichtbaren" Erscheinungen einen autonomen Status verleiht, wird Nähe nicht auf anderes reduziert, vor allem nicht auf materielle Vorgänge, sondern als Phänomen verstanden, das den entsprechenden „Bereichen" der Wirklichkeit zugehörig ist. In seinen Texten bemüht sich Rudolf Steiner, alle möglichen unsichtbaren Phänomene einzuordnen, zu „verorten". Auf Basis der westlichen esoterischen Tradition und auch mit Hilfe philosophischer Begrifflichkeiten schildert er eine Art Landschaft der Innerlichkeit, eine Landkarte des Esoterischen.[90]

Nähe ist esoterisch gesehen ein ätherisches Phänomen[91]. Der Begriff „ätherisch" wird heute als altmodisch erlebt, er ist zweifellos missverständlich und manchmal irreführend. Er scheint in manchen esoterischen Texten ungenau auf einen nicht-physischen Zustand hinzuweisen, der jedoch auf das Physische angewiesen ist und eine höhere „Schwingungszahl" hat. Unvoreingenommen betrachtet ist dieser Begriff, den man auch mit „Lebenskraft" übersetzen könnte, in Bezug auf die Frage der Nähe sehr aufschlussreich. Er macht die oft verwirrenden und widersprüchlichen Erscheinungsformen der Nähe auf einmal verständlich und transparent. Ich fasse Steiners diesbezügliche Ausführungen in meinen eigenen Worten folgendermaßen zusammen:

Der Welt, die wir mit unseren Augen sehen und mit unseren Händen er- und begreifen können, der Welt der gegenständlichen Dinge also, liegt eine gebärmütterliche Wirklichkeit zu Grunde. Gegenstände, Orte, Pflanzen, Tiere und Menschen sind quasi in ein Meer von qualitativen Vorgängen, in Lebenskräfte eingebettet, die wir wohl spüren, allerdings nicht mit unseren Augen und Ohren direkt wahrnehmen können (die integrale Philosophie der Gegenwart spricht auch von einer subtilen Wirklichkeit).

Die Natur der ätherischen Lebenskräfte lässt sich gut an der Entwicklung einer Pflanze ablesen. Wenn man die Pflanze nicht als einen Gegenstand, sondern als einen Vorgang in Raum und Zeit versteht, als eine „Erzählung" eben, die von bestimmten Qualitäten geprägt wird, sieht man ein rhythmisches und sich ständig verwandelndes Geschehen, wobei nicht genau zu sagen ist, wo die eine Bewegung aufhört und eine folgende beginnt. Die Pfingstrose zum Beispiel „boomt" von ihrem winterlichen Anfang an, schießt schon im Februar mit kräftig dunkel-rötlichen Sprossen aus der Erde empor, wächst zügig und verausgabt sich letztendlich in großen und schweren Blüten, die sich dem Boden zuneigen und von den Stängeln kaum getragen werden können. Die Calendula hingegen entwickelt sich fast spielerisch, vermehrt sich fast durchs ganze Jahr bis in den späten Herbst, hebt ihre gelben oder orange Blüten mühelos in eine bescheidene Höhe und strahlt munter und ohne Schwere.

Jede Pflanze hat ihre eigene Zeitgestalt, die mit bestimmten ätherischen Qualitäten korrespondiert. Nähe zu einer Pflanze zu erleben bedeutet, die spezifischen ätherischen Kräfte zu verinnerlichen, in gewissem Sinne in sich selber nachzubilden, nachzuahmen...

Die Verinnerlichung der Pflanze in mir erzeugt eine Nähe zu ihr.

Entscheidend für das Verstehen der Nähe zwischen zwei Menschen ist allerdings die Tatsache, dass die qualitativen Lebenskräfte bei Menschen, anders als bei Pflanzen, nicht nur auf das biologische Leben ausgerichtet sind, sondern darüber hinaus, quasi aus Überschusskraft, auch an der Gestaltung der Innenwelt des Menschen beteiligt sind. Was wir manchmal als unsere Seele bezeichnen, dieser merkwürdige spiegelnde „Raum" in uns, in dem wir unsere Gedanken und Gefühle spüren, in dem wir uns der Welt und uns selber „bewusst" werden, ist ätherisch-immer-fließende Architektur. In der menschlichen Biographie fangen die ätherischen Lebenskräfte etwa um das siebte Lebensjahr an, sich kräftig um die Einrichtung dieser Innenwelt zu kümmern.

In der Nähe zwischen zwei Menschen bilden sich gemeinsame ätherische Räumlichkeiten. Wenn der Philosoph Emmanuel Lévinas von der „heiligen Kathedrale zwischen uns" spricht, drückt er mit einer Metapher das Empfinden aus, dass es tatsächlich um so etwas wie einen Raum geistiger Natur geht. Für unser Empfinden, rein phänomenologisch gesprochen, handelt es sich tatsächlich um einen Raum, den wir innerlich betreten können.

Der Ausdruck „Raum geistiger Natur" bleibt allerdings holperig, weil es auf der geistigen Ebene keine geographischen Koordinaten gibt. Wenn man diesbezüglich von Koordinaten sprechen möchte, müsste man sie mit Worten beschreiben, die gerade fixierend wirken. Die Koordinaten in der ätherischen Welt, also auch im Bereich der Nähe zwischen zwei Menschen, sind Prozesse, fließende Vorgänge, mäandernde Ströme, stille Momente der Verschwiegenheit, vorsichtige Berührungen, plötzlich eskalierende Geschwindigkeiten, überraschende Verwandlungen, nicht immer nachvollziehbare Metamorphosen.

Die Sprache der Nähe ist Poesie.

Anmerkungen

1 Rüdiger Safranski, Goethe & Schiller. Geschichte einer Freundschaft. München 2009, Seite 310.

2 Jacques Derrida, Politik der Freundschaft, Frankfurt am Main, 2002.

3 Immanuel Kant, Anthropologie in pragmatischer Hinsicht, Leipzig 1986.

4 Aristoteles, Nikomachische Ethik, Reinbek bei Hamburg, 2008.

5 Plutarch: Von der Menge der Freunde. In: Plutarch, Von Liebe, Freundschaft und Feindschaft, Wiesbaden, 2010, Seite 90.

6 Michel de Montaigne: „Aristoteles sagt, die guten Gesetzgeber hätten sogar in höherem Maße als für die Gerechtigkeit für den Schutz der Freundschaft Sorge getragen (...)“ In: Jacques Derrida, Michel de Montaigne, Über die Freundschaft, Seite 65. Diese Aussage von de Montaigne beruht auf eine Interpretation, die übrigens nachvollziehbar ist. In der Nikomachischen Ethik schreibt Aristoteles: „Außerdem scheint die Freundschaft die Staaten zusammenzuhalten, und die Gesetzgeber scheinen sich mehr um sie zu bemühen als um die Gerechtigkeit. Denn die Eintracht (homonoia) scheint etwas Ähnliches wie die Freundschaft zu sein, diese aber streben sie (die Gesetzgeber) am meisten an, und die Zwietracht, die eine Feindschaft ist, versuchen sie am meisten zu vertreiben. Und wenn Menschen Freunde sind, bedarf es nicht der Gerechtigkeit (...). Und als das Gerechteste innerhalb des Gerechten gilt das Freundschaftliche.“ Seite 252.

7 Hannah Arendt, Denktagebuch, Dezember 1950, München/Zürich, 2002.

8 Michel Foucault, Die Sorge um sich, Frankfurt am Main 1989.

9 Vgl. Siegfried Kracauer, Über die Freundschaft, Frankfurt am Main 1978. Das Essay von Kracauer hat mich zu diesem Kapitel inspiriert.

10 Martin Buber, Ich und Du. In: Martin Buber, Das Dialogische Prinzip, Heidelberg 1962, Seite 8.

11 A.a.O. Seite 10.

12 Emmanuel Lévinas, Philosophie, Gerechtigkeit und Liebe, in: Emmanuel Lévinas, Zwischen uns, München/Wien 1995, Seite 142.

13 A.a.O., Seite 142.

14 Jacques Derrida, Politik der Freundschaft, Frankfurt 2000, Seite 316.

15 MaxWeber, Die protestantische Ethik und der Geist des Kapitalismus, Berlin, 2004.

16 Rudolf Steiner, Was tut der Engel in unserem Astralleib?, Dornach 1970, Seite 16.

17 Vgl. Pico della Mirandola, Rede über die Würde des Menschen, Leipzig, 2009.

18 Marianne Karbe, Von der Freundschaft als Lebensweise, Foucault im Gespräch, Berlin 1984.

19 Hans-Georg Gadamer, Freundschaft und Einsamkeit, in: Klaus-Dieter Eichler, Philosophie der Freundschaft, Leipzig 1999, Seite 202.

20 Jacques Derrida hat sich in seinem fast fünfhundert Seiten starken Buch Politik der Freundschaft unermüdlich mit allen möglichen und unmöglichen Aspekten dieser Aussage beschäftigt. Die Aussage wurde übrigens auch gelegentlich Sokrates zugeschrieben.

21 Jacques Derrida, Politik der Freundschaft, Seite 18.

22 Klaus-Dieter Eichler, Philosophie der Freundschaft, Seite 216.

23 Vgl. Hugo Reimann, Manichäismus. Das Christentum der Freiheit, Dornach 1980.

24 Aristoteles, Nikomachische Ethik. Herausgegeben von Ursula Wolf, Reinbeck bei Hamburg, Seite 254–259.

25 Friedrich Nietzsche, Menschliches, Allzumenschliches, in: Friedrich Nietzsche, Werke 1, Frankfurt/Berlin/Wien, Seite 644, § 376.

26 Vgl. B. J. van der Zuylen, Mysteriën en inwijdingen in de oudheid, Amsterdam 1980.

27 Slavoj Žižek, Das Unbehagen im Subjekt. Wien 1998.

28 Michel Foucault, Dits et Écrits. Schriften, dritter Band, Frankfurt, Seite 197.

29 Michel Foucault, Hermeneutik des Subjekts, Frankfurt 2009, Vorlesung 17. Februar 1982.

30 Frédérik Gros in: Michel Foucault, The hermeneutics of the subject, New York 2005, Seite 509.

31 Vgl. Pierre Klossowski, Nietzsche und der Circulus vitiosus deus, Berlin 1986.

32 Michel Foucault, Hermeneutik des Subjekts, Frankfurt 2009.

33 Von der Freundschaft, Michel Foucault im Gespräch, Seite 135.

34 Francisco Ortega, Michel Foucault, Rekonstruktion der Freundschaft, München 1997.

35 A.a.O., Seite 237.

36 Zitiert aus: Didier Eribon, Michel Foucault, Biographie, Frankfurt 1999, Seite 221.

37 A.a.O., Seite 221.

38 Zitiert aus Ortega, Seite 236.

39 Ortega, Seite 242.

40 Zitiert aus Ortega, Seite 243.

41 Ortega, Seite 215.

42 Ortega, Seite 216.

43 Walter Benjamin, Über Sprache überhaupt und über die Sprache des Menschen, in: Walter Benjamin, Gesammelte Schriften Band II, München 1977, Seite 140-157.

44 Erich Neumann, Tiefenpsychologie und neue Ethik, Reinbek 1949.

45 Vgl. Dieter Brüll, Bausteine für einen sozialen Sakramentalismus, Dornach 1995.

46 Für die hier verwendeten anthroposophischen Begriffe siehe das Kapitel „Wesen der Menschheit" in: Rudolf Steiner, Die Geheimwissenschaft in Umriß, Dornach 1976.

47 Martin Heidegger, Beiträge zur Philosophie. Vom Ereignis, in: Martin Heidegger, Gesamtausgabe Band 65, Frankfurt, 1989.

48 Vgl. Rudolf Steiner, Das gespiegelte Ich, Dornach, 2007.

49 Vgl. Rudolf Steiner, Allgemeine Menschenkunde als Grundlage der Pädagogik, Basel 2011, Seite 72-89.

50 Daniel C. Dennet, Philosophie des menschlichen Bewusstseins, Hamburg 1994.

51 John R. Searle, Geist. Eine Einführung, Frankfurt 2006, Seite 288.

52 Friedrich Nietzsche, Menschliches, Allzumenschliches, in: Friedrich Nietzsche, Werke Band 1, Frankfurt/Berlin/Wien, Seite 644, § 376.

53 Jacques Derrida, Politik der Freundschaft, Frankfurt 2000, Seite 316.

54 A.a.O., Seite 232.

55 A.a.O., Seite 233.

56 Carl Schmitt, Der Begriff des Politischen, München 1927, Seite 33.

57 Genesis 4, 1-16.

58 Louis Ginzberg, The legends of the Jews, Baltimore and London 1998, Volume 1, Seite 108.

59 Siehe: Rudolf Steiner, „Frühere Geheimhaltung und jetzige Veröffentlichung übersinnlicher Erkenntnisse", in: Rudolf Steiner, Philosophie und Anthroposophie, Dornach 1984.

60 Friedrich Nietzsche, Menschliches, Allzumenschliches, in: Friedrich Nietzsche, Werke Band 1, Frankfurt/Berlin/Wien, Seite 644, § 376.

61 Unsichtbares Komitee, Der kommende Aufstand, Hamburg 2010, Seite 77.

62 Sergej O. Prokoffief, Die okkulte Bedeutung des Verzeihens, Stuttgart 1991, Seite 58.

63 A.a.O., Seite 144.

64 Owen Barfield, Romanticism comes of age, Forest Row, 1966.

65 Ole Martin Høystad, Kulturgeschichte des Herzens. Von der Antike bis zur Gegenwart, Weimar/Wien, 2006.

66 A.a.O, Seite 9.

67 A.a.O, Seite 9.

68 A.a.O., Seite 7.

69 Über den Begriff der Menschlichkeit in der Kulturgeschichte Chinas: Wolfgang Bauer, China und die Hoffnung auf Glück, München, 1989.

70 A.a.O., Seite 15.

71 A.a.O., Seite 180.

72 A.a.O., Seite 193.

73 Zitiert nach Høystad, Seite 191.

74 Walter Benjamin, Zur Kritik der Gewalt, in: Walter Benjamin, Gesammelte Schriften, Frankfurt am Main, 1991, Band 2, Seite 179-203.

75 Axel Honneth, „Zur Kritik der Gewalt“, in: Burkhart Lindner (Hrsg.), Benjamin Handbuch. Leben – Werk – Wirkung, Stuttgart, 2006, Seite 193.

76 A.a.O., Seite 200.

77 A.a.O., Seite 191.

78 A.a.O., Seite 192.

79 Hannah Arendt, Walter Benjamin (Essay, 1968/71), in: Arendt und Benjamin, Texte, Briefe, Dokumente, Frankfurt am Main, 2006, Seite 57.

80 Walter Benjamin, Berliner Kindheit um Neunzehnhundert, in: Walter Benjamin, Gesammelte Schriften Band 4, Frankfurt am Main, 1991.

81 Hannah Arendt: Walter Benjamin (Essay 1968/71), in: Arendt und Benjamin, Texte, Briefe, Dokumente, Frankfurt am Main, 2006, Seite 97.

82 Walter Benjamin, Über Sprache überhaupt und über die Sprache des Menschen, in: Walter Benjamin, Gesammelte Schriften Band II, München, 1977, Seite 140-157.

83 Hannah Arendt: Walter Benjamin (Essay 1968/71), in: Arendt und Benjamin, Texte, Briefe, Dokumente, Frankfurt am Main. 2006, Seite 47.

84 A.a.O., Seite 65.

85 Vgl. Martin Buber, Nähe und Distanz, in: Martin Buber, Reden über Erziehung, Heidelberg, 2005.

86 Vgl. Pascal Delham, Der Dritte. Lévinas Philosophie zwischen Verantwortung und Gerechtigkeit, München, 2000.

87 Maurice Merleau-Ponty, Phänomenologie der Wahrnehmung, Berlin, 1966.

88 A.a.0., Seite 10.

89 Merleau-Ponty war sich als guter Phänomenologe natürlich bewusst, dass das wahrnehmende Subjekt (das Bewusstsein) und der Leib nicht gleichzusetzen sind. Die Trennung zwischen den beiden versteht er allerdings als einen Vorgang im Leiblichen.

90 Interessant ist in diesem Zusammenhang, dass Rudolf Steiner 1909 als Titel für die niederländische Übersetzung des Buches vorgeschlagen hat: De wetenschap van de geheimen der ziel, was auf Deutsch etwa hieße: Die Wissenschaft der Geheimnisse der Seele.

91 Mit der Anthroposophie bekannte Leser werden an dieser

Stelle vielleicht einwenden, dass die Nähe eher mit dem sogenannten Astralleib zusammenhängt. Soweit es um die „Inhalte" der Nähe geht, stimmt das natürlich; mir geht es jedoch darum, die Nähe-als-inneren-Raum zu verorten. Die „Form" der Nähe wird im Ätherleib quasi gezeugt und angelegt. Die sich ständig metamorphosierenden Vorgänge der Nähe, nicht die spezifische Färbung der Gefühle als solche, sind ätherischer Natur.

Literatur

Arendt, Hannah: Denktagebuch, Dezember 1950, München/ Zürich, 2002

Arendt und Benjamin: Texte, Briefe, Dokumente, Frankfurt am Main, 2006

Aristoteles: Nikomachische Ethik, Reinbek bei Hamburg, 2008

Barfield, Owen: Romanticism comes of age, Forest Row, 1966

Bauer, Wolfgang: China und die Hoffnung auf Glück, München, 1989

Benjamin, Walter: Gesammelte Schriften Band 2, Frankfurt am Main, 1991

Benjamin, Walter: Gesammelte Schriften Band II, München 1977

Benjamin, Walter: Gesammelte Schriften Band 4, Frankfurt am Main, 1991

Brüll, Dieter: Bausteine für einen sozialen Sakramentalismus, Dornach 1995

Buber, Martin: Das Dialogische Prinzip, Heidelberg 1962

Buber, Martin : Reden über Erziehung, Heidelberg, 2005

Delham, Pascal: Dritte. Lévinas Philosophie zwischen Verantwortung und Gerechtigkeit, München, 2000

Dennet, Daniel C.: Philosophie des menschlichen Bewusstseins, Hamburg 1994

Derrida, Jacques: Politik der Freundschaft, Frankfurt am Main, 2002

Eichler, Klaus-Dieter: Philosophie der Freundschaft, Leipzig 1999

Eribon, Didier: Michel Foucault, Biographie, Frankfurt 1999

Foucault, Michel: Die Sorge um sich, Frankfurt am Main 1989

Foucault, Michel: Dits et Écrits. Schriften, dritter Band, Frankfurt, Seite 197

Foucault, Michel: Hermeneutik des Subjekts, Frankfurt 2009

Ginzberg, Louis: The legends of the Jews, Baltimore and London 1998

Genesis 4
Heidegger, Martin: Gesamtausgabe Band 65, Frankfurt, 1989
Høystad, Ole Martin: Kulturgeschichte des Herzens. Von der Antike bis zur Gegenwart, Weimar/Wien, 2006
Kant, Immanuel: Anthropologie in pragmatischer Hinsicht, Leipzig 1986
Karbe, Marianne: Von der Freundschaft als Lebensweise, Foucault im Gespräch, Berlin 1984
Klossowski, Pierre: Nietzsche und der Circulus vitiosus deus, Berlin 1986
Kracauer, Siegfried: Über die Freundschaft, Frankfurt am Main 1978
Lévinas, Emmanuel: Zwischen uns, München/Wien 1995.
Lindner, Burkhart (Hrsg.): Benjamin Handbuch. Leben – Werk – Wirkung, Stuttgart, 2006
Merleau-Ponty, Maurice: Phänomenologie der Wahrnehmung, Berlin, 1966
Mirandola, Pico della: Rede über die Würde des Menschen, Leipzig, 2009
Neumann, Erich: Tiefenpsychologie und neue Ethik, Reinbek 1949
Nietzsche, Friedrich: Werke 1, Frankfurt/Berlin/Wien
Ortega, Francisco, Foucault, Michel: Rekonstruktion der Freundschaft, München 1997
Plutarch: Von Liebe, Freundschaft und Feindschaft, Wiesbaden, 2010
Prokoffief, Sergej O.: Die okkulte Bedeutung des Verzeihens, Stuttgart 1991
Reimann, Hugo: Manichäismus. Das Christentum der Freiheit, Dornach 1980
Safranski, Rüdiger: Goethe & Schiller. Geschichte einer Freundschaft. München 2009

Searle, John R.: Geist. Eine Einführung, Frankfurt 2006
Steiner, Rudolf: Allgemeine Menschenkunde als Grundlage der Pädagogik, Basel 2011
Steiner, Rudolf: Das gespiegelte Ich, Dornach, 2007
Steiner, Rudolf: Die Geheimwissenschaft in Umriß, Dornach 1976.
Steiner, Rudolf: Philosophie und Anthroposophie, Dornach 1984.
Steiner, Rudolf:Was tut der Engel in unserem Astralleib?, Dornach 1970
Schmitt, Carl: Der Begriff des Politischen, München 1927
Unsichtbares Komitee: Der kommende Aufstand, Hamburg 2010
Van der Zuylen, B. J.: Mysteriën en inwijdingen in de oudheid, Amsterdam 1980
Weber, Max: Die protestantische Ethik und der Geist des Kapitalismus, Berlin, 2004
Žižek, Slavoj: Das Unbehagen im Subjekt. Wien 1998

MIX
Papier aus verantwortungsvollen Quellen
FSC® C083411
FSC
www.fsc.org

INFO3
VERLAG

Info3-Verlagsgesellschaft Brüll & Heisterkamp KG
Kirchgartenstr. 1, 60439 Frankfurt am Main

Tel. 069 - 58 46 47
Fax: 069 - 58 46 16
E-Mail: vertrieb@info3.de

WWW.INFO3-VERLAG.DE